인천공항 시설관리

통합기본서

시대에듀

2026 최신판 시대에듀 인천공항시설관리 통합기본서

Always **with you**

사람의 인연은 길에서 우연하게 만나거나 함께 살아가는 것만을 의미하지는 않습니다.
책을 펴내는 출판사와 그 책을 읽는 독자의 만남도 소중한 인연입니다.
시대에듀는 항상 독자의 마음을 헤아리기 위해 노력하고 있습니다. 늘 독자와 함께하겠습니다.

머리말 PREFACE

국내 최대의 공항 시설관리 분야 전문기업으로서 인천공항의 시설 · 운송 · 기계 · 전기 · 정보통신(IT) 등 5개 분야 사업을 운영 중인 인천공항시설관리는 2026년에 신입사원을 채용할 예정이다. 인천공항시설관리의 신입사원 채용 절차는 「원서접수 ➡ 서류전형 ➡ 필기전형 ➡ 면접전형(인성 및 직무역량) ➡ 신체검사 및 결격사유 검증 ➡ 최종합격자 선정」 순서로 진행되며, 채용예정 인원의 20배수에게 필기전형 응시기회를 부여한다. 필기전형은 직업기초능력평가 및 인성검사로 진행하며, 직업기초능력평가는 일반직을 제외한 모든 직군에서 의사소통능력, 조직이해능력을 평가한다. 이때 채용예정 인원의 5배수에게 면접전형 응시 기회가 주어지므로 합격을 위해서는 필기전형에서의 고득점이 중요하다. 또한 반드시 확정된 채용공고를 확인하여 지원하는 직렬에 맞춰 학습하는 것이 필요하다.

인천공항시설관리 필기전형 합격을 위해 시대에듀에서는 NCS 시리즈 누적 판매량 1위의 출간경험을 토대로 다음과 같은 특징을 가진 도서를 출간하였다.

도서의 특징

❶ 기출복원문제를 통한 출제 유형 확인!
- 2025년 상반기 주요 공기업 NCS 기출복원문제를 수록하여 공기업별 출제경향을 파악할 수 있도록 하였다.

❷ 출제 영역 맞춤 문제를 통한 실력 상승!
- 직업기초능력평가 대표기출유형&기출응용문제를 수록하여 유형별로 꼼꼼히 대비할 수 있도록 하였다.

❸ 최종점검 모의고사를 통한 완벽한 실전 대비!
- 철저한 분석을 통해 실제 유형과 유사한 최종점검 모의고사를 수록하여 자신의 실력을 점검하고 향상시킬 수 있도록 하였다.

❹ 다양한 콘텐츠로 최종 합격까지!
- 인천공항시설관리 채용 가이드와 면접 기출질문을 수록하여 채용 전반에 대비할 수 있도록 하였다.
- 온라인 모의고사 3회분을 무료로 제공하여 필기전형을 준비하는 데 부족함이 없도록 하였다.

끝으로 본 도서를 통해 인천공항시설관리 채용을 준비하는 모든 수험생 여러분이 합격의 기쁨을 누리기를 진심으로 기원한다.

SDC(Sidae Data Center) 씀

인천공항시설관리 기업분석

◇ **설립목적**

> 공항시설 전문기업으로서
> 인천공항의 시설을 **효율적으로 관리·운영**하는 데 기여

◇ **미션**

> 공항 그 이상의 가치를 제공하는 **글로벌 공항 시설관리 전문기업**

◇ **비전**

> Airport Management-Maintenance Total Solution Platform
> 공항시설 전문관리 **토탈 솔루션 플랫폼**

◇ **슬로건**

> 오늘을 지키는 **안전** 내일을 여는 **혁신**

◇ **핵심가치**

Safety	Customer	Technology	Innovation
안전우선	고객만족	기술선도	혁신성장

◆ 전략방향, 전략목표, 전략과제

안전중심의 디지털 시설관리 플랫폼 구축	안전관리등급 ········· 스마트시설관리 시스템 구축률	• 현장 안전관리 체계 강화 • 예방적 재난 대응체계 구축 • 스마트 현장관리 체계 전환
고객중심의 서비스 혁신	시스템 가동률 ········· 고객만족도	• 시설 품질관리 신뢰성 확보 • 소비자 맞춤형 서비스 확보 • 공항그룹 상호협력 생태계 조성
미래지향의 기술역량 확보	전문가 비율 ········· 신사업 개발 건수	• 시설관리 전문가 육성 • 대내외 협업을 통한 기술혁신 • 신사업 개발역량 강화
성장가능 책임경영 체계 구현	청렴도 ········· 부채 비율	• ESG 경영시스템 구축 • 재무구조 안정화 • 경영관리시스템 혁신

◆ 인재상

CHALLENGE 도전	▶	끊임없이 자신을 개발하고 업무방식을 개선함으로써 조직의 비전 달성에 필요한 새롭고 긍정적인 변화를 추구하여 목적을 달성하려는 인재
PASSION 열정	▶	목표를 달성하기 위해 저항이나 장애에 쉽게 굴복하지 않으려는 태도로 매사에 열정을 가지고 끝까지 노력하는 인재
RESPECT 존중	▶	사명감을 가지고 상호 배려하고 협력하여 바람직한 직장 매너로 원만한 대인관계 형성을 통해 조직활성화에 기여하는 인재

◇ 공통 응시자격

❶ 학력 · 연령 · 성별 등 제한 없으며, 신체 건강한 자

　　※ 단, 남자는 채용 예정일 기준 군필자 또는 면제자
　　※ 정년 미도래자(만 62제 미만. 단, 보안방재 및 환경미화 직군은 만 65세 미만)

❷ 인천공항시설관리가 정한 임용결격사유에 해당하지 않는 자

❸ 최종합격자 발표 이후 즉시 근무 가능한 자

◇ 전형별 평가 요소

단계	평가 요소	선발배수
서류전형	자격 요건(적부/60점), 입사지원서(40점) ※ 입사지원서 : 경력기술서, 자기소개서 포함	20배수
필기전형	인성검사(적부), 직업기초능력평가(100점)	5배수
면접전형	인성 및 직무역량(100점)	1배수
신체검사 및 결격사유 검증	결격사유 확인	–

※ 각 전형은 단계별 허들식으로 이전 단계의 점수를 고려하지 않고 해당 단계의 점수로만 합격자 결정
※ 예비합격자 제도는 사규에 따라 운영(면접전형 발표 시 예비순번을 당사자에게 개별 안내)

◇ 필기전형

직무 구분	1교시(직업기초능력평가)	2교시(인성검사)
시설유지 · SW · 환경미화 · 행정	의사소통능력, 조직이해능력	성격요인 및 부적응적 성향 측정
일반직	의사소통능력, 수리능력, 문제해결능력, 자원관리능력, 정보능력, 조직이해능력	

※ 시험 순서는 상황에 따라 변동 가능

❖ 위 채용 안내는 2025년 제3차 정기채용 공고를 기준으로 작성하였으므로 세부사항은 확정된 채용공고를 확인하시기 바랍니다.

총평

인천공항시설관리 필기전형은 피듈형으로 진행되었으며, 시험시간은 50분, 문항 수는 40개, 5지선다 형태로 출제되었다. 흔히 보는 기출문제 유형에서 크게 벗어나지 않았으나, 일부 문제는 지문이 다소 길어 시간이 부족했다는 의견도 있었다. 또한 다른 공기업 NCS에 비해 난이도가 낮고 문항 수도 적어 근소한 차이로 당락이 나뉠 수 있음을 우려하는 응시생들이 많았다. 전체적으로 기업에서 실제로 시행하고 있는 사업, 공항 관련 지문 등에서 출제된 문제가 많았으므로 평소에 이에 대한 충실한 대비가 필요해 보인다.

◇ 영역별 출제 비중(일반직 이외)

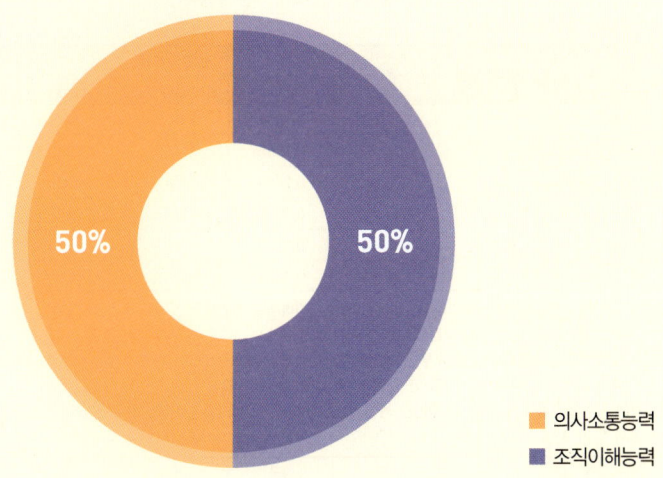

■ 의사소통능력
■ 조직이해능력

구분	출제 특징	출제 키워드
의사소통능력	• 기업에서 시행 중인 사업과 관련한 지문을 읽고 일치/불일치를 묻는 문제가 다수 출제됨 • 문단 나열, 빈칸 추론, 맞춤법 · 어법, 띄어쓰기, 한자성어, 동의어, 직무 상황에 맞는 행동 판단 유형의 문제가 출제됨 • '가장(most), 제일'의 뜻을 지문에서 제시하고 바르게 사용한 예시를 고르는 문제가 출제됨 • 성차별과 관련해 순화된 용어 중 적절하지 않은 것을 고르는 문제가 출제됨(스포츠맨십 → 스포츠정신)	• 비언어적 행동, 성차별, −대/−데, 공문서 수정 등
조직이해능력	• 공항과 관련한 문제(개인의 수하물 발송 서비스 등)가 다수 출제됨 • 세계 예절(국제감각) 관련 문제가 출제됨 • 비전, 미션, 전략과제 등을 제시하고 적절하지 않은 것을 찾는 문제가 출제됨 • 애자일 등 조직 구조의 특징 관련 문제가 출제됨 • 각 부서의 직무를 표로 제시한 후, 부서에서 하는 일이 아닌 것을 〈보기〉에서 고르는 문제가 출제됨 • 사장 직속 조직(안전보건팀, 사업관리팀, 사업혁신팀)의 특징 중 적절한 것을 고르는 문제가 출제됨 • 부서장과 팀장 대리의 대화를 통해서 개선할 점을 찾는 문제가 출제됨 • 지문이 주어지고 옳지 않은 행동을 고르는 문제가 출제됨 • ESG 중 Social에 해당하는 전략을 찾는 문제가 출제됨 • 경영, 대외협력, 교육부서의 역할 중 적절한 것을 고르는 문제가 출제됨	• 애자일 · TFT · 사업부 · 프로젝트 조직, ESG, 조직도 등

PSAT형

04 다음은 신용등급에 따른 아파트 보증률에 대한 사항이다. 자료와 상황에 근거할 때, 갑(甲)과 을(乙)의 보증료의 차이는 얼마인가?(단, 두 명 모두 대지비 보증금액은 5억 원, 건축비 보증금액은 3억 원이며, 보증서 발급일로부터 입주자 모집공고 안에 기재된 입주 예정 월의 다음 달 말일까지의 해당 일수는 365일이다)

- (신용등급별 보증료)=(대지비 부분 보증료)+(건축비 부분 보증료)
- 신용평가 등급별 보증료율

구분	대지비 부분	건축비 부분				
		1등급	2등급	3등급	4등급	5등급
AAA, AA	0.138%	0.178%	0.185%	0.192%	0.203%	0.221%
A⁺		0.194%	0.208%	0.215%	0.226%	0.236%
A⁻, BBB⁺		0.216%	0.225%	0.231%	0.242%	0.261%
BBB⁻		0.232%	0.247%	0.255%	0.267%	0.301%
BB⁺∼CC		0.254%	0.276%	0.296%	0.314%	0.335%
C, D		0.404%	0.427%	0.461%	0.495%	0.531%

 ※ (대지비 부분 보증료)=(대지비 부분 보증금액)×(대지비 부분 보증료율)×(보증서 발급일로부터 입주자 모집공고 안에 기재된 입주 예정 월의 다음 달 말일까지의 해당 일수)÷365
 ※ (건축비 부분 보증료)=(건축비 부분 보증금액)×(건축비 부분 보증료율)×(보증서 발급일로부터 입주자 모집공고 안에 기재된 입주 예정 월의 다음 달 말일까지의 해당 일수)÷365
- 기여고객 할인율 : 보증료, 거래기간 등을 기준으로 기여도에 따라 6개 군으로 분류하며, 건축비 부분 요율에서 할인 가능

구분	1군	2군	3군	4군	5군	6군
차감률	0.058%	0.050%	0.042%	0.033%	0.025%	0.017%

〈상황〉

- 갑 : 신용등급은 A⁺이며, 3등급 아파트 보증금을 내야 한다. 기여고객 할인율에서는 2군으로 선정되었다.
- 을 : 신용등급은 C이며, 1등급 아파트 보증금을 내야 한다. 기여고객 할인율은 3군으로 선정되었다.

① 554,000원
② 566,000원
③ 582,000원
④ 591,000원
⑤ 623,000원

특징
 ▶ 대부분 의사소통능력, 수리능력, 문제해결능력을 중심으로 출제(일부 기업의 경우 자원관리능력, 조직이해능력을 출제)
 ▶ 자료에 대한 추론 및 해석 능력을 요구

대행사
 ▶ 엑스퍼트컨설팅, 커리어넷, 태드솔루션, 한국행동과학연구소(행과연), 휴노 등

모듈형

| 문제해결능력

41 문제해결절차의 문제 도출 단계는 (가)와 (나)의 절차를 거쳐 수행된다. 다음 중 (가)에 대한 설명으로 적절하지 않은 것은?

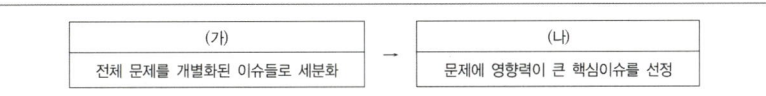

(가)	→	(나)
전체 문제를 개별화된 이슈들로 세분화		문제에 영향력이 큰 핵심이슈를 선정

① 문제의 내용 및 영향 등을 파악하여 문제의 구조를 도출한다.
② 본래 문제가 발생한 배경이나 문제를 일으키는 메커니즘을 분명히 해야 한다.
③ 현상에 얽매이지 말고 문제의 본질과 실제를 봐야 한다.
④ 눈앞의 결과를 중심으로 문제를 바라봐야 한다.
⑤ 문제 구조 파악을 위해서 Logic Tree 방법이 주로 사용된다.

특징
▶ 이론 및 개념을 활용하여 푸는 유형
▶ 채용 기업 및 직무에 따라 NCS 직업기초능력평가 10개 영역 중 선발하여 출제
▶ 기업의 특성을 고려한 직무 관련 문제를 출제
▶ 주어진 상황에 대한 판단 및 이론 적용을 요구

대행사
▶ 인트로맨, 휴스테이션, ORP연구소 등

피듈형(PSAT형 + 모듈형)

| 자원관리능력

07 다음 자료를 근거로 판단할 때, 연구모임 A ~ E 중 세 번째로 많은 지원금을 받는 모임은?

〈지원계획〉

• 지원을 받기 위해서는 한 모임당 5명 이상 9명 미만으로 구성되어야 한다.
• 기본지원금은 모임당 1,500천 원을 기본으로 지원한다. 단, 상품개발을 위한 모임의 경우는 2,000천 원을 지원한다.
• 추가지원금

등급	상	중	하
추가지원금(천 원/명)	120	100	70

※ 추가지원금은 연구 계획 사전평가결과에 따라 달라진다.
• 협업 장려를 위해 협업이 인정되는 모임에는 위의 두 지원금을 합한 금액의 30%를 별도로 지원한다.

〈연구모임 현황 및 평가결과〉

특징
▶ 기초 및 응용 모듈을 구분하여 푸는 유형
▶ 기초인지모듈과 응용업무모듈로 구분하여 출제
▶ PSAT형보다 난도가 낮은 편
▶ 유형이 정형화되어 있고, 유사한 유형의 문제를 세트로 출제

대행사
▶ 사람인, 스카우트, 인크루트, 커리어케어, 트리피, 한국사회능력개발원 등

주요 공기업 적중 문제 TEST CHECK

코레일 한국철도공사

※ 다음은 K국의 교통사고 사상자 2,500명에 대해 조사한 자료이다. 이어지는 질문에 답하시오. [3~4]

〈교통사고 현황〉

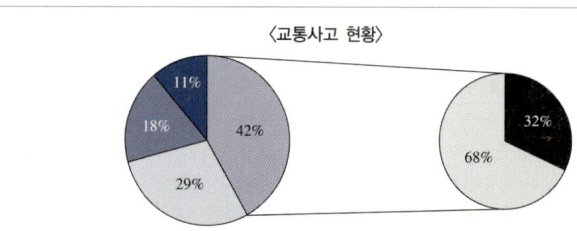

- ■ 사륜차와 사륜차
- ■ 사륜차와 이륜차
- ■ 사망자
- ■ 부상자
- ■ 사륜차와 보행자
- ■ 이륜차와 보행자

※ 사상자 수와 가해자 수는 같다.

〈교통사고 가해자 연령〉

구분	20대	30대	40대	50대	60대 이상
비율	38%	21%	11%	8%	( )

※ 교통사고 가해자 연령 비율의 합은 100%이다.

※ 수원에 사는 H대리는 가족들과 가평으로 여행을 가기로 하였다. 다음은 가평을 가기 위한 대중교통 수단별 운행요금 및 소요시간과 자가용 이용 시 현황에 대한 자료이다. 이어지는 질문에 답하시오. [26~28]

〈대중교통수단별 운행요금 및 소요시간〉

구분	운행요금			소요시간		
	수원역 ~ 서울역	서울역 ~ 청량리역	청량리역 ~ 가평역	수원역 ~ 서울역	서울역 ~ 청량리역	청량리역 ~ 가평역
기차	2,700원	–	4,800원	32분	–	38분
버스	2,500원	1,200원	3,000원	1시간 16분	40분	2시간 44분
지하철	1,850원	1,250원	2,150원	1시간 03분	18분	1시간 17분

※ 운행요금은 어른 편도 요금이다.

〈자가용 이용 시 현황〉

구분	통행료	소요시간	거리
A길	4,500원	1시간 49분	98.28km
B길	4,400원	1시간 50분	97.08km
C길	6,600원	1시간 49분	102.35km

※ 거리에 따른 주유비는 124원/km이다.

조건
• H대리 가족은 어른 2명, 아이 2명이다.

한국공항공사

03 다음 문단을 논리적 순서대로 바르게 나열한 것은?

(가) 여기에 반해 동양에서는 보름달에 좋은 이미지를 부여한다. 예를 들어, 우리나라의 처녀귀신이나 도깨비는 달빛이 흐린 그믐 무렵에나 활동하는 것이다. 그런데 최근에는 동서양의 개념이 마구 뒤섞여 보름달을 배경으로 악마의 상징인 늑대가 우는 광경이 동양의 영화에 나오기도 한다.

(나) 동양에서 달은 '음(陰)'의 기운을, 해는 '양(陽)'의 기운을 상징한다는 통념이 자리를 잡았다. 그래서 달을 '태음', 해를 '태양'이라고 불렀다. 동양에서는 해와 달의 크기가 같은 덕에 음과 양도 동등한 자격을 갖춘다. 즉, 음과 양은 어느 하나가 좋고 다른 하나는 나쁜 것이 아니라 서로 보완하는 관계를 이루는 것이다.

(다) 옛날부터 형성된 이러한 동서양 간의 차이는 오늘날까지 영향을 끼치고 있다. 동양에서는 달이 밝으면 달맞이를 하는데, 서양에서는 달맞이를 자살 행위처럼 여기고 있다. 특히 보름달은 서양인들에게 거의 공포의 상징과 같은 존재이다. 예를 들어, 13일의 금요일에 보름달이 뜨게 되면 사람들은 외출조차 꺼린다.

(라) 하지만 서양의 경우는 다르다. 서양에서 낮은 신이, 밤은 악마가 지배한다는 통념이 자리를 잡았다. 따라서 밤의 상징인 달에 좋지 않은 이미지를 부여하게 되었다. 이는 해와 달의 명칭을 보면 알 수 있다. 라틴어로 해를 'Sol', 달을 'Luna'라고 하는데 정신병을 뜻하는 단어 'Lunacy'의 어원이 바로 'Luna'이다.

① (가) – (나) – (라) – (다) ② (나) – (다) – (가) – (라)

③ (나) – (라) – (가) – (다) ④ (나) – (라) – (다) – (가)

29 K공단에서는 지역가입자의 생활수준 및 연간 자동차세액 점수표를 기준으로 지역보험료를 산정한다. 지역가입자 A ~ E의 조건을 보고 보험료를 바르게 계산한 것은?(단, 원 단위 이하는 절사한다)

〈생활수준 및 경제활동 점수표〉

구분		1구간	2구간	3구간	4구간	5구간	6구간	7구간
가입자 성별 및 연령별	남성	20세 미만 65세 이상	60세 이상 65세 미만	20세 이상 30세 미만 50세 이상 60세 미만	30세 이상 50세 미만	–	–	–
	점수	1.4점	4.8점	5.7점	6.6점			
	여성	20세 미만 65세 이상	60세 이상 65세 미만	25세 이상 30세 미만 50세 이상 60세 미만	20세 이상 25세 미만 30세 이상 50세 미만	–	–	–
	점수	1.4점	3점	4.3점	5.2점			
재산 정도 (만 원)		450 이하	450 초과 900 이하	900 초과 1,500 이하	1,500 초과 3,000 이하	3,000 초과 7,500 이하	7,500 초과 15,000 이하	15,000 초과
점수		1.8점	3.6점	5.4점	7.2점	9점	10.9점	12.7점
연간 자동차세액 (만 원)		6.4 이하	6.4 초과 10 이하	10 초과 22.4 이하	22.4 초과 40 이하	40 초과 55 이하	55 초과 66 이하	66 초과
점수		3점	6.1점	9.1점	12.2점	15.2점	18.3점	21.3점

※ (지역보험료)=[(생활수준 및 경제활동 점수)+(재산등급별 점수)+(자동차등급별 점수)]×(부과점수당 금액)

주요 공기업 적중 문제 TEST CHECK

거리 ▶ 키워드

02 자동차의 정지 거리는 공주거리와 제동거리의 합이다. 공주거리는 공주시간 동안 이동한 거리이며, 공주시간은 주행 중 운전자가 브레이크를 밟아서 실제 제동이 시작될 때까지 걸리는 시간이다. 자동차의 평균제동거리가 다음과 같을 때, 시속 72km로 달리는 자동차의 평균정지거리는 몇 m인가?(단, 공주시간은 1초로 가정한다)

속도(km/h)	12	24	36	48	60	72
평균제동거리(m)	1	4	9	16	25	36

① 50m

② 52m

③ 54m

④ 56m

⑤ 58m

참 · 거짓 ▶ 유형

02 A대리는 사내 체육대회의 추첨에서 당첨된 직원들에게 나누어줄 경품을 선정하고 있다. 〈조건〉이 모두 참일 때, 다음 중 반드시 참인 것은?

> **조건**
> • A대리는 펜, 노트, 가습기, 머그컵, 태블릿PC, 컵받침 중 3종류의 경품을 선정한다.
> • 머그컵을 선정하면 노트는 경품에 포함하지 않는다.
> • 노트는 반드시 경품에 포함된다.
> • 태블릿PC를 선정하면, 머그컵을 선정한다.
> • 태블릿PC를 선정하지 않으면, 가습기는 선정되고 컵받침은 선정되지 않는다.

① 가습기는 경품으로 선정되지 않는다.

② 머그컵과 가습기 모두 경품으로 선정된다.

③ 컵받침은 경품으로 선정된다.

④ 태블릿PC는 경품으로 선정된다.

⑤ 펜은 경품으로 선정된다.

국가철도공단

경청 ▶ 유형

01 A씨 부부는 대화를 하다 보면 사소한 다툼으로 이어지곤 한다. A씨의 아내는 A씨가 자신의 이야기를 제대로 들어주지 않기 때문이라고 생각한다. 다음 사례에 나타난 A씨의 경청을 방해하는 습관은 무엇인가?

> A씨의 아내가 남편에게 직장에서 업무 실수로 상사에게 혼난 일을 이야기하자 A씨는 "항상 일을 진행하면서 꼼꼼하게 확인하라고 했잖아요. 당신이 일을 처리하는 방법이 잘못됐어요. 다음부터는 일을 하기 전에 미리 계획을 세우고 체크리스트를 작성해보세요."라고 이야기했다. A씨의 아내는 이런 대답을 듣자고 이야기한 것이 아니라며 더 이상 이야기하고 싶지 않다고 말하며 밖으로 나가 버렸다.

① 짐작하기   ② 걸러내기

③ 판단하기   ④ 조언하기

브레인스토밍 ▶ 키워드

※ 다음 글을 읽고 이어지는 질문에 답하시오. [3~4]

> 이혜민 사원은 급하게 ㉠ 상사와 통화를 원하는 외부전화를 받았다. 상사는 현재 사내 상품개발팀과 신제품개발 아이디어 수집에 대해 전화회의를 하고 있다. 상대방의 양해를 얻어 전화를 대기시키고 ㉡ 메모지에 내용을 적어 통화 중인 상사에게 전하고 잠시 기다렸다. 통화 중인 상사는 이혜민 사원에게 전화를 ㉢ 받을 수 없다는 손짓을 하고, 메모지에 ㉣ '나중에 통화'라고 적었다. 이혜민 사원은 상사의 뜻을 전하고 ㉤ 전화번호를 물어보았다. 잠시 후 상품개발팀장과 통화를 끝낸 상사는 이혜민 사원에게 다음과 같이 지시하였다. "㉥ 다음 주에 약 12명이 모여 신상품 아이디어에 대한 브레인스토밍 회의를 할 겁니다. 화요일을 제외하고 날짜를 잡아 팀장과 의논해서 준비하세요."

03 의사전달 매체를 말, 글, 비언어적 수단 등으로 구분할 때, 다음 중 밑줄 친 ㉠~㉤에서 같은 매체로 짝지어진 것은?

① ㉠, ㉢   ② ㉡, ㉣

③ ㉡, ㉤   ④ ㉢, ㉣

도서 200% 활용하기 STRUCTURES

1 기출복원문제로 출제경향 파악

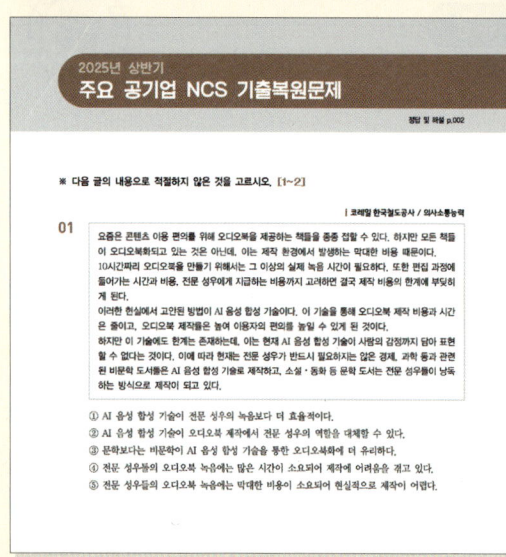

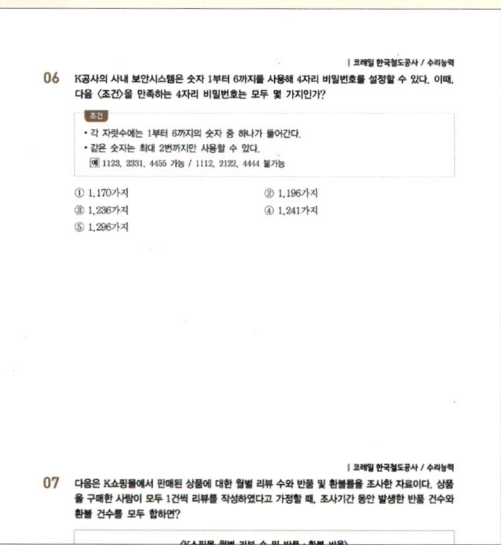

▶ 2025년 상반기 주요 공기업 NCS 기출복원문제를 수록하여 공기업별 출제경향을 파악할 수 있도록 하였다.

2 출제 영역 맞춤 문제로 필기전형 완벽 대비

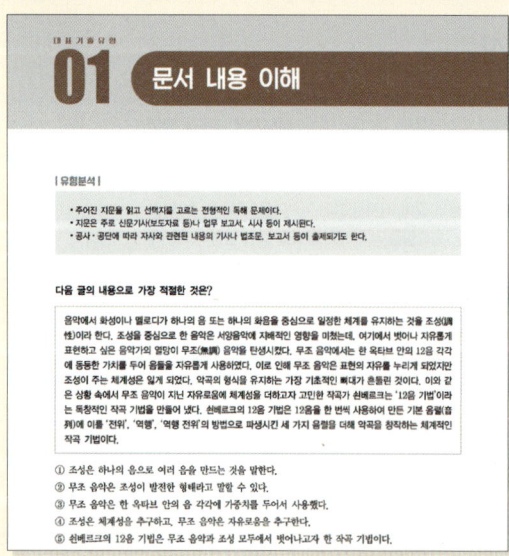

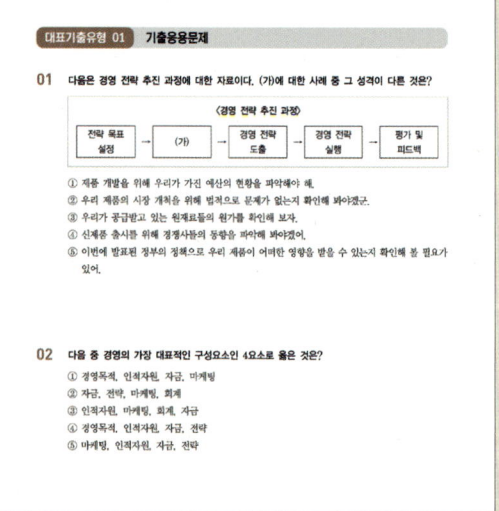

▶ 직업기초능력평가 대표기출유형&기출응용문제를 수록하여 유형별로 꼼꼼히 대비할 수 있도록 하였다.

3 최종점검 모의고사 + OMR을 활용한 실전 연습

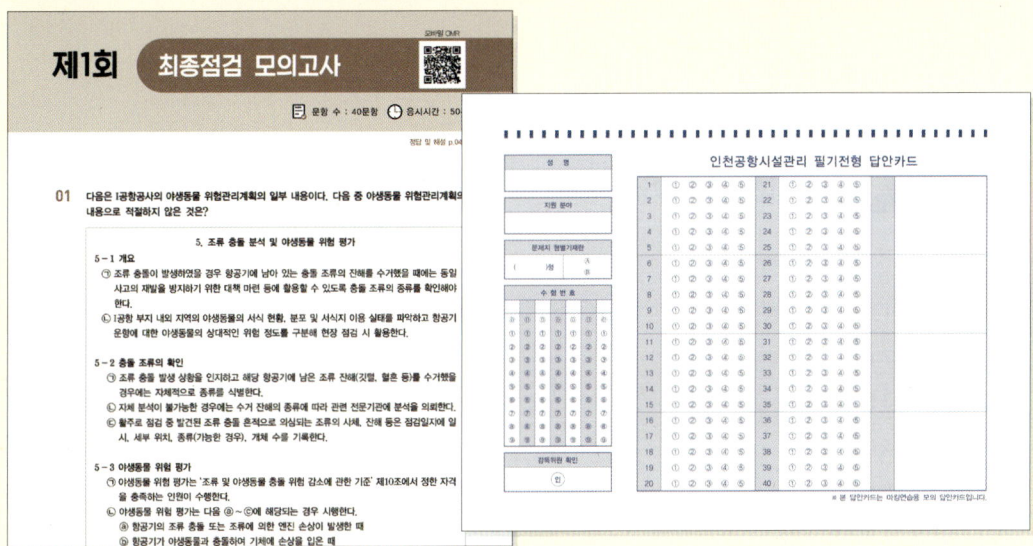

▶ 철저한 분석을 통해 실제 유형과 유사한 최종점검 모의고사를 수록하여 자신의 실력을 점검하고 향상시킬 수 있도록 하였다.

▶ 모바일 OMR 답안채점/성적분석 서비스를 통해 필기전형에 대비할 수 있도록 하였다.

4 인성검사부터 면접까지 한 권으로 최종 마무리

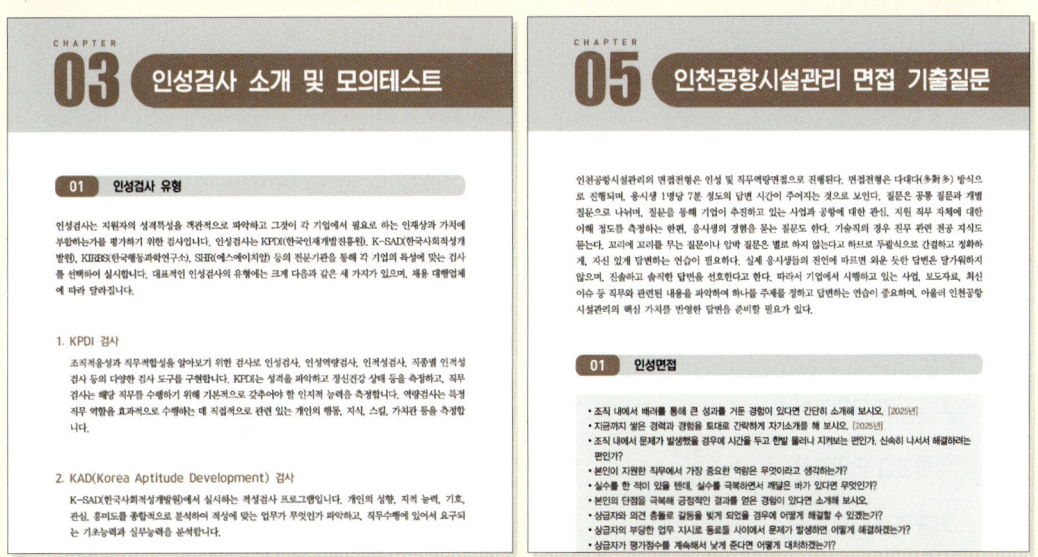

▶ 인성검사 모의테스트를 수록하여 인성검사 유형 및 문항을 확인할 수 있도록 하였다.

▶ 인천공항시설관리 면접 기출질문을 수록하여 면접에서 나오는 질문을 미리 파악하고 대비할 수 있도록 하였다.

이 책의 차례 CONTENTS

A d d +   2025년 상반기 주요 공기업 NCS 기출복원문제   **2**

PART 1   직업기초능력평가

CHAPTER 01 의사소통능력   **4**

대표기출유형 01 문서 내용 이해

대표기출유형 02 글의 주제 · 제목

대표기출유형 03 문단 나열

대표기출유형 04 내용 추론

대표기출유형 05 빈칸 삽입

대표기출유형 06 맞춤법 · 어휘

대표기출유형 07 한자성어 · 속담

대표기출유형 08 문서 작성 · 수정

CHAPTER 02 조직이해능력   **78**

대표기출유형 01 경영 전략

대표기출유형 02 조직 구조

대표기출유형 03 업무 종류

대표기출유형 04 국제 동향

PART 3   채용 가이드

CHAPTER 01 블라인드 채용 소개   **194**

CHAPTER 02 서류전형 가이드   **196**

CHAPTER 03 인성검사 소개 및 모의테스트   **203**

CHAPTER 04 면접전형 가이드   **210**

CHAPTER 05 인천공항시설관리 면접 기출질문   **220**

PART 2   최종점검 모의고사

제1회 최종점검 모의고사   **112**

제2회 최종점검 모의고사   **142**

제3회 최종점검 모의고사   **170**

별 책   정답 및 해설

Add+ 2025년 상반기 주요 공기업 NCS 기출복원문제   **2**

PART 1 직업기초능력평가   **16**

PART 2 최종점검 모의고사   **44**

OMR 답안카드

Add+

2025년 상반기
주요 공기업 NCS
기출복원문제

※ 다음 글의 내용으로 적절하지 않은 것을 고르시오. [1~2]

| 코레일 한국철도공사 / 의사소통능력

01

요즘은 콘텐츠 이용 편의를 위해 오디오북을 제공하는 책들을 종종 접할 수 있다. 하지만 모든 책들이 오디오북화되고 있는 것은 아닌데, 이는 제작 환경에서 발생하는 막대한 비용 때문이다.

10시간짜리 오디오북을 만들기 위해서는 그 이상의 실제 녹음 시간이 필요하다. 또한 편집 과정에 들어가는 시간과 비용, 전문 성우에게 지급하는 비용까지 고려하면 결국 제작 비용의 한계에 부딪히게 된다.

이러한 현실에서 고안된 방법이 AI 음성 합성 기술이다. 이 기술을 통해 오디오북 제작 비용과 시간은 줄이고, 오디오북 제작률은 높여 이용자의 편의를 높일 수 있게 된 것이다.

하지만 이 기술에도 한계는 존재하는데, 이는 현재 AI 음성 합성 기술이 사람의 감정까지 담아 표현할 수 없다는 것이다. 이에 따라 현재는 전문 성우가 반드시 필요하지는 않은 경제, 과학 등과 관련된 비문학 도서들은 AI 음성 합성 기술로 제작하고, 소설·동화 등 문학 도서는 전문 성우들이 낭독하는 방식으로 제작이 되고 있다.

① AI 음성 합성 기술이 전문 성우의 녹음보다 더 효율적이다.

② AI 음성 합성 기술이 오디오북 제작에서 전문 성우의 역할을 대체할 수 있다.

③ 문학보다는 비문학이 AI 음성 합성 기술을 통한 오디오북화에 더 유리하다.

④ 전문 성우들의 오디오북 녹음에는 많은 시간이 소요되어 제작에 어려움을 겪고 있다.

⑤ 전문 성우들의 오디오북 녹음에는 막대한 비용이 소요되어 현실적으로 제작이 어렵다.

02

민족의 대명절인 설날과 추석은 가족과 친지를 만나기 위해 전국 각지로 이동하는 사람들이 급증하는 시기다. 이때 코레일의 기차 이용률은 평소보다 훨씬 높아진다. 예매가 시작되면 몇 분 만에 전 노선의 승차권이 매진되고, 예매 경쟁률이 수십 배에 달하는 경우도 흔하다. 그만큼 명절 기간 기차는 국민들의 중요한 이동 수단으로 자리 잡았지만, 최근에는 '노쇼' 문제로 인해 심각한 어려움을 겪고 있다. 이 문제는 명절 기간에 더욱 두드러지며 해마다 노쇼 비율이 증가하는 추세다.

2024년 설 연휴 기간 코레일이 판매한 승차권은 약 408만 매에 이른다. 추석 연휴 역시 약 120만 매가 판매되어 명절에 기차 이용 수요가 얼마나 폭발적인지 알 수 있다. 하지만 이 중 상당수가 실제 탑승하지 않아 공석으로 남는 일이 반복되고 있다. 2024년 설날 노쇼 비율은 무려 46%에 달했으며, 이 중 약 19만 매 이상의 좌석이 재판매되지 못해 빈 좌석으로 운행되었다. 추석 연휴에도 비슷한 수준의 노쇼와 공석 운행 문제가 발생했다. 이는 단순히 좌석이 비어 있는 것 이상의 심각한 문제를 야기한다.

공석 운행은 여러 측면에서 부정적인 영향을 끼친다. 우선, 기차를 타고자 하는 실수요자들이 좌석을 구하지 못하는 상황이 발생한다. 예매 경쟁이 매우 치열한 명절 기간에 노쇼로 인해 좌석이 비어 있음에도 불구하고, 다른 승객들이 그 좌석을 이용하지 못하는 것은 매우 불합리하다. 결국 노쇼는 국민들의 이동권을 제한하는 결과를 낳는다. 두 번째로, 공석 운행은 철도 운영의 효율성을 떨어뜨린다. 빈 좌석을 채우지 못한 채 열차를 운행하는 것은 불필요한 에너지와 인력, 비용 낭비로 이어진다. 이는 코레일뿐 아니라 국가적으로도 큰 손실이다. 세 번째로, 노쇼 문제는 사회적 비용 증가로 연결된다. 노쇼를 줄이기 위한 정책 마련과 시스템 개선에 투입되는 비용, 그리고 이에 따른 환불 정책 변경 등은 모두 국민의 부담으로 돌아올 수밖에 없다.

이러한 문제를 해결하기 위해 코레일은 다양한 대책을 시행하고 있다. 2025년부터 명절 특별수송기간에 출발 후 20분까지의 위약금을 기존 15%에서 30%로 상향 조정하는 등 노쇼 억제에 나서고 있으며, 취소·반환 기준 시점을 앞당겨 승객들이 불필요한 예약을 조기에 취소할 수 있도록 유도하고 있다. 이와 함께 좌석 재판매율을 높이기 위한 시스템 개선 작업도 진행 중이다.

하지만 노쇼 문제는 단순히 코레일의 노력만으로 해결되기 어렵다. 근본적인 제도 개선과 국민 인식 변화가 함께 이루어져야 한다. 예매 시스템의 투명성 강화, 노쇼에 대한 법적 제재 강화 그리고 국민들의 책임감 있는 예약 문화 정착이 필요하다. 또한 실수요자 중심의 예약 정책과 더불어, 노쇼 발생 시 불이익을 명확히 하는 제도적 장치도 마련되어야 한다. 이러한 종합적인 접근이 이루어질 때 비로소 명절 노쇼 문제를 효과적으로 줄이고, 국민 모두가 편리하고 공정하게 기차를 이용할 수 있을 것이다.

① 명절에는 승차권 예매 경쟁이 평소보다 수십 배에 달한다.

② 노쇼로 인해 발생하는 비용은 결국 국민의 부담으로 돌아온다.

③ 2024년 설날에 판매된 승차권 중 46%는 노쇼로 인해 공석으로 운행되었다.

④ 2025년부터 명절 특별수송기간에는 승차권 취소 위약금이 평소보다 높아진다.

⑤ 노쇼 문제를 해결하기 위해서는 코레일의 노력뿐만 아니라 국민 의식 변화와 정부의 제도 개선이 필요하다.

03 다음 제시된 표현법에 대한 사례로 가장 적절한 것은?

관용의 격률이란 자신의 이익은 최소화하고 부담은 최대화하여 말하는 표현법이다. 관용의 격률에 따르면 자신의 부담이 커질수록 상대에게는 예의 있는 표현으로 여겨지기 때문에 어떠한 문제를 자신 탓으로 돌려 말하는 것이라고도 해석된다.

① 민재 : 조은 씨는 좋겠네요. 아들이 훤칠한데 공부까지 잘해서요.
② 지우 : 설명이 너무 어려워서 이해가 되지 않아요. 더 쉽게 설명해 주시겠어요?
③ 다예 : 제가 다음 주에 발표가 있으니, 이번 주까지 자료 정리해서 보내줄 수 있나요?
④ 동현 : 짐을 옮겨야 되는데 너무 무거워서, 미안한데 잠깐 도와줄 수 있을까요?
⑤ 선주 : 제가 시력이 안 좋아서 잘 보이지가 않네요. 조금 더 크게 보여주실 수 있나요?

04 다음 수식을 계산한 결과는 $\dfrac{q}{p}$ 의 기약분수 형태로 나타낼 수 있으며, p와 q는 서로소이다. 이때, $q+p$의 값을 구하면?

$$\frac{18 \times (15^2 + 12 + 3)}{90^2 - 2 \times 45 \times 4} + 1$$

① 90 ② 100
③ 110 ④ 120
⑤ 130

05 K시의 전철 요금은 1회 탑승 시 1,500원이며, 오전 6시 30분 이전에 탑승할 경우 20%의 할인이 적용된다. K시에 사는 A씨는 전철을 이용하여 한 달간 총 22일의 출근과 퇴근을 할 예정이다. 한 달 전철 요금을 62,000원 이하로 유지하려면 A씨가 할인을 받아야 하는 날은 최소 며칠이어야 하는가?(단, A씨는 오후 6시에 회사에서 퇴근한다)

① 12일 ② 13일
③ 14일 ④ 15일
⑤ 16일

06 K공사의 사내 보안시스템은 숫자 1부터 6까지를 사용해 4자리 비밀번호를 설정할 수 있다. 이때, 다음 〈조건〉을 만족하는 4자리 비밀번호는 모두 몇 가지인가?

> **조건**
> • 각 자릿수에는 1부터 6까지의 숫자 중 하나가 들어간다.
> • 같은 숫자는 최대 2번까지만 사용할 수 있다.
>   예 1123, 2331, 4455 가능 / 1112, 2122, 4444 불가능

① 1,170가지
② 1,196가지
③ 1,236가지
④ 1,241가지
⑤ 1,296가지

07 다음은 K쇼핑몰에서 판매된 상품에 대한 월별 리뷰 수와 반품 및 환불률을 조사한 자료이다. 상품을 구매한 사람이 모두 1건씩 리뷰를 작성하였다고 가정할 때, 조사기간 동안 발생한 반품 건수와 환불 건수를 모두 합하면?

<K쇼핑몰 월별 리뷰 수 및 반품·환불 비율>

(단위 : 건, %)

구분	리뷰 수	반품률	환불률
1월	1,000	3	2
2월	1,200	2	3
3월	1,500	4	1
4월	1,300	3	2

① 240건
② 246건
③ 248건
④ 250건
⑤ 252건

08 다음은 서울시 전철 3개 주요 역사에서 시간대별 탑승 및 하차 인원수를 정리한 자료이다. 이에 대한 설명으로 옳은 것은?

〈서울시 전철 3개 주요 역사 시간대별 탑승 및 하차 인원수〉

(단위 : 명)

구분	역삼역		시청역		구로디지털단지역	
	탑승	하차	탑승	하차	탑승	하차
07:00 ~ 09:00 (출근시간)	1,150	350	620	870	2,300	400
12:00 ~ 14:00 (점심시간)	480	520	530	500	900	950
17:00 ~ 19:00 (퇴근시간)	390	1,250	420	1,480	280	2,150

① 역삼역은 모든 시간대에서 탑승 인원이 하차 인원보다 많다.

② 시청역은 점심시간대보다 퇴근시간대에 탑승 인원이 더 많다.

③ 역삼역은 전 시간대를 통틀어 탑승보다 하차 인원이 많은 유일한 역이다.

④ 시청역은 출근시간대 대비 퇴근시간대 하차 인원의 증가 폭이 역삼역보다 크다.

⑤ 구로디지털단지역은 퇴근시간대 하차 인원이 출근시간대 하차 인원의 5배 이상이다.

09 다음 사례에서 나타나는 창의적 사고 개발방법으로 옳은 것은?

3개의 노선이 교차하는 환승역인 K역은 복잡한 역사 구조로 인해 승객들이 길을 헤매는 문제가 있다. A주임은 이러한 문제를 창의적으로 해결하기 위해 지하철역과 비슷하게 사람이 많고 구조가 복잡한 쇼핑센터의 사례를 탐색하였다. 탐색 결과 쇼핑센터에서 입점 가게 위치를 스마트폰 증강현실 지도로 보여주는 기술이 있음을 확인하고, 이를 바탕으로 K역에 적용하여 QR코드를 찍고, 환승구역이나 나가는 곳을 입력하면 그 위치를 스마트폰 증강현실을 통해 안내하는 서비스를 기획하였다.

① NM법　　　　　　　　　② Synectics

③ 체크리스트　　　　　　　④ SCAMPER

⑤ 브레인스토밍

10 다음 사례에서 나타나는 A씨의 논리적 오류로 가장 적절한 것은?

> 매일 지하철을 이용하여 출퇴근하는 A씨는 혼잡해진 지하철 상황에 불만을 가지고 있다. 어느 날 혼잡한 출근 시간에 지하철이 흔들려 어떤 학생이 A씨와 부딪히게 되었다. 부딪힌 학생은 즉시 A씨에게 사과하였지만, A씨는 화를 내며 요즘 젊은이들은 전부 조심성도 없고 남을 배려하지도 않는다고 학생을 비난하였다.

① 무지의 오류
③ 애매성의 오류
⑤ 성급한 일반화의 오류
② 결합의 오류
④ 과대 해석의 오류

11 다음은 철도사업을 수행하는 K공사에 대한 SWOT 분석 결과이다. 기회(Opportunity) 요인에 해당하는 사례를 〈보기〉에서 모두 고르면?

> **보기**
> ㄱ. 신재생 관련 법안 개정으로 인한 철도 이용객 수 증가
> ㄴ. 높은 국내 철도망 운영 노하우
> ㄷ. 도시철도에 대한 민간투자의 확대
> ㄹ. 정부의 교통요금 동결 정책 지속
> ㅁ. 직원 수 부족으로 인해 저조한 고객 만족도
> ㅂ. 글로벌 공동 철도 프로젝트 참여

① ㄱ, ㄴ, ㅁ
③ ㄴ, ㄷ, ㄹ
⑤ ㄷ, ㅁ, ㅂ
② ㄱ, ㄷ, ㅂ
④ ㄴ, ㅁ, ㅂ

12 다음은 K철도공사의 문제해결 사례이다. 〈보기〉의 사례와 문제해결 방법을 바르게 연결한 것은?

> **보기**
>
> ㄱ. K철도공사는 65세 이상의 노인을 위한 복지 정책으로 노인 무임승차 제도를 실시하고 있다. 그러나 K철도공사의 재정 문제와 더불어 이용자 세대별 형평성 문제로 인해 무임승차 혜택에 대해 이용자들의 갈등이 첨예해졌다. 이 문제를 해결하기 위해 A차장은 노인 이용자 대표를 K철도공사에 초청하여 노인 무임승차 제도 혜택 축소를 목적으로 합의점을 찾기 위한 토론회를 개최하였다.
>
> ㄴ. 최근 K철도공사의 고객센터에는 노인들이 매표 키오스크를 사용하기 불편하다는 불만이 자주 들어오고 있다. A센터장은 직원들에게 이 사실을 알리고, 노인 이용자가 편하게 키오스크를 사용할 수 있는 방법을 모색하기 위해 노인 역할극 및 브레인스토밍을 통해 아이디어를 모으도록 유도하였다. 그 결과 직원들의 아이디어를 결합하여 키오스크를 조작하는 동안 잠시 기대어 앉을 수 있는 간이 의자와 주요 기능을 크게 강조하는 방안이 채택되어 노인 이용자들이 편하게 이용할 수 있게 되었다.
>
> ㄷ. 신입사원 B는 철도회사 업무에 익숙하지 않아 발생하는 실수로 팀 내부에서 갈등을 일으키고 있다. 이를 해결하기 위해 A팀장은 B사원에게 철도 업무에서 실수가 있을 때, 어떤 상황이 일어날 수 있는지 넌지시 이야기하며 헷갈리는 일이 있을 때는 팀원들의 도움을 받는 것이 좋다고 조언하였고, 다른 팀원들에게는 신입사원 시절에는 모두가 실수가 많았다며 B사원이 업무에 빨리 적응할 수 있도록 도와달라고 격려하였다. 이후 B사원과 다른 팀원들의 노력으로 B사원은 빠르게 업무에 적응하게 되었다.

	ㄱ	ㄴ	ㄷ
①	소프트 어프로치	하드 어프로치	퍼실리테이션
②	소프트 어프로치	퍼실리테이션	하드 어프로치
③	하드 어프로치	소프트 어프로치	퍼실리테이션
④	하드 어프로치	퍼실리테이션	소프트 어프로치
⑤	퍼실리테이션	소프트 어프로치	하드 어프로치

13 다음 중 제시된 단어와 가장 비슷한 어휘는?

된서리

① 타계(他界) ② 타격(打擊)

③ 타점(打點) ④ 타락(墮落)

⑤ 타산(打算)

14 다음 중 빈칸에 들어갈 단어로 옳은 것은?

정조는 애민주의를 _____하며 백성들을 위한 정책을 펼쳤다.

① 표징(表徵) ② 표집(標集)

③ 표방(標榜) ④ 표류(漂流)

⑤ 표리(表裏)

15

온실가스를 적게 배출하면서도 높은 경제성을 가진 원자력 발전소는 원전에서 나오는 방사성 물질의 차단이나, 외부 오염 물질의 유입을 방지하기 위한 강력한 공기조화 시스템(공조 시스템)이 필요하다. 특히 공기 중으로 떠다닐 수 있는 에어로졸 형태의 방사성 물질 크기는 1 ~ 10㎛ 정도의 아주 작은 물질이지만, 높은 밀도의 방사성 기체는 인체에 치명적일 수 있으며, 환경 오염 문제 또한 발생할 수 있다. 따라서 원자력 발전소의 공조 시스템에는 이러한 미립자를 걸러내기 위하여 헤파필터(HEPA Filter)를 사용하고 있다.

헤파필터는 'High Efficiency Particulate Air Filter'의 약자로, 공기 중의 아주 미세한 입자까지 효과적으로 걸러내는 고성능 필터이다. 일상 생활에서는 주로 공기청정기, 진공청소기, 에어컨 등에 사용되며, 0.3㎛ 크기의 입자(MPPS; Most Penetrating Particle Size)를 99.97% 이상 포획할 수 있는 고성능 필터이다. 헤파필터는 주로 유리섬유나 폴리프로필렌 같은 합성섬유로 만들어지는데, 0.5 ~ 2.0㎛의 섬유가 불규칙하게 얽혀 있는 거미줄 구조로 구성되어 있다. 오염 물질이 포함된 공기가 헤파필터를 통과할 때, 헤파필터의 간격보다 큰 오염 물질은 걸러지고 그보다 작은 오염 물질은 공기 흐름을 따라 진행하다 섬유에 닿아 달라붙게 된다. 헤파필터는 등급에 따라 E10(85%), E11(95%), E12(99.5%), H13(99.75%), H14(99.975%) 등으로 나뉘며, 등급이 높을수록 더 작은 입자까지 더 많이 걸러낼 수 있다. 특히 H13 이상을 트루 헤파필터라고 부르며 원자력 발전소의 경우 H13 이상의 트루 헤파필터를 사용하는 등 일반적인 산업용 필터보다 더욱 엄격한 기준을 충족해야 한다.

이처럼 헤파필터는 원자력 발전소의 안전을 지키는 핵심 장치로 방사성 입자와 미세먼지, 바이러스까지도 효과적으로 제거하는 중요한 역할을 한다. 특히 헤파필터의 정화 성능을 보장하기 위하여 ASME AG-1이나 KEPIC-MH 등 국내외에서 기술기준을 정해 시설·유지·보수 등 관리법의 기준을 제시하고 있으며, 엄격한 안전관리가 필요한 원자력 발전소 특성상 없어서는 안 될 중요한 안전 설비이다.

① 헤파필터의 여과 원리
② 헤파필터의 등급별 성능
③ 방사성 물질의 위험과 대처 방법
④ 원자력 발전소에서의 헤파필터의 역할
⑤ 원자력 발전소의 발전 효율과 미래 전망

16

결핵은 기원전 7000년경 석기 시대의 화석에서도 흔적이 발견될 만큼 인류와 오랜 시간을 함께 해온 질병이다. 결핵균(Mycobacterium Tuberculosis)에 의해 발병하는 결핵은 치료법이 없던 시기에는 수많은 사람들의 생명을 앗아가 백색 페스트라고 불릴 정도로 전염성과 치명률이 높은 질병이다.

그러나 결핵균에 감염된다 하더라도 모든 사람이 즉시 결핵이 발병하지는 않는다. 상당수의 감염자는 결핵균에 노출된 후에도 바로 증상을 보이지 않는데, 이를 잠복결핵감염(LTBI; Latent TuBerculosis Infection)이라 한다. 잠복결핵감염은 결핵균에 감염되어 있지만, 몸속에 들어온 결핵균이 활동하지 않아 결핵 증상이 없고, 몸 밖으로 균이 배출되지 않아 전염성 또한 없는 상태이다. 증상과 전염성이 없어 잠복결핵감염은 별것 아닌 것 같아 보이지만, 이는 면역체계가 결핵균을 억제하고 있기 때문이며, 면역력이 약해지는 경우 언제든지 결핵으로 이어질 가능성이 있음을 의미한다.

잠복결핵감염이 결핵으로 악화되는 경우는 약 5 ~ 10% 수준으로 특히 고령자, 당뇨병 환자, 면역억제 치료를 받는 환자 등 면역력이 저하된 사람들에게서 더욱 빈번하게 발생한다. 잠복결핵감염이 활동성 결핵으로 진행된 경우 이미 다른 요인에 의해 면역력이 떨어진 상황이므로 독성이 더욱 강력하며, 본인은 물론 주변 사람들에게도 광범위하게 결핵을 전파할 수 있어 공중보건상의 심각한 문제를 야기한다.

잠복결핵감염은 증상이 없기 때문에 본인이 감염 사실을 인지하지 못하는 경우가 많다. 따라서 결핵 발생률이 높은 국가에서는 결핵 환자와 밀접하게 접촉한 사람, 면역 저하자, 의료업계 종사자 등 고위험군을 대상으로 잠복결핵감염 검사를 권고하고 있다. 대표적인 검사 방법으로는 투베르쿨린 피부반응 검사(TST)와 인터페론 감마 분비 검사(IGRA)가 있다. 만일 잠복결핵감염에 양성 반응이 있을 경우 3 ~ 9개월 동안 꾸준한 투약 치료가 필요하며, 적절한 치료를 받을 경우 결핵 발병 확률을 60 ~ 90%까지 예방할 수 있다.

잠복결핵감염의 위험성은 단순히 개인의 건강 문제를 넘어 사회 전체의 공중보건과 직결되는 문제이므로 무증상이라고 방치할 것이 아니라, 적극적인 검사와 예방적 치료를 통해 결핵의 확산을 차단하는 노력이 필요하다. 특히 우리나라의 경우 보건소나 가까운 의료 기관에서 잠복결핵감염 치료를 전액 무료로 치료받을 수 있으므로 평소에 잠복결핵감염에 관심을 가지고, 미연에 예방하는 것이 가장 중요할 것이다.

① 잠복결핵감염의 위험성
② 잠복결핵감염의 치료 과정
③ 잠복결핵의 증상과 전염성
④ 효과적인 결핵의 억제 방법
⑤ 잠복결핵감염이 활동성 결핵으로 이어지는 과정

17 다음은 K식당의 메뉴에 따른 판매가격과 재료비 및 고정비용에 대한 정보이다. 손익분기점을 넘기
위해 필요한 판매량이 가장 많은 메뉴는?

〈K식당 메뉴의 판매가격·재료비·고정비용〉

(단위 : 원)

구분	판매가격	재료비	고정비용
제육볶음	10,000	2,000	2,800,000
오징어볶음	12,000	2,000	3,300,000
돈가스	9,000	1,500	2,600,000
라면	6,000	800	1,800,000
고등어구이	11,000	2,000	3,100,000

※ 판매가격과 재료비는 1인분당 비용임
※ 손익분기점을 넘기기 위해서는 순이익(판매가격−재료비)이 고정비용을 초과해야 함

① 제육볶음
② 오징어볶음
③ 돈가스
④ 라면
⑤ 고등어구이

18 K주임이 다음 〈조건〉에 따라 출장을 갈 때, C지점에 도착한 시각과 A지점에서 C지점까지 이동할 때의 평균 속력이 바르게 연결된 것은?(단, 평균 속력에는 B지점에서의 업무 시간을 포함하지 않으며, 가속·정차 등 제시된 조건 이외의 사항은 고려하지 않는다)

> **조건**
> • K주임은 A지점에서 정오에 회사 차량을 이용하여 출장을 간다.
> • K주임의 이동 경로는 A지점 → B지점 → C지점 순서이다.
> • A지점에서 B지점까지 시속 100km로 이동하였다.
> • B지점에서 C까지는 시속 80km로 이동하였다.
> • A지점에서 C지점까지의 거리는 190km이다.
> • A지점에서 B지점까지의 거리는 B지점에서 C지점까지의 거리보다 110km 길다.
> • K사원은 B에 도착하여 1시간 업무를 수행하였다.

	도착 시각	평균 속력
①	오후 2시	90km/h
②	오후 2시	92km/h
③	오후 2시	95km/h
④	오후 3시	90km/h
⑤	오후 3시	95km/h

19 다음 중 J공사 직원들이 본회의를 시작할 수 있는 가장 빠른 시각은?

> J공사의 직원들은 공사 프로젝트 회의를 1시간 동안 진행하려고 한다. 회의 시작 30분 전에는 반드시 회의실에서 회의 준비를 해야 하며, 본회의 이후 30분 동안 회의록을 작성해야 한다. 회의 준비, 본회의, 회의록 작성은 다음 조건에 따라 연속적으로 이루어져야 한다.
> • 회의실은 오전 9시부터 오후 6시 사이에 사용할 수 있다.
> • J공사의 점심시간은 12:00 ~ 13:00로 이 시간에는 회의 및 준비, 회의록 작성이 불가능하다.
> • 참석자 중 1명은 15:00 ~ 16:00에 외부 미팅이 있어 이 시간에는 회의 및 준비, 회의록 작성이 불가능하다.
> • 현재 회의실은 10:00 ~ 10:30, 14:00 ~ 14:30에 이미 예약되어 사용할 수 없다.

① 오전 9시 30분
② 오전 11시
③ 오후 1시
④ 오후 4시
⑤ 오후 4시 30분

20 다음은 제20회 J국가자격 필기시험 결과이다. 이를 토대로 할 때 합격한 사람은 모두 몇 명인가?

〈제20회 J국가자격 필기시험 결과〉

(단위 : 점)

구분	필기시험				가점
	객관식 1과목	객관식 2과목	논술형	약술형	
A	85	52	61	57	6
B	75	71	67	81	–
C	67	81	72	54	2
D	87	72	57	48	5
E	66	82	58	78	–

※ 한 과목이라도 50점 이하 득점 시 과락 처리
※ 전체 평균 점수에 가점을 합하여 70점 이상 득점 시 합격

① 1명
② 2명
③ 3명
④ 4명
⑤ 5명

21 다음 중 SSD와 비교했을 때, HDD의 특징으로 옳은 것은?

① 무게가 가볍다.

② 전력 소모가 적다.

③ 가격이 저렴하다.

④ 데이터 접근 속도가 빠르다.

⑤ 외부 충격에 대한 내구력이 높다.

22 다음 중 점수(참조 대상)가 90점 이상이면 '합격'을, 그렇지 않으면 '불합격'을 출력하는 엑셀 함수식으로 옳은 것은?

① =IF(참조 대상>90, "합격", "불합격")

② =IF(참조 대상>=90, "불합격", "합격")

③ =IF(참조 대상>=90, "합격", "불합격")

④ =CHOOSE(참조 대상<=90, "불합격", "합격")

⑤ =CHOOSE(참조 대상>=90, "합격", "불합격")

23 다음 글의 주제로 가장 적절한 것은?

일생에 한 번쯤 누구나 경험할 수 있는 건강 문제인 허리 통증은 다양한 원인으로 인해 발생한다. 허리 통증은 나이 증가에 따른 허리 근력 약화, 허리에 무리를 주는 취미 생활, 임신과 출산을 경험한 여성 등 개인적 요인으로 인해 발생할 수 있지만, 가장 큰 원인은 바로 직업적 요인이다.

첫 번째 직업적 요인은 중량물 취급이다. 중량물을 한 번만 들어도 급성 요통이나 추간판탈출증이 발생할 수 있으며, 이러한 작업을 반복하면 허리 통증의 위험이 더욱 높아질 뿐 아니라 척추와 추간판의 퇴행성 변화가 촉진되어 추간판탈출증과 척추협착증의 위험도 증가한다. 특히 10kg 이상의 물건을 들어야 할 때는 허리를 구부려 드는 것이 아니라, 물건을 몸에 밀착시키고 다리의 힘으로 들어 올려야 한다는 점에 유의해야 한다.

두 번째 직업적 요인은 허리의 자세이다. 허리를 앞으로 혹은 옆으로 구부리거나 비트는 동작은 허리가 구부려지는 각도가 커질수록 추간판에 가해지는 압력이 증가해 허리 부상의 위험이 높아진다. 특히 구부린 자세로 장시간 작업할 경우 허리 통증과 추간판탈출증이 유발될 수 있다. 실제로 건설노동자나 조선업 노동자처럼 허리 구부림이 많은 업종에서 타 업종보다 허리 통증 관련 산재 신청률과 승인율이 높은 것으로 알려져 있다.

마지막 직업적 요인은 전신 진동이다. 전신 진동은 몸 전체가 상하로 흔들리는 상태로 주로 버스, 트럭, 건설용 차량 운전자가 경험한다. 이러한 진동은 척추와 추간판에 자극을 가해 퇴행성 변화를 일으키고, 결국 추간판탈출증과 척추협착증의 위험을 높인다. 최근 도로 노면이 개선되고 버스 운전석 의자에 진동 흡수 기능이 도입되면서 위험성이 줄었으나, 트럭이나 건설장비 운전자는 여전히 허리 질환에 노출되어 있다.

① 허리 통증의 직업적 요인
② 허리 질환별 통증 관리 방법
③ 직업에 따라 다르게 유발되는 허리 질환
④ 직업 환경에 따라 다른 허리 통증 관련 산재 신청 빈도

24 다음은 보건의료 빅데이터 심포지엄의 발표 순서이다. 이를 참고할 때, 각 발표자의 자료 준비로 적절하지 않은 것은?

〈2024년 보건의료 빅데이터 활용 성과 공유 심포지엄〉

1부 : 빅데이터 · AI 기반 건강보험 서비스 혁신

1. 인공지능(AI) 기술을 통해 공단이 어떻게 데이터 기반의 가입자 맞춤형 서비스를 제공하고, 보험자의 역할을 보다 강화할 수 있을지에 대한 비전
   – ○○대병원 A교수

2. 'sLLM(소형 언어 모델)을 활용한 건강보험 내·외부 서비스 향상'을 주제로 인공지능(AI) 기술을 통한 고객 서비스와 업무 효율성 증대 사례
   – ○○대 B교수

3. 공단이 보유한 방대한 건강보험 데이터를 어떻게 인공지능(AI)을 통해 분석하고 활용할 수 있는지에 대한 방안
   – 공단 C실장(빅데이터연구개발실)

2부 : 건강보험 빅데이터를 활용한 우수 연구 성과

1. 야간 인공조명이 인간의 건강에 미치는 영향에 대한 분석 결과
   – ○○대 D교수

2. 결핵 빅데이터인 국가결핵통합자료원(K-TB-N Cohort) 구축을 통해 국가 결핵 관리 정책·사업의 효과를 평가, 정책을 수립·보완할 근거를 생산
   – ○○청 E과장

3. 병원 내에서 발생하는 폐렴 데이터의 분석을 통해, 이를 예방하기 위한 실효성 있는 병원 내 감염관리 체계 마련 필요성 제시
   – 공단 F팀장(빅데이터연구개발실)

---

① A교수 : 사람과의 직접 대면이 아닌 인공지능 기술로 대체할 수 있는 공단의 서비스에 대한 자료가 필요하겠군.

② B교수 : 인공지능 기술을 활용해 건강보험 서비스를 이용한 고객과 공단 근로자에게 편리성 및 효율성에 대한 설문조사를 진행해야겠군.

③ D교수 : 자연광에만 주로 노출된 사람과 자연광과 더불어 인공조명에 많이 노출된 사람의 건강 상태를 비교할 수 있는 자료가 필요하겠군.

④ F팀장 : 병원 내 병동별 폐렴 발생 현황과 주로 발병하는 연령대에 대한 조사가 필요하겠군.

25 다음 글을 읽고 추론한 내용으로 적절하지 않은 것은?

> 만성질환이란 증상이 극심하지는 않지만 오래 지속되는 질환인 탓에 삶의 질을 저하시키고, 관리를 소홀히 할 경우 합병증의 발생으로 사망까지 이를 수 있어, 운동이나 식이 등 꾸준한 관리가 필요한 질환을 말한다.
>
> 만성질환에는 당뇨·천식·심장병·허리통증 등이 있으며, 만성질환이라 하더라도 모든 운동이 좋은 것은 아니며, 질환별로 또 환자의 상태에 따라 맞는 운동 방법과 강도는 천차만별이다.
>
> 당뇨병의 경우 인슐린 분비량이 없거나 또는 적어 인슐린이 혈당을 낮추는 기능을 정상적으로 수행할 수 없는 상태를 말한다. 따라서 혈당 조절에 효과적인 유산소 운동을 통해 인슐린이 더 효율적으로 사용되도록 하여 혈당 수치를 낮출 수 있다. 또한 규칙적인 유산소 운동은 심혈관계를 향상시켜 심장 건강을 개선시킬 수 있다.
>
> 운동 중 또는 운동 후에 호흡곤란과 반복적이고 발작적인 기침이 나타날 수 있는 천식의 경우 운동 시 각별히 주의하여야 한다. 특히 건조하거나 찬 공기가 있는 환경에서 운동하거나, 갑작스레 격렬한 운동을 할 경우 천식 발작이 일어날 수 있다. 따라서 수영과 같이 건조하지 않고, 심장 박동이나 호흡수가 급격히 증가하지 않는 환경에서 운동하는 것이 도움이 될 수 있다.
>
> 허리 통증의 경우는 유산소 운동보다는 코어 운동이 도움이 된다. 코어 운동을 통해 척추 주위의 근육이 강화되면서 척추를 지지하는 힘이 늘어나 허리 통증이 감소되는 것이다.

① 당뇨 환자는 달리기나 등산, 수영과 같은 운동을 하는 것이 혈당 개선에 도움이 된다.

② 규칙적인 걷기 운동은 당뇨 환자와 심장병 환자의 질환을 개선시킬 수 있다.

③ 천식 환자는 심장박동 및 호흡수를 증가시키는 달리기나 줄넘기보다는 등산이 좋다.

④ 허리 통증을 겪고 있는 환자에게는 허리의 중심 부위를 강화시키는 플랭크나 브릿지와 같은 운동이 좋다.

26 다음 문단을 논리적 순서대로 바르게 나열한 것은?

> 국민건강보험공단은 담배 소송 제12차 변론에서 직접 손해배상 청구권을 포함해 지금까지의 주요 쟁점에 관련한 전반적 입장을 적극적으로 표명했다.
>
> (가) 또한 흡연과 암 발생의 인과관계를 과학적 근거에 따라 분명히 하기 위해 대상 암종을 소세포 암과 편평세포암으로 흡연 기간이 30년 이상이고, 하루 한 갑의 담배를 20년 이상 흡연한 대상 자로 구분하였기에 이번 변론에서는 흡연과 암 발생의 인과관계를 의학적으로 또 국민 상식에 부합하도록 인정하여야 한다고 강조했다.
>
> (나) 공단은 담배 회사들이 담배라는 제품에 대한 중독성과 건강 유해성을 인지하고 있음에도 수십 년 동안 이를 소비자에게 정확히 알리지 않고 막대한 이득을 취한 것은 소비자를 기만한 것이 자 기업의 사회적 책임을 다하지 않은 중대한 문제임을 지적하며, 특히 담배 회사가 흡연 중독 피해를 개인의 선택으로 치부한 것은 소비자를 두 번 기만한 것이라며 비판했다.
>
> (다) 마지막으로 공단은 이번 변론을 준비하면서 국민들의 보험료가 주요 재원인 건강보험 재정이 담배로 인해 발생되는 질병으로 재산상 손해가 발생한 점에 대해 당연히 담배 회사에 법적으로 책임을 물어야 한다고 주장하며, 이에 대한 국민들의 관심과 지지가 필요하다고 호소했다.
>
> (라) 아울러 공단은 이 주장을 입증하기 위한 뒷받침 자료로 대한폐암학회와 호흡기내과 전문의 의 견서, 담배 중독에 대한 한국중독정신의학회와 정신건강의학과 전문의 의견서, 대한금연학회 에서 실시한 담배 중독 감정서와 이들 중 일부에 대한 흡연 경험 심층 사례 분석 결과, 공단 내부 연구 결과 등을 추가 증거로 제출하였다.

① (가) - (나) - (라) - (다)　　　② (가) - (라) - (나) - (다)

③ (나) - (가) - (라) - (다)　　　④ (나) - (라) - (가) - (다)

※ 다음은 K국의 지역별 및 5대 업종별 기업 현황이다. 이어지는 질문에 답하시오. [27~28]

〈K국의 조사 지역별 기업 현황〉

(단위 : 개소)

구분	대기업	중소기업	5인 미만	법인		기타	합계
					사단법인	재단법인	
수도권	5,000	10,000	200,000	60,000	50,000	( )	5,000	( )
강원권	500	2,000	10,000	1,000	500	( )	500	( )
충청권	2,000	3,000	30,000	2,500	( )	800	500	( )
호남권	3,000	5,000	30,000	3,000	( )	1,000	1,000	( )
영남권	3,000	5,000	20,000	2,500	1,500	( )	500	( )
전체	13,500	25,000	290,000	69,000	55,700	13,300	7,500	405,000

※ 조사 기업 종류는 대기업, 중소기업, 5인 미만, 법인, 기타만 존재함
※ 조사 지역은 수도권, 강원권, 충청권, 호남권, 영남권으로만 구성함

〈K국의 5대 업종별 기업 현황〉

(단위 : 개소)

구분	대기업	중소기업	5인 미만	법인			기타
					사단법인	재단법인	
IT업	6,000	5,000	30,000	3,000	2,000	1,000	500
건설업	2,000	5,000	70,000	4,000	3,000	1,000	300
운송업	1,000	9,000	100,000	7,000	5,000	2,000	200
마케팅업	1,000	1,000	30,000	7,000	5,000	2,000	500
제조업	1,000	2,000	5,000	8,000	5,000	3,000	500
합계	11,000	22,000	235,000	29,000	20,000	9,000	2,000

27 다음 중 위 자료에 대한 설명으로 옳지 않은 것은?

① 조사 지역별 법인 기업에서 사단법인이 차지하는 비율이 세 번째로 높은 지역은 영남권이다.

② 5대 업종의 대기업 중 IT업에 속하지 않는 기업의 수는 수도권 지역 기타 기업의 수와 같다.

③ 조사 지역에서 대기업이 20% 증가하고, 중소기업이 10% 감소한다면 전체 기업 수는 증가한다.

④ 조사 지역의 재단법인 중 강원권 재단법인이 차지하는 비율은 조사 지역의 대기업 중 강원권 대기업이 차지하는 비율보다 크다.

28 다음은 위 자료를 근거로 작성한 보고서이다. 이에 대한 내용으로 옳지 않은 것은?

〈기업 현황 보고서〉

① 조사 지역의 전체 기업 중 5인 미만인 기업은 70% 이상을 차지하고 있으며, 이는 중소기업 수의 10배 이상이다. 특히, 5인 미만인 기업은 수도권에 밀집되어 있는데 ② 조사 지역의 5인 미만 기업 중 수도권이 차지하는 비율 또한 60% 이상이다.

모든 지역에 걸쳐 대기업보단 중소기업이, 중소기업보단 5인 미만 기업의 수가 많았는데, 5인 미만 기업 수 대비 대기업의 수는 영남권이 가장 높았다. 5대 업종만을 분석했을 때 역시 대기업보단 중소기업이, 중소기업보단 5인 미만 기업이 많았으며, 사단법인이 재단법인보다 많았다. ③ 이에 따라 조사 지역의 전체 기업 중 5대 업종에 해당하지 않는 기업도 앞선 순서와 동일하였다. 또한 ④ 조사 지역의 전체 기업 중 운송업에 해당하는 기업의 비율은 5인 미만 기업이 중소기업보다 높았다.

※ 다음은 K국의 연도별 7대 주요 범죄 발생 현황과 교도소별 복역자 현황에 대한 자료이다. 이어지는
   질문에 답하시오. [29~30]

〈K국의 연도별 7대 주요 범죄 발생 현황〉

(단위 : 건)

구분	살인	사기	폭행	강도	절도	성범죄	방화
1989년	500	2,000	5,000	4,000	25,000	3,000	500
1990년	600	2,500	7,000	8,000	20,000	2,500	600
1991년	700	3,000	10,000	5,000	23,000	2,000	800
1992년	800	2,000	15,000	8,000	18,000	2,500	700
1993년	900	3,000	10,000	10,000	20,000	3,000	1,000
1994년	1,000	2,000	20,000	10,000	27,000	5,000	900
1995년	1,100	3,500	17,000	9,000	34,000	2,000	1,100

※ 현 시점은 2025년임

〈K국 교도소의 잔여 형량별 복역자 수〉

(단위 : 명)

구분	A교도소	B교도소	C교도소	D교도소	E교도소	F교도소
1년 미만	3,000	4,000	5,000	6,000	7,000	8,000
1년 이상 3년 미만	1,500	1,000	2,000	3,000	2,000	2,500
3년 이상 5년 미만	400	400	500	600	800	1,000
5년 이상 10년 미만	350	250	250	300	400	50
10년 이상 20년 미만	30	35	40	60	55	35
20년 이상	20	15	10	40	45	15
합계	5,300	5,700	7,800	10,000	10,300	11,600

※ K국의 교도소는 A ~ F 6개만 존재함

29 다음 중 위 자료에 대한 설명으로 옳지 않은 것은?

① 살인이 가장 많이 발생한 해에는 절도 역시 가장 많이 발생하였다.

② 모든 교도소에서 잔여 형량이 많을수록 복역자 수는 감소한다.

③ 범죄가 가장 많이 발생한 해는 폭행도 가장 많이 발생하였다.

④ 잔여 형량이 1년 미만인 경우가 가장 많은 교도소는 전체 복역자 수가 가장 많다.

30 다음 중 위 자료를 계산하여 해석한 내용으로 옳지 않은 것은?

① 1990년부터 1995년까지 전년 대비 살인 사건 발생 변화율은 매년 감소한다.

② K국 전체 교도소 복역자 수 중 D교도소 복역자 수의 비율은 20% 이하이다.

③ 1993년부터 1995년까지 7대 주요 발생 범죄 중 절도가 차지하는 비율은 45% 이하이다.

④ 교도소별 잔여 형량이 1년 미만인 복역자 수 대비 3년 이상 5년 미만인 복역자 수의 비율은 F교도소가 가장 높다.

※ 다음은 2025년 2월 10일 기준 국내 월평균 식재료 가격이다. 이어지는 질문에 답하시오. **[31~32]**

〈월평균 식재료 가격(2025.02.10 기준)〉

구분	세부항목	2024년						2025년
		7월	8월	9월	10월	11월	12월	1월
곡류	쌀 (원/kg)	1,992	1,083	1,970	1,895	1,850	1,809	1,805
채소류	양파 (원/kg)	1,385	1,409	1,437	1,476	1,504	1,548	1,759
	배추 (원/포기)	2,967	4,556	7,401	4,793	3,108	3,546	3,634
	무 (원/개)	1,653	1,829	2,761	3,166	2,245	2,474	2,543
수산물	물오징어 (원/마리)	2,286	2,207	2,267	2,375	2,678	2,784	2,796
	건멸치 (원/kg)	23,760	23,760	24,100	24,140	24,870	25,320	25,200
축산물	계란 (원/30개)	5,272	5,332	5,590	5,581	5,545	6,621	9,096
	닭 (원/kg)	5,436	5,337	5,582	5,716	5,579	5,266	5,062
	돼지 (원/kg)	16,200	15,485	15,695	15,260	15,105	15,090	15,025
	소_국산 (원/kg)	52,004	52,220	52,608	52,396	51,918	51,632	51,668
	소_미국산 (원/kg)	21,828	22,500	23,216	21,726	23,747	22,697	21,432
	소_호주산 (원/kg)	23,760	23,777	24,122	23,570	23,047	23,815	24,227

※ 주요 식재료 소매가격(물오징어는 냉동과 생물의 평균 가격, 계란은 특란의 평균 가격, 돼지는 국내 냉장과 수입 냉동의 평균 가격, 국산 소고기는 갈비, 등심, 불고기의 평균 가격, 미국산 소고기는 갈비, 갈빗살, 불고기의 평균 가격, 호주산 소고기는 갈비, 등심, 불고기의 평균 가격임)
※ 표시 가격은 주요 재료의 월평균 가격이며, 조사 주기는 일별로 조사함

31 다음 중 위 자료를 이해한 내용으로 옳지 않은 것은?

① 2024년 8월 대비 9월 쌀 가격의 증가율은 2024년 11월 대비 12월 무 가격의 증가율보다 크다.

② 소의 가격은 국산, 미국산, 호주산 모두 2024년 7월부터 9월까지 증가하다가 10월에 감소한다.

③ 계란 가격은 2024년 7월부터 2025년 1월까지 꾸준히 증가하고 있다.

④ 쌀 가격은 2024년 8월에 감소했다가 9월에 증가한 후 그 후로 계속 감소하고 있다.

32 K식품회사에 재직 중인 A사원은 국내 농수산물의 가격 동향과 관련한 보고서를 쓰기 위해 위 자료를 참고하여 2024년 12월 대비 2025년 1월 식재료별 가격의 증감률을 구하고 있으며, 다음은 A사원이 작성한 보고서의 일부이다. 이를 토대로 했을 때 증감률이 가장 큰 식재료는?(단, 소수점 셋째 자리에서 버림한다)

〈국내 농수산물 가격 동향에 따른 보고서〉

식품개발팀 A사원

저희 개발팀에서 올해 기획하고 있는 신제품 출시를 위하여 국내 농수산물 가격 동향을 조사하였습니다. 하단에 월평균 식재료 증감률을 첨부하였으니 신제품 개발 일정을 수립하는 데 참고하시면 될 것 같습니다. 자세한 사항은 식품개발팀 B과장님께 문의하십시오.

〈월평균 식재료 증감률(2025.02.10 기준)〉

구분	세부항목	2024년 12월	2025년 1월	증감률(%)
곡류	쌀(원/kg)	1,809	1,805	
채소류	양파(원/kg)	1,548	1,759	
	무(원/개)	2,474	2,543	
수산물	건멸치(원/kg)	25,320	25,200	
… 생략 …				

---

① 쌀 ② 양파

③ 무 ④ 건멸치

33 다음은 K사의 신입사원 선발 조건이다. 〈보기〉의 지원자 중 최고득점자와 최저득점자를 바르게 연결한 것은?

〈K사 신입사원 선발 조건〉

• 다음과 같은 항목에 따른 점수를 합산하여 최종점수(100점 만점)을 산정하여 점수가 가장 높은 지원자 2명을 신입사원으로 선발한다.

– 학위점수(30점 만점)

학위	학사	석사	박사
점수(점)	18	25	30

– 어학시험점수(20점 만점)

어학시험점수 (300점 만점)	0점 이상 50점 미만	50점 이상 150점 미만	150점 이상 220점 미만	220점 이상
점수(점)	8	14	17	20

– 면접점수(30점 만점)

면접점수	미흡	보통	우수
점수(점)	18	24	30

– 실무경험점수(20점 만점)

총 인턴근무 기간	4개월 미만	4개월 이상 8개월 미만	8개월 이상 12개월 미만	12개월 이상
점수(점)	12	16	18	20

보기

구분	학위	어학시험점수	면접	총 인턴근무 기간
A	학사	228	우수	8개월
B	석사	204	보통	11개월
C	학사	198	보통	9개월
D	박사	124	미흡	3개월

	최고득점자	최저득점자
①	A	B
②	A	D
③	B	C
④	C	D

34 다음 글과 가장 관련 있는 한자성어는?

> A씨는 대학 졸업 후 창업에 도전하기로 결심했다. 그는 자신의 아이디어에 확신을 가지고 작은 카페를 열었지만, 예상치 못한 문제들이 끊임없이 발생했다. 위치 선정이 잘못되었고, 경쟁이 치열했으며, 운영 경험 부족으로 인해 손님을 끌어들이지 못했다. 결국 1년 만에 카페는 문을 닫아야 했고, A씨는 큰 빚과 좌절감 속에서 실패를 받아들여야 했다.
>
> 하지만 A씨는 실패를 통해 얻은 교훈을 놓치지 않았다. 그는 자신이 부족했던 점들을 분석하며 경영과 마케팅에 대해 더 깊이 공부하기 시작했다. 또한 카페를 운영하며 쌓은 고객 관리 경험과 식음료 산업에 대한 이해를 바탕으로 새로운 방향을 모색했다. 그러던 중, 그는 소규모 카페 운영자들이 겪는 어려움 해소를 돕기 위해 전문 컨설팅 서비스를 제공하는 사업 아이디어를 떠올렸다.
>
> A씨는 이전의 실패를 발판 삼아 철저히 준비한 끝에 컨설팅 회사를 설립했다. 그의 서비스는 소규모 카페 운영자들에게 실질적인 도움을 제공하며 빠르게 입소문을 탔고, 사업은 성공적으로 성장했다.

① 전화위복(轉禍爲福)

② 사필귀정(事必歸正)

③ 일취월장(日就月將)

④ 우공이산(愚公移山)

35 다음 중 밑줄 친 단어의 의미가 다른 것은?

① 인간은 네 번째 <u>차원</u>인 시간을 인식하며 살아간다.

② 그의 능력은 취미의 <u>차원</u>을 넘어 예술의 경지로 나아갔다.

③ 과도한 사탕발림이 예의의 <u>차원</u>을 넘어 불편하게 다가왔다.

④ 독창적인 아이디어가 한 <u>차원</u> 높은 수준의 품질을 이끌어 내었다.

36 다음 글에 대한 설명으로 적절하지 않은 것은?

> 큐비트(Qubit)는 양자 컴퓨터에서 정보를 저장하고 처리하는 기본 단위다. 기존의 컴퓨터가 정보를 0과 1로 이루어진 비트(Bit)로 표현하는 것과 달리, 큐비트는 양자역학의 특성을 활용해 더 복잡하고 강력한 방식으로 정보를 다룬다.
>
> 큐비트는 0과 1의 상태를 동시에 가질 수 있는 양자 중첩 특성을 가지고 있다. 양자 중첩이란 빛이 입자와 파동 2가지 상태를 가진 것과 마찬가지로 미시적 세계에서 여러 양자 상태가 동시에 존재할 수 있는 현상을 뜻하며, 측정하기 전까지는 양자 상태를 정확히 파악할 수 없고 관측과 동시에 상태가 결정되는 것을 의미한다. 이처럼 큐비트 또한 측정하기 전까지 0과 1의 상태를 동시에 가진 중첩 상태가 유지되며 측정 시에는 0 또는 1 중 하나의 값으로 확정된다. 이를 통해 큐비트는 병렬 계산을 가능하게 만들어 복잡한 문제를 빠르게 해결할 수 있다.
>
> 또한 두 개 이상의 큐비트가 양자 얽힘 상태에 있으면, 한 큐비트의 상태가 다른 큐비트의 상태와 즉각적으로 연결된다. 이에 따라 한 큐비트가 측정되면 얽혀 있는 다른 큐비트의 상태 또한 자동으로 결정되므로 큐비트 간의 빠른 정보 전달과 협력 계산을 가능하게 한다.
>
> 양자 컴퓨터에 사용되는 큐비트는 다양한 방식으로 개발되고 있으며 대표적인 방식은 초전도 회로, 이온 트랩, 광자, 스핀 등이 있다. 초전도 회로는 전기적 초전도체를 활용해 양자 상태를 생성하고, 이온 트랩은 전기장으로 이온을 가두고 조작한다. 광자는 빛 입자를 이용한 정보 저장 및 전송에 사용되며, 스핀은 전자의 스핀 상태를 활용한다.
>
> 큐비트는 기존 컴퓨터보다 훨씬 더 많은 정보를 처리할 수 있다. 예를 들어, 20개의 큐비트를 활용하면 2^{20}, 즉 약 100만 개의 상태를 동시에 표현할 수 있다. 이는 암호 해독이나 복잡한 시뮬레이션 같은 문제에서 기존 컴퓨터보다 월등히 빠른 성능을 발휘한다. 하지만 현재 기술로는 큐비트를 안정적으로 유지하고 제어하는 데 한계가 있다. 환경적 요인으로 인해 양자 상태가 쉽게 붕괴되기 때문에 이를 극복하기 위한 연구가 활발히 진행 중이다.
>
> 큐비트는 양자역학의 원리를 기반으로 기존 컴퓨터와는 완전히 다른 방식으로 정보를 처리한다. 중첩과 얽힘 같은 특성 덕분에 복잡한 계산 문제를 해결하는 데 강력한 도구가 될 수 있지만, 기술적 도전 과제도 많다. 앞으로 양자 컴퓨팅 기술이 발전하면 큐비트를 활용한 혁신적인 응용이 더욱 확대될 것으로 기대된다.

① 큐비트의 값은 측정과 동시에 정해진다.

② 큐비트는 정보를 0와 1의 2진수로 나타내는 것이다.

③ 큐비트는 측정하기 전까지는 양자 중첩 상태로 존재한다.

④ 4개의 큐비트를 활용하면 16번의 상태를 동시에 표현할 수 있다.

37 다음 글에 대한 설명으로 가장 적절한 것은?

> 소형 모듈 원전(SMR; Small Modular Reactor)은 기존 대형 원자로와는 다른 설계와 운영 방식을 가진 차세대 원자력 발전 기술이다. SMR은 전기 출력이 300MWe 이하로 소형화된 원자로를 의미하며, 크기가 작고 유연한 설계 덕분에 다양한 환경에서 활용 가능하다. 주요 특징 중 하나는 모듈화된 설계로, 주요 기기를 모듈화하여 공장에서 제작한 뒤 현장으로 운송해 조립한다. 이로 인해 건설 기간이 단축되고 초기 투자 비용을 줄일 수 있다.
>
> SMR은 기존 원전에 비해 안정성 또한 높다. 자연 순환 냉각 방식을 채택해 전력 공급 없이도 중력과 밀도 차, 자연 대류를 활용해 원자로를 냉각할 수 있다. 이는 사고 발생 시 노심 용융 가능성을 낮추며, 방사성 물질의 저장 및 관리 측면에서도 유리하다. 또한 다양한 입지 조건에서 설치가 가능하여 전력망이 없는 지역이나 해상에서도 활용할 수 있다. 이는 탄소 배출이 적은 에너지원으로서 기후 변화 대응에도 기여할 수 있다.
>
> SMR의 경제성도 강점이다. 공장에서 미리 제작된 모듈을 현장에서 조립하는 방식은 전통적인 대형 원전보다 건설 비용과 기간을 줄인다. 그러나 단위 출력당 건설 비용이 높아질 수 있어 대량 생산과 표준화를 통해 비용을 절감해야 한다. 기술적 검증도 중요한 과제로, 안전성과 경제성을 동시에 만족시켜야 한다. 기후 변화에 따른 환경적 취약성도 고려해야 하며, 이를 극복하기 위해 각국 정부와 민간 기업들은 협력하여 연구 개발에 투자하고 있다.
>
> SMR은 탄소 중립 시대를 맞아 중요한 에너지원으로 주목받고 있으며, 다양한 분야에서 활용 가능성이 높다. 한국을 포함한 여러 국가가 SMR 개발에 적극적으로 나서고 있으며, 이를 통해 글로벌 에너지 시장에서 새로운 패러다임을 제시할 것으로 보인다. SMR은 단순히 기존 원전을 대체하는 것을 넘어 안전하고 지속 가능한 에너지 시스템 구축에 기여할 핵심 기술로 자리 잡아가고 있다.

① SMR은 방사성 폐기물이 발생하지 않는다.

② SMR은 기존의 원전보다 다양한 환경에서 건설이 가능하다.

③ SMR은 원전 부지에서 모듈을 생산하여 조립하는 방식으로 건설된다.

④ 선진국에서는 기존 원전 대부분이 SMR로 전환되어 탄소 중립을 실천하고 있다.

38 다음은 J공사의 컴퓨터 비밀번호 규칙에 대한 글이다. 〈보기〉 중 J공사 비밀번호 규칙에 맞지 않는 것은 모두 몇 개인가?

> J공사의 직원들은 업무를 시작하기 위해 컴퓨터에 직원별 비밀번호를 입력해야 한다. 직원들의 비밀번호는 9자리의 숫자와 문자로 구성되어 있다. 첫 번째 자리는 직원 종류별 코드로 정직원은 1, 계약직은 2, 파견직은 3이 부여된다. 두 번째 자리부터는 직원별 입사일이 YYMMDD 방식으로 부여된다. 이후 데이터의 진위 여부를 확인하기 위해 체크데이터로 앞의 숫자를 모두 더한 뒤, 2를 뺀 값에 해당하는 알파벳이 대문자로 부여된다. 마지막으로 비밀번호 식별의 용이성을 위해 첫 번째 자리의 숫자와 동일한 숫자가 부여된다.

보기

- 3011210F3
- 2981111U2
- 3051231M3
- 1241215N2
- 4200817T4
- 1942131S1
- 1840624W1
- 1211014H1
- 2210830P2
- 2191229Z2

---

① 2개
② 3개
③ 4개
④ 5개

39 다음 사례에서 나타나는 논리적 오류로 가장 적절한 것은?

> A씨는 오랜만에 고향 친구를 만났다. 약속 장소에서 A씨는 고향 친구가 말끔한 정장을 입고 나온 것을 보고, 그가 부자일 확률보다 부자이면서 좋은 차를 끌고 다닐 확률이 높다고 생각하였다.

① 결합의 오류
② 무지의 오류
③ 연역법의 오류
④ 과대 해석의 오류

※ 다음은 J기업의 본사와 부속 공장 간의 도로에 대한 자료이다. 이어지는 질문에 답하시오. **[40~41]**

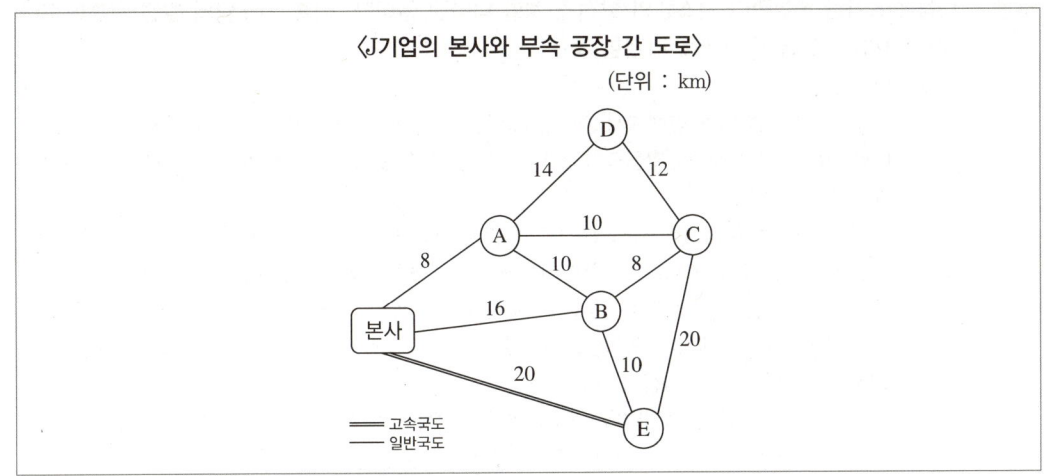

〈J기업의 본사와 부속 공장 간 도로〉

(단위 : km)

┃ 한국중부발전 / 자원관리능력

40 S대리는 본사에서 출발하여 모든 부속 공장을 방문한 뒤, 본사로 복귀하려고 한다. S대리가 일반국도만을 이용한다면, 최단거리는 몇 km인가?(단, 한 번 방문한 공장은 다시 방문하지 않는다)

① 72km   ② 76km

③ 80km   ④ 84km

┃ 한국중부발전 / 자원관리능력

41 S대리는 회사로부터 교통비를 지원받아 고속국도를 이용할 수 있게 되었다. S대리가 고속국도를 이용하여 모든 부속 공장을 방문한 뒤, 본사로 복귀할 때의 최단거리는 고속국도를 이용하지 않을 때의 최단거리와 몇 km 차이가 나는가?(단, 한 번 방문한 공장은 다시 방문하지 않는다)

① 6km   ② 8km

③ 10km   ④ 12km

42 다음은 K기업 종합관리 시스템의 발전 단계를 나타낸 글이다. 기술 시스템의 발전 단계에 따라 (가) ~ (라) 문단을 순서대로 나열한 것은?

> (가) 종합관리 시스템 납품 경쟁에서 승리한 K기업의 종합관리 시스템은 정부기관에서도 사용하게 되었으며, 기술표준으로 확립되어 여러 산업 기술들이 K기업의 종합관리 시스템에 맞춰져 개발되기에 이르렀다.
>
> (나) K기업이 개발한 종합관리 시스템은 탄소배출권 거래에서 실무적 안정성을 인정받아 K기업 내 다른 부서뿐만 아니라 다른 분야의 회사에서도 차용하기 시작하였다.
>
> (다) 정부의 탄소중립 정책 강화로 인해 탄소배출권 거래에 대한 국책 사업이 활발해졌고, 국가적 관리 시스템이 필요해지자, K기업을 비롯한 여러 탄소배출권 거래 기업이 자사의 종합관리 시스템을 납품하기 위해 경쟁하였다.
>
> (라) 탄소배출권을 거래하는 K기업은 거래 내역을 일괄적으로 관리하는 종합관리 시스템을 자체 개발하여 사용하였고, 실무적 여건에 따라 유연하게 발전시켰다.

① (다) – (가) – (나) – (라)
② (다) – (라) – (나) – (가)
③ (라) – (나) – (다) – (가)
④ (라) – (다) – (나) – (가)

43 다음은 A주임의 상사가 평소 엑셀을 능숙하게 다루는 A주임에게 요청한 내용이다. A주임이 상사의 요청을 수행하면서 사용한 엑셀 단축키가 아닌 것은?

> A주임, 지금 회사 거래 내역이 담긴 엑셀 파일을 수정해야 하는데, 제 컴퓨터의 마우스가 고장이 나서 단축키로만 작업을 해야 합니다. A주임이 엑셀을 능숙하게 쓴다고 들어서 도와주셨으면 합니다. [F12] 셀에서 왼쪽에 있는 값을 모두 선택하여 차트를 만들고, [F13] 셀에는 오늘 날짜를 입력해 주세요.

① 〈Ctrl〉+〈1〉
② 〈Ctrl〉+〈;〉
③ 〈Alt〉+F1
④ 〈Shift〉+〈Home〉

44 다음 중 단어의 뜻이 나머지와 다른 것은?

① 호도(糊塗)　　　　　　　　② 맹아(萌芽)
③ 무마(撫摩)　　　　　　　　④ 은폐(隱蔽)

45 다음 중 밑줄 친 어휘가 나머지와 다른 의미로 사용된 것은?

① 건조한 환경으로 인해 쉽게 불이 붙었다.
② 새로운 소재로 불이 붙는 것을 방지하였다.
③ 토론은 양측이 첨예하게 대립해 불이 붙었다.
④ 들판에 불이 붙자 걷잡을 수 없이 퍼져 나갔다.

46 K고등학교의 운동장은 윗변이 20m, 밑변이 50m, 높이가 20m인 등변 사다리꼴 형태이다. 운동장의 가장자리에 2m마다 의자를 놓고 학생을 앉힐 때, 의자에 앉을 수 있는 학생의 수는?

① 59명　　　　　　　　　　② 60명
③ 61명　　　　　　　　　　④ 62명

47 다음 중 제시된 자료를 그래프로 바르게 변환한 것은?

〈K-water 한강유역 대수력 발전소 연간 발전량〉

(단위 : GWh)

구분	2019년	2020년	2021년	2022년	2023년	2024년
소양강댐	347	551	314	600	430	490
충주댐	484	769	574	680	706	759

①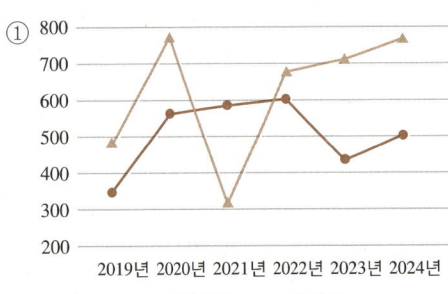

②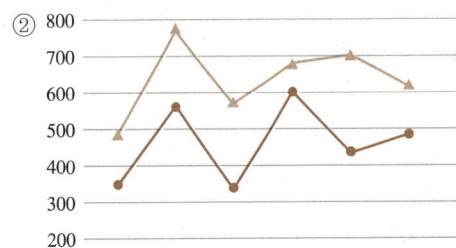

③

④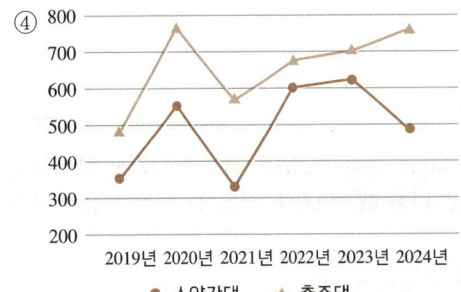

48 다음 중 효과적인 시간관리를 통하여 빠르고 효율적인 생산으로 작업 소요 시간을 단축시켰을 때,
기업의 입장에서 나타나는 효과로 옳지 않은 것은?

① 가격 인상   ② 위험 감소

③ 정확한 예산 분배   ④ 시장 점유율 증가

49 효율적이고 합리적인 인사관리 원칙 중 해당 직무 수행에 가장 적합한 인재를 배치해야 한다는
원칙으로 옳은 것은?

① 단결의 원칙   ② 공정 인사의 원칙

③ 종업원 안정의 원칙   ④ 적재적소 배치의 원칙

50 다음 사례에서 나타나는 물적자원관리의 원칙으로 옳은 것은?

> 편의점 점장인 A씨는 상품의 판매량과 입고량을 파악하여 많이 팔리고, 많이 들어오는 상품은 출
> 입구에 가깝게 위치시켰으며, 적게 팔려서 주문할 양이 적은 상품은 매장 안쪽에 배치하여 상품의
> 입·출하가 원활하게 이루어지도록 하였다.

① 동일성의 원칙   ② 유사성의 원칙

③ 회전대응의 원칙   ④ 기호화의 원칙

PART 1

직업기초능력평가

CHAPTER 01   의사소통능력

CHAPTER 02   조직이해능력

CHAPTER 01
의사소통능력

의사소통능력은 평가하지 않는 공사·공단이 없을 만큼 필기시험에서 중요도가 높은 영역으로, 세부 유형은 문서 이해, 문서 작성, 의사 표현, 경청, 기초 외국어로 나눌 수 있다. 문서 이해·문서 작성과 같은 지문에 대한 주제 찾기, 내용 일치 문제의 출제 비중이 높으며, 문서의 특성을 파악하는 문제도 출제되고 있다.

01 문제에서 요구하는 바를 먼저 파악하라!

의사소통능력에서 가장 중요한 것은 제한된 시간 안에 빠르고 정확하게 답을 찾아내는 것이다. 의사소통능력에서는 지문이 아니라 문제가 주인공이므로 지문을 보기 전에 문제를 먼저 파악해야 하며, 문제에 따라 전략적으로 빠르게 풀어내는 연습을 해야 한다.

02 잠재되어 있는 언어 능력을 발휘하라!

세상에 글은 많고 우리가 학습할 수 있는 시간은 한정적이다. 이를 극복할 수 있는 방법은 다양한 글을 접하는 것이다. 실제 시험장에서 어떤 내용의 지문이 나올지 아무도 예측할 수 없으므로 평소에 신문, 소설, 보고서 등 여러 글을 접하는 연습이 필요하다.

03 상황을 가정하라!

업무 수행에 있어 상황에 따른 언어 표현은 중요하다. 같은 말이라도 상황에 따라 다르게 해석될 수 있기 때문이다. 그런 의미에서 자신의 의견을 효과적으로 전달할 수 있는 능력을 평가하는 것이다. 업무를 수행하면서 발생할 수 있는 여러 상황을 가정하고 그에 따른 올바른 언어 표현을 정리하는 것이 필요하다.

04 말하는 이의 입장에서 생각하라!

잘 듣는 것 또한 하나의 능력이다. 상대방의 이야기에 귀 기울이고 공감하는 태도는 업무를 수행하는 관계 속에서 필요한 요소이다. 그런 의미에서 다양한 상황에서 듣는 능력을 평가하는 것이다. 말하는 이가 요구하는 듣는 이의 태도를 파악하고, 이에 따른 판단을 할 수 있도록 언제나 말하는 사람의 입장이 되는 연습이 필요하다.

| 유형분석 |

- 주어진 지문을 읽고 선택지를 고르는 전형적인 독해 문제이다.
- 지문은 주로 신문기사(보도자료 등)나 업무 보고서, 시사 등이 제시된다.
- 공사·공단에 따라 자사와 관련된 내용의 기사나 법조문, 보고서 등이 출제되기도 한다.

다음 글의 내용으로 가장 적절한 것은?

음악에서 화성이나 멜로디가 하나의 음 또는 하나의 화음을 중심으로 일정한 체계를 유지하는 것을 조성(調性)이라 한다. 조성을 중심으로 한 음악은 서양음악에 지배적인 영향을 미쳤는데, 여기에서 벗어나 자유롭게 표현하고 싶은 음악가의 열망이 무조(無調) 음악을 탄생시켰다. 무조 음악에서는 한 옥타브 안의 12음 각각에 동등한 가치를 두어 음들을 자유롭게 사용하였다. 이로 인해 무조 음악은 표현의 자유를 누리게 되었지만 조성이 주는 체계성은 잃게 되었다. 악곡의 형식을 유지하는 가장 기초적인 뼈대가 흔들린 것이다. 이와 같은 상황 속에서 무조 음악이 지닌 자유로움에 체계성을 더하고자 고민한 작곡가 쇤베르크는 '12음 기법'이라는 독창적인 작곡 기법을 만들어 냈다. 쇤베르크의 12음 기법은 12음을 한 번씩 사용하여 만든 기본 음렬(音列)에 이를 '전위', '역행', '역행 전위'의 방법으로 파생시킨 세 가지 음렬을 더해 악곡을 창작하는 체계적인 작곡 기법이다.

① 조성은 하나의 음으로 여러 음을 만드는 것을 말한다.
② 무조 음악은 조성이 발전한 형태라고 말할 수 있다.
③ 무조 음악은 한 옥타브 안의 음 각각에 가중치를 두어서 사용했다.
④ 조성은 체계성을 추구하고, 무조 음악은 자유로움을 추구한다.
⑤ 쇤베르크의 12음 기법은 무조 음악과 조성 모두에서 벗어나고자 한 작곡 기법이다.

정답 ④

오답분석
① 조성은 음악에서 화성이나 멜로디가 하나의 음 또는 하나의 화음을 중심으로 일정한 체계를 유지하는 것이다.
② 무조 음악은 조성에서 벗어나 자유롭게 표현하고자 한 것이므로, 발전한 형태라고 말할 수 없다.
③ 무조 음악은 한 옥타브 안의 음 각각에 동등한 가치를 두었다.
⑤ 쇤베르크의 12음 기법은 무조 음악이 지닌 자유로움에 조성의 체계성을 더하고자 탄생한 기법이다.

풀이 전략!

주어진 선택지에서 키워드를 체크한 후, 지문의 내용과 비교해 가면서 내용의 일치 유무를 빠르게 판단한다.

01 다음 글의 내용으로 가장 적절한 것은?

> 감염에 대한 일반적인 반응은 열(熱)을 내는 것이다. 우리는 발열을 흔한 '질병의 증상'이라고만 생각하며 아무런 기능도 없이 불가피하게 일어나는 수동적인 현상처럼 여긴다. 그러나 우리의 체온은 유전적으로 조절되는 것이며 아무렇게나 변하지 않는다. 병원체 중에는 우리의 몸보다 열에 더 예민한 것들도 있다. 체온을 높이면 그런 병원체들은 우리보다 먼저 죽게 되므로 발열 증상은 우리 몸이 병원체를 죽이기 위한 능동적인 행위가 되는 것이다.
>
> 또 다른 반응은 면역 체계를 가동시키는 것이다. 백혈구를 비롯한 우리의 세포들은 외부에서 침입한 병원체를 능동적으로 찾아내어 죽인다. 우리 몸은 침입한 병원체에 대항하는 항체를 형성하여 일단 치유된 뒤에는 다시 감염될 위험이 적어진다. 그러나 인플루엔자나 보통 감기 따위의 질병에 대한 우리의 저항력은 완전한 것이 아니어서 결국 다시 그 병에 걸릴 수도 있다. 어떤 질병에 대해서는 한 번의 감염으로 자극을 받아 생긴 항체가 평생 그 질병에 대한 면역성을 준다. 바로 이것이 예방접종의 원리이다. 죽은 병원체를 접종함으로써 질병을 실제로 경험하지 않고 항체 생성을 자극하는 것이다.
>
> 일부 영리한 병원체들은 인간의 면역성에 굴복하지 않는다. 어떤 병원체는 우리의 항체가 인식하는 병원체의 분자구조, 즉 항원을 바꾸어 우리가 그 병원체를 알아보지 못하게 한다. 가령 인플루엔자는 항원을 변화시키기 때문에 이전에 인플루엔자에 걸렸던 사람이라도 새로이 나타난 다른 균종으로부터 안전할 수 없는 것이다.
>
> 인간의 가장 느린 방어 반응은 자연선택에 의한 반응이다. 어떤 질병이든지 남들보다 유전적으로 저항력이 더 많은 사람들이 있기 마련이다. 어떤 전염병이 한 집단에서 유행할 때 그 특정 병원체에 저항하는 유전자를 가진 사람들은 그렇지 못한 사람들에 비해 생존 가능성이 높다. 따라서 역사적으로 특정 병원체에 자주 노출되었던 인구 집단에서는 그 병에 저항하는 유전자를 가진 개체의 비율이 높아질 수밖에 없다. 이 같은 자연선택의 예로 아프리카 흑인에게서 자주 발견되는 겸상(鎌狀) 적혈구 유전자를 들 수 있다. 겸상 적혈구 유전자는 적혈구의 모양을 정상적인 도넛 모양에서 낫 모양으로 바꾸어 빈혈을 일으키므로 생존에 불리함을 주지만, 말라리아에 대해서는 저항력을 가지게 한다.

① 발열 증상은 수동적인 현상이지만 감염병의 회복에 도움을 준다.

② 예방접종은 질병을 실제로 경험하게 하여 항체 생성을 자극한다.

③ 겸상 적혈구 유전자는 적혈구 모양을 도넛 모양으로 변화시켜 말라리아로부터 저항성을 가지게 한다.

④ 병원체의 항원이 바뀌면 이전에 형성된 항체가 존재하는 사람도 그 병원체가 일으키는 병에 걸릴 수 있다.

⑤ 어떤 질병이 유행한 적이 없는 집단에서는 그 질병에 저항력을 주는 유전자가 보존되는 방향으로 자연선택이 이루어졌다.

02

미국의 유명 사진작가는 북태평양의 미드웨이섬에서 촬영한 바닷새 앨버트로스의 사진을 홈페이지에 게시했다. 죽은 새의 배 속에는 병뚜껑, 일회용 라이터 등 쓰레기가 가득했다. 이처럼 사람들이 버리는 플라스틱 쓰레기는 앨버트로스와 같은 바닷새뿐만 아니라 바다표범, 바다거북 등 바다를 터전으로 삼고 있는 모든 생명체들에게 고통을 주고 있다.

우리는 생수병, 일회용 그릇, 수저 등 플라스틱으로 만든 생필품을 사용하며 살아간다. 전 세계의 플라스틱 생산량은 연간 3억 톤이며, 이 중 500만 톤이 매년 바다로 흘러 들어간다. 태평양 바다 한가운데 썩지 않는 비닐과 플라스틱이 뒤엉켜 있는 '거대 쓰레기 섬'은 그 면적이 우리나라 영토의 14배에 달한다.

해양쓰레기를 수거하려는 노력은 전 세계적으로 나타나고 있다. 국제사회는 육상 폐기물의 해양 투기를 전면 금지했다. 네덜란드의 한 비영리단체는 바다에 대형 망을 설치해 쓰레기를 수거할 계획이며, 북대서양 해역에 시범 사업을 실시할 예정이다. 하와이의 비영리단체는 플라스틱 쓰레기를 분쇄·압축해 벽돌을 만들기도 한다.

우리 정부도 연간 500억 원을 투입해 해양쓰레기 수거 사업을 실시하고 있다. 연안 오염 총량 관리제를 통해 오염이 심각한 '특별관리해역'에서 바다로 배출되는 오염물질의 총량을 통제하고 있으며 플라스틱 해양쓰레기의 오염 실태를 파악하고 대응 방안을 모색하고 있다.

해양쓰레기는 바다로 한 번 들어가면 빠르게 확산되어 수거가 어렵기 때문에 예방이 최선이다. 평소에 쓰레기가 생기지 않도록 노력하고, 조업 활동 등을 통해 바다에서 생기는 쓰레기는 다시 육지로 가져와야 한다.

바다는 지구의 인류와 생명체를 하나로 연결하는 거대한 버팀목이다. 개개인의 '플라스틱 분리배출'과 같은 실천과 노력이 모인다면 후손들에게 살아 숨 쉬는 바다를 물려줄 수 있을 것이다.

① 바다로 버려진 플라스틱 쓰레기가 바다 생명체들의 목숨을 위협하기도 한다.

② 한 해에 전 세계에서 생산된 플라스틱의 3% 이상이 바다로 흘러 들어간다.

③ 국제사회의 비영리단체들은 해양쓰레기를 수거하기 위해 다양한 노력을 기울이고 있다.

④ 현재 우리나라의 특별관리해역에서는 연안 오염 총량 관리제가 시행되고 있다.

⑤ 바다로 흘러 들어간 해양쓰레기는 수거가 어려우므로 쓰레기가 바다로 흘러 들어가지 않도록 예방에 힘써야 한다.

03

‘갑’이라는 사람이 있다고 하자. 이때 사회가 갑에게 강제적 힘을 행사하는 것이 정당화되는 근거는 무엇일까? 그것은 갑이 다른 사람에게 미치는 해악을 방지하려는 데 있다. 특정 행위가 갑에게 도움이 될 것이라든가, 이 행위가 갑을 더욱 행복하게 할 것이라든가 또는 이 행위가 현명하다든가 혹은 옳은 것이라든가 하는 이유를 들면서 갑에게 이 행위를 강제하는 것은 정당하지 않다. 이러한 이유는 갑에게 권고하거나 이치를 이해시키거나 무엇인가를 간청하거나 할 때는 충분한 이유가 된다. 그러나 갑에게 강제를 가하는 이유 혹은 어떤 처벌을 가할 이유는 되지 않는다. 이와 같은 사회적 간섭이 정당화되기 위해서는 갑이 행하려는 행위가 다른 어떤 이에게 해악을 끼칠 것이라는 점이 충분히 예측되어야 한다. 한 사람이 행하고자 하는 행위 중에서 그가 사회에 대해서 책임을 져야 할 유일한 부분은 다른 사람에게 관계되는 부분이다.

① 타인과 관계되는 행위는 사회적 책임이 따른다.
② 개인에 대한 사회의 간섭은 어떤 조건이 필요하다.
③ 행위 수행 혹은 행위 금지의 도덕적 이유와 법적 이유는 구분된다.
④ 한 사람의 행위는 타인에 대한 행위와 자신에 대한 행위로 구분된다.
⑤ 사회는 개인의 해악에 관해서는 관심이 있지만, 그 해악을 방지할 강제성의 근거는 가지고 있지 않다.

04 다음은 스마트시티에 대한 기사이다. 스마트시티 전략의 사례로 적절하지 않은 것은?

토의는 어떤 공통된 문제에 대해 최선의 해결안을 얻기 위하여 여러 사람이 의논하는 말하기 양식이다. 패널 토의, 심포지엄 등이 그 대표적인 예이다.
㉠ 패널 토의는 3 ~ 6인의 전문가들이 사회자의 진행에 따라 일반 청중 앞에서 토의 문제에 대한 정보나 지식, 의견이나 견해 등을 자유롭게 주고받는 유형이다. 토의가 끝난 뒤에는 청중의 질문을 받고 그에 대해 토의자들이 답변하는 시간을 갖는다. 이 질의 · 응답 시간을 통해 청중들은 관련 문제를 보다 잘 이해하게 되고 점진적으로 해결 방안을 모색하게 된다.
㉡ 심포지엄은 전문가가 참여한다는 점, 청중과 질의 · 응답 시간을 갖는다는 점에서는 패널 토의와 그 형식이 비슷하다. 다만 전문가가 토의 문제의 하위 주제에 대해 서로 다른 관점에서 연설이나 강연의 형식으로 10분 정도 발표한다는 점에서는 차이가 있다.

① 거리별 쓰레기통에 센서 장치를 활용하여 쓰레기 배출량 감소 효과
② 방범 CCTV 및 범죄 관련 스마트 앱 사용으로 범죄 발생률 감소 효과
③ 상하수도 및 지질정보 통합 시스템을 이용하여 시설 노후로 인한 누수 예방 효과
④ 교통이 혼잡한 도로의 확장 및 주차장 확대로 교통난 해결 효과
⑤ 거리마다 전자민원시스템을 설치하여 도시 문제의 문제해결력 상승 효과

05

우리는 '재활용'이라고 하면 생활 속에서 자주 접하는 종이, 플라스틱, 유리 등을 다시 활용하는 것만을 생각한다. 하지만 에너지도 재활용이 가능하다고 한다.

에너지는 우리가 인지하지 못하는 일상생활 속 움직임을 통해 매 순간 만들어지고 사라진다. 문제는 이렇게 생산되고 사라지는 에너지의 양이 적지 않다는 것이다. 이처럼 버려지는 에너지를 수집해 우리가 사용할 수 있도록 하는 기술이 에너지 하베스팅이다.

에너지 하베스팅은 열, 빛, 운동, 바람, 진동, 전자기 등 주변에서 버려지는 에너지를 모아 전기를 얻는 기술을 의미한다. 이처럼 우리 주위 자연에 존재하는 청정에너지를 반영구적으로 사용하기 때문에 공급의 안정성, 보안성 및 지속 가능성이 높고, 이산화탄소를 배출하는 화석연료를 사용하지 않기 때문에 환경공해를 줄일 수 있어 친환경 에너지 활용 기술로도 각광받고 있다.

이처럼 에너지원의 종류가 많은 만큼, 에너지 하베스팅의 유형도 매우 다양하다. 체온, 정전기 등 신체의 움직임을 이용하는 신체 에너지 하베스팅, 태양광을 이용하는 광 에너지 하베스팅, 진동이나 압력을 가해 이용하는 진동 에너지 하베스팅, 산업 현장에서 발생하는 수많은 폐열을 이용하는 열 에너지 하베스팅, 방송 전파나 휴대전화 전파 등의 전자파 에너지를 이용하는 전자파 에너지 하베스팅 등이 폭넓게 개발되고 있다.

영국의 어느 에너지 기업은 사람의 운동 에너지를 전기 에너지로 바꾸는 기술을 개발했다. 사람이 많이 다니는 인도 위에 버튼식 패드를 설치하여 사람이 밟을 때마다 전기가 생산되도록 하는 것이다. 이 장치는 2012년 런던올림픽에서 테스트를 한 이후 현재 영국의 12개 학교 및 미국 뉴욕의 일부 학교에서 설치하여 활용 중이다.

이처럼 전 세계적으로 화석 연료에서 신재생 에너지로 전환하려는 노력이 계속되고 있는 만큼, 에너지 전환 기술인 에너지 하베스팅에 대한 관심은 계속될 것이며 다양한 분야에 적용될 것으로 예상되고 있다.

① 재활용은 유체물만 가능하다.
② 에너지 하베스팅은 버려진 에너지를 또 다른 에너지로 만드는 것이다.
③ 에너지 하베스팅을 통해 열, 빛, 전기 등 여러 에너지를 얻을 수 있다.
④ 태양광과 폐열은 같은 에너지원에 속한다.
⑤ 사람의 운동 에너지를 전기 에너지로 바꾸는 기술은 사람의 체온을 이용한 신체 에너지 하베스팅 기술이다.

06

우리 속담에 '울다가도 웃을 일이다.'라는 말이 있듯이 슬픔의 아름다움과 해학의 아름다움이 함께 존재한다면 이것은 우리네의 곡절 많은 역사 속에 밴 미덕의 하나라고 할 만하다. 울다가도 웃을 일이라는 말은 물론 어처구니가 없을 때 하는 말이기도 하지만 애수가 아름다울 수 있고 또 익살이 세련되어 아름다울 수 있다면 그 사회의 서정과 조형미에 나타나는 표현에도 의당 이러한 것이 반영되어 있어야 한다.

이러한 고요의 아름다움과 슬픔의 아름다움이 조형 작품 위에 옮겨질 수 있다면 이것은 바로 예술에서 말하는 적조미의 세계이며, 익살의 아름다움이 조형 위에 구현된다면 물론 이것은 해학미의 세계일 것이다.

① 익살은 우리 민족만이 지닌 특성이다.
② 익살은 풍속화에서 가장 잘 표현된다.
③ 익살이 조형 위에 구현된다면 적조미이다.
④ 익살은 우리 민족의 삶의 정서를 반영한다.
⑤ 익살은 예술 작품을 통해서만 표현될 수 있다.

07 다음 중 셉테드(CPTED)에 해당하는 내용으로 적절하지 않은 것은?

1970년대 초 미국의 도시계획가인 오스카 뉴먼은 뉴욕의 두 마을의 생활수준이 비슷한데도 불구하고 범죄 발생 수는 3배가량 차이가 난다는 것을 확인하고, 연구를 거듭하여 범죄 발생 빈도가 두 마을의 공간 디자인의 차이에서 나타난다는 것을 발견하여 대중적으로 큰 관심을 받았다.

이처럼 셉테드(CPTED; Crime Prevention Through Environmental Design)는 건축물 설계 시에 시야를 가리는 구조물을 없애 공공장소에서의 범죄에 대한 자연적 감시가 이뤄지도록 하고, 공적인 장소임을 표시하여 경각심을 일깨우고, 동선이 유지되도록 하여 일탈적인 접근을 거부하는 등 사전에 범죄를 차단할 수 있는 환경을 조성하는 데 그 목적이 있다.

우리나라에서는 2005년 처음으로 경기도 부천시가 일반주택단지를 셉테드 시범지역으로 지정하였고, 판교·광교 신도시 및 은평 뉴타운 일부 단지에 셉테드를 적용하였다. 또한 국토교통부에서 「범죄예방 건축기준 고시」를 2015년 4월 1일부터 제정해 시행하고 있다.

① 아파트 단지 내 놀이터 주변 수목을 낮은 나무 위주로 심는다.
② 지하주차장의 여성 전용 주차공간을 건물 출입구에 가깝게 배치한다.
③ 수도·가스 배관 등을 미끄러운 재질로 만든다.
④ 공공장소의 엘리베이터를 내부 확인이 가능하도록 유리로 설치한다.
⑤ 각 가정에서는 창문을 통한 침입을 방지하기 위해 방범창을 설치한다.

08 다음 글을 이해한 내용으로 적절하지 않은 것은?

신혼부부 가구의 주거안정을 위해서는 우선적으로 육아·보육지원 정책의 확대·강화가 필요한 것으로 나타났다.

신혼부부 가구는 주택 마련 지원 정책보다 육아수당, 육아보조금, 탁아시설 확충과 같은 육아·보육지원 정책의 확대·강화가 더 필요하다고 생각하고 있으며 특히, 믿고 안심할 수 있는 육아·탁아시설의 확대가 필요한 것으로 나타났다. 이는 최근 부각된 보육기관에서의 아동학대문제 등 사회적 분위기의 영향과 맞벌이 가구의 경우, 안정적인 자녀 보육환경이 전제되어야만 안심하고 경제활동을 할 수 있기 때문인 것으로 보인다.

신혼부부 가구 중 아내의 경제활동 비율은 평균 38.3%이며 맞벌이 비율은 평균 37.2%로 나타났으나, 일반적으로 자녀 출산 시기로 볼 수 있는 혼인 3년 차에서의 맞벌이 비율은 30% 수준까지 낮아지는 경향을 보이는데 자녀의 육아환경 때문으로 판단된다. 또한, 외벌이 가구의 81.5%가 자녀의 육아·보육을 위해 맞벌이를 하지 않는다고 하였으며 이는 결혼 여성의 경제활동 지원을 위해서는 무엇보다 육아를 위한 보육시설의 확대가 필요하다는 것을 시사한다.

맞벌이의 주된 목적이 주택비용 마련임을 고려할 때, 보육시설의 확대는 결혼 여성에게 경제활동의 기회를 제공하여 신혼부부 가구의 경제력을 높이고, 내 집 마련 시기를 앞당길 수 있다는 점에서 중요성을 갖는다.

특히, 신혼부부 가구가 계획하고 있는 총 자녀의 수는 1.83명이지만, 자녀 양육 환경문제 등으로 추가적인 자녀계획을 포기하는 경우가 나타날 수 있으므로 실제로는 이보다 낮은 자녀 수를 보일 것으로 예상된다. 따라서 출산장려를 위해서도 결혼 여성의 경제활동을 지원하기 위한 강화된 국가적 차원의 배려와 관심이 필요하다고 할 수 있다.

① 육아·보육지원은 신혼부부의 주거안정을 위한 정책이다.
② 신혼부부들은 육아수당, 육아보조금 등이 주택 마련 지원보다 더 필요하다고 생각한다.
③ 자녀의 보육환경이 개선되면 맞벌이 비율이 상승할 것이다.
④ 경제활동에 참여하는 여성이 많아질수록 출산율은 낮아질 것이다.
⑤ 보육환경의 개선은 신혼부부 가구가 내 집 마련을 보다 이른 시기에 할 수 있게 해 준다.

09 다음 글을 이해한 내용으로 가장 적절한 것은?

> 도심항공교통, UAM은 'Urban Air Mobility'의 약자로, 전기 수직 이착륙기(eVTOL)를 활용해 지상에서 450m 정도 상공인 저고도 공중에서 사람이나 물건 등을 운송하는 항공 교통 수단 시스템을 지칭하는 용어이며, 기체 개발부터 운항, 인프라 구축, 플랫폼 서비스 그리고 유지보수에 이르기까지 이와 관련된 모든 사업을 통틀어 일컫는 말이다.
>
> 도심항공교통은 전 세계적인 인구 증가와 대도시 인구 과밀화로 인해 도심의 지상교통수단이 교통체증 한계에 맞닥뜨리면서 이를 해결하고자 등장한 대안책이다. 특히 이 교통수단은 활주로가 필요한 비행기와 달리 로켓처럼 동체를 세운 상태로 이착륙이 가능한 수직이착륙 기술, 배터리와 모터로 운행되는 친환경적인 방식과 저소음 기술로 인해 탄소중립 시대에 새로운 교통수단으로 주목받고 있다.
>
> 이 때문에 많은 국가와 기업에서 도심항공교통 상용화 추진에 박차를 가하고 있으며 우리나라 역시 예외는 아니다. 국내 기업들은 상용화를 목표로 기체 개발 중에 있으며, 현대자동차는 핵심 인프라 중 하나인 플라잉카 공항 사업을 수주하여 영국에서 공항 건설에 참여하고 있다. 공기업 역시 미래 모빌리티 토탈솔루션 구축 등의 UAM 생태계 조성 및 활성화를 추진 중이다.
>
> 실제로 강릉시는 강릉역 '미래형 복합환승센터'에 기차, 버스, 철도, 자율주행차뿐만 아니라 도심항공교통 UAM까지 한 곳에서 승하차가 가능하도록 개발사업 기본 계획을 수립해 사업 추진에 나섰으며, 경기 고양시 역시 항공교통 상용화를 위한 UAM 이착륙장을 내년 완공을 목표로 진행 중에 있다. 이와 같은 각 단체와 시의 노력으로 도심항공교통이 상용화된다면 많은 기대효과를 가져올 수 있을 것이라 전망되는데, 특히 친환경적인 기술로 탄소배출 절감에 큰 역할을 할 것으로 판단된다. 이뿐만 아니라 도시권역 간 이동시간을 단축해 출퇴근 교통체증을 해소할 수 있고, 획기적인 운송 서비스의 제공으로 사회적 비용을 감소시킬 수 있을 것으로 보인다.

① 도심항공교통은 상공을 통해 사람이나 물품 등의 이동이 가능하게 하는 모든 항공교통수단 시스템을 지칭한다.

② 도심항공교통은 지상교통수단의 이용이 불가능해짐에 따라 대체 방안으로 등장한 기술이다.

③ 도심항공교통은 수직이착륙 기술을 가지고 있어 별도의 활주로와 공항이 없이도 어디서든 운행이 가능하다.

④ 국내 공기업과 사기업, 그리고 정부와 각 시는 도심항공교통의 상용화를 위해 역할을 분담하여 추진 중에 있다.

⑤ 도심항공교통이 상용화된다면, 도심지상교통이 이전보다 원활하게 운행이 가능해질 것으로 예측된다.

10 다음 글의 내용으로 적절하지 않은 것은?

경제학에서는 가격이 '한계 비용(限界費用)'과 일치할 때를 가장 이상적(理想的)인 상태라고 본다. 한계 비용이란 재화의 생산량을 한 단위 증가시킬 때 추가되는 비용을 말한다. 한계 비용 곡선과 수요 곡선이 만나는 점에서 가격이 정해지면 재화의 생산 과정에 들어가는 자원이 낭비 없이 효율적으로 배분되며, 이때 사회 전체의 만족도가 가장 커진다. 가격이 한계 비용보다 높아지면 상대적으로 높은 가격으로 인해 수요량이 줄면서 거래량이 따라 줄고, 결과적으로 생산량도 감소한다. 이는 사회 전체의 관점에서 볼 때 자원이 효율적으로 배분되지 못하는 상황이므로 사회 전체의 만족도가 떨어지는 결과를 낳는다.

위에서 설명한 일반 재화와 마찬가지로 수도, 전기, 철도와 같은 공익 서비스도 자원배분의 효율성을 생각하면 한계 비용 수준으로 가격(공공요금)을 결정하는 것이 바람직하다. 대부분의 공익 서비스는 초기 시설 투자비용은 막대한 반면 한계 비용은 매우 적다. 이러한 경우, 한계 비용으로 공공요금을 결정하면 공익 서비스를 제공하는 기업은 손실을 볼 수 있다.

예컨대 초기 시설 투자비용이 6억 달러이고, 톤당 1달러의 한계 비용으로 수돗물을 생산하는 상수도 서비스를 가정해 보자. 이때 수돗물 생산량을 '1톤, 2톤, 3톤, …'으로 늘리면 총비용은 '6억 1달러, 6억 2달러, 6억 3달러, …'로 늘어나고, 톤당 평균 비용은 '6억 1달러, 3억 1달러, 2억 1달러, …'로 지속적으로 줄어든다. 그렇지만 평균 비용이 계속 줄어들더라도 한계 비용 아래로는 결코 내려가지 않는다. 따라서 한계 비용으로 수도 요금을 결정하면 총비용보다 총수입이 적으므로 수도 사업자는 손실을 보게 된다.

이를 해결하는 방법에는 크게 두 가지가 있다. 하나는 정부가 공익 서비스 제공 기업에 손실분만큼 보조금을 주는 것이고, 다른 하나는 공공요금을 평균 비용 수준으로 정하는 것이다. 전자의 경우 보조금을 세금으로 충당한다면 다른 부문에 들어갈 재원이 줄어드는 문제가 있다. 평균 비용 곡선과 수요 곡선이 교차하는 점에서 요금을 정하는 후자의 경우에는 총수입과 총비용이 같아져 기업이 손실을 보지는 않는다. 그러나 요금이 한계 비용보다 높기 때문에 사회 전체의 관점에서 자원의 효율적 배분에 문제가 생긴다.

① 자원이 효율적으로 배분될 때 사회 전체의 만족도가 극대화된다.

② 정부는 공공요금을 한계 비용 수준으로 유지하기 위하여 보조금 정책을 펼 수 있다.

③ 공익 서비스와 일반 재화의 생산 과정에서 자원을 효율적으로 배분하기 위한 조건은 서로 같다.

④ 가격이 한계 비용보다 높은 경우에는 한계 비용과 같은 경우에 비해 결국 그 재화의 생산량이 줄어든다.

⑤ 평균 비용이 한계 비용보다 큰 경우, 공공요금을 평균 비용 수준에서 결정하면 자원의 낭비를 방지할 수 있다.

11 다음 글의 내용으로 가장 적절한 것은?

'청렴(淸廉)'은 현대 사회에서 좁게는 반부패(反腐敗)와 동의어로 사용되며, 넓게는 투명성과 책임성 등을 포괄하는 통합적 개념으로 사용되고 있다. 유학자들은 청렴을 효제(孝悌)와 같은 인륜의 덕목보다는 하위에 두었지만 군자라면 마땅히 지켜야 할 일상의 덕목으로 중시하였다. 조선의 대표적 유학자였던 이황과 이이는 청렴을 사회 규율이자 개인 처세의 지침으로 강조하였다. 특히 공적 업무에 종사하는 사람이라면 사회 규율로서의 청렴이 개인의 처세와 직결된다는 점에 유념해야 한다고 보았다.

청렴에 대한 논의는 정약용의 『목민심서』에서 본격적으로 나타난다. 정약용은 청렴이야말로 목민관이 지켜야 할 근본적인 덕목이며 목민관의 직무는 청렴이 없이는 불가능하다고 강조하였다. 정약용은 청렴을 당위의 차원에서 주장하는 기존의 학자들과 달리 행위자 자신에게 실질적 이익이 된다는 점을 들어 설득하고자 한다. 그는 청렴은 큰 이득이 남는 장사라고 말하면서, 지혜롭고 욕심이 큰 사람은 청렴을 택하지만 지혜가 짧고 욕심이 작은 사람은 탐욕을 택한다고 설명한다. 정약용은 "지자(知者)는 인(仁)을 이롭게 여긴다."라는 공자의 말을 빌려 "지혜로운 자는 청렴함을 이롭게 여긴다."라고 하였다. 비록 재물을 얻는 데 뜻이 있더라도 청렴함을 택하는 것이 결과적으로는 지혜로운 선택이라고 정약용은 말한다. 목민관의 작은 탐욕은 단기적으로 보면 눈 앞의 재물을 취하여 이익을 얻을 수 있겠지만 궁극에는 개인의 몰락과 가문의 불명예를 가져올 수 있기 때문이다.

정약용은 청렴을 지키는 것은 두 가지 효과가 있다고 보았다. 첫째, 청렴은 다른 사람에게 긍정적 효과를 미친다. 목민관이 청렴할 경우 백성을 비롯한 공동체 구성원에게 좋은 혜택이 돌아갈 것이다. 둘째, 청렴한 행위를 하는 것은 목민관 자신에게도 좋은 결과를 가져다준다. 청렴은 그 자신의 덕을 높이는 것일 뿐 아니라 자신의 가문에 빛나는 명성과 영광을 가져다줄 것이다.

① 정약용은 청렴이 목민관이 반드시 지켜야 할 덕목임을 당위론 차원에서 정당화하였다.
② 정약용은 탐욕을 택하는 것보다 청렴을 택하는 것이 이롭다는 공자의 뜻을 계승하였다.
③ 정약용은 청렴한 사람은 욕심이 작기 때문에 재물에 대한 탐욕에 빠지지 않는다고 보았다.
④ 정약용은 청렴이 백성에게 이로움을 줄 뿐 아니라 목민관 자신에게도 이로운 행위라고 보았다.
⑤ 이황과 이이는 청렴을 개인의 처세에 있어 주요 지침으로 여겼으나 사회 규율로는 보지 않았다.

02 글의 주제·제목

| 유형분석 |

- 주어진 지문을 파악하여 전달하고자 하는 핵심 주제를 고르는 문제이다.
- 정보를 종합하고 중요한 내용을 구별하는 능력이 필요하다.
- 설명문부터 주장, 반박문까지 다양한 성격의 지문이 제시되므로 글의 성격별 특징을 알아두는 것이 좋다.

다음 글의 중심 내용으로 가장 적절한 것은?

> 분노는 공격과 복수의 행동을 유발한다. 분노 감정의 처리에는 '눈에는 눈, 이에는 이'라는 탈리오 법칙이 적용된다. 분노의 감정을 느끼게 되면 상대방에 대해 공격적인 행동을 하고 싶은 공격 충동이 일어난다. 동물의 경우, 분노를 느끼면 이빨을 드러내게 되고 발톱을 세우는 등 공격을 위한 준비 행동을 나타내게 된다. 사람의 경우에도 분노를 느끼면 자율신경계가 활성화되고 눈매가 사나워지며 이를 꽉 깨물고 주먹을 불끈 쥐는 등 공격 행위와 관련된 행동들이 나타나게 된다. 특히 분노 감정이 강하고 상대방이 약할수록 공격 충동은 행동화되는 경향이 있다.

① 공격을 유발하게 되는 원인
② 분노가 야기하는 행동의 변화
③ 탈리오 법칙의 정의와 실제 사례
④ 동물과 인간의 분노 감정의 차이
⑤ 분노 감정의 처리와 법칙

정답 ②

제시문의 중심 내용은 '분노'에 대한 글로, 사람의 경우와 동물의 경우를 나누어 분노가 어떻게 공격과 복수의 행동을 유발하는지에 대해 서술하고 있다. 따라서 글의 중심 내용으로 '분노가 야기하는 행동의 변화'가 가장 적절하다.

풀이 전략!

- 선택지 중 세부적인 내용을 다루고 있는 것은 정답에서 제외시킨다.
- 주제가 되는 글 또는 문단의 앞과 뒤에 핵심어가 오는 경우가 있으므로 먼저 글을 읽어 핵심어를 잡아낸 뒤 중심 내용을 파악할 수 있도록 한다.
- 글의 전체적인 진행 중에 반전이 되는 내용이나 접속어가 나온다면 그 다음 내용이 중심 내용인 경우가 많다. 따라서 글의 분위기가 반전되는 경우 이에 집중하여 독해한다.

※ 다음 글의 제목으로 적절하지 않은 것을 고르시오. [1~2]

01

대·중소기업 간 동반성장을 위한 '상생'이 산업계의 화두로 조명 받고 있다. 4차 산업혁명 시대 도래 등 글로벌 시장에서의 경쟁이 날로 치열해지는 상황에서 대기업과 중소기업이 힘을 합쳐야 살아남을 수 있다는 위기감이 상생의 중요성을 부각하고 있다고 분석된다. 재계 관계자는 "그동안 반도체, 자동차 등 제조업에서 세계적인 경쟁력을 갖출 수 있었던 배경에는 대기업과 협력업체 간 상생의 역할이 컸다."라며, "고속 성장기를 지나 지속 가능한 구조로 한 단계 더 도약하기 위해 상생경영이 중요하다."라고 강조했다.

기업들은 협력사의 경쟁력 향상이 곧 기업의 성장으로 이어질 것으로 보고 2·3차 중소 협력업체들과의 상생경영에 힘쓰고 있다. 단순히 갑을 관계에서 대기업을 서포트 해야 하는 존재가 아니라 상호 발전을 위한 동반자라는 인식이 자리 잡고 있다는 분석이다. 이에 따라 협력사들에 대한 지원도 거래대금 현금 지급 등 1차원적인 지원 방식에서 벗어나 경영 노하우 전수, 기술 이전 등을 통한 '상생 생태계' 구축에 도움을 주는 방향으로 초점이 맞춰지는 추세다.

특히 최근에는 상생 협력이 대기업이 중소기업에 주는 일시적인 시혜 차원의 문제가 아니라 경쟁에서 살아남기 위한 생존 문제와 직결된다는 인식이 강하다. 협약을 통해 협력업체를 지원해 준 대기업이 업체의 기술력 향상으로 더 큰 이득으로 보상받고 이를 통해 우리 산업의 경쟁력이 강화된다는 것이다.

경제 전문가는 "대·중소기업 간의 상생 협력이 강제 수단이 아니라 문화적으로 자리 잡아야 할 시기"라며 "대기업, 특히 오너 중심의 대기업들도 단기적인 수익이 아닌 장기적인 시각에서 질적 평가를 통해 협력업체의 경쟁력을 키울 방안을 고민해야 한다."라고 강조했다.

이와 관련해 국내 주요 기업들은 대기업보다 연구개발(R&D) 인력과 관련 노하우가 부족한 협력사들을 위해 각종 노하우를 전수하는 프로그램을 운영 중이다. K전자는 협력사들에 기술 노하우를 전수하기 위해 경영관리 제조 개발 품질 등 해당 전문 분야에서 20년 이상 노하우를 가진 K전자 임원과 부장급 100여 명으로 '상생컨설팅팀'을 구성했다. 지난해부터는 해외에 진출한 국내 협력사에도 노하우를 전수하고 있다.

① 지속 가능한 구조를 위한 상생 협력의 중요성
② 상생경영, 함께 가야 멀리 간다.
③ 대기업과 중소기업, 상호 발전을 위한 동반자로
④ 시혜적 차원에서의 대기업 지원의 중요성
⑤ 동반성장을 위한 상생의 중요성

02

I국제공항공사는 취약계층의 일자리 창출을 위해 제2여객터미널 1층에 장애인 직원들이 근무하는 '스윗에어 카페'를 열었다. I국제공항 식음매장 역사상 최초로 장애인 바리스타가 운영하는 카페가 제2여객터미널에 문을 연 것이다.

'스윗에어 카페'는 지난 10월 31일 I국제공항공사가 P기업, F재단과 체결한 '장애인 일자리 지원 사업을 위한 공동협력 협약'에 따라 운영되는 매장으로, I시(市) 거주 장애인을 고용하여 취약계층 자립 지원과 지역사회 상생·발전이라는 두 마리 토끼를 잡았다.

해당 매장에서는 정규직으로 고용된 장애인 직원들이 음료 제조와 판매를 직접 담당하고 있으며, 쿠키 등 간단한 베이커리와 커피 외에도 떡과 전통차 등 다양한 메뉴를 합리적인 가격에 제공한다. 또한 365일 연중 무휴로 오전 9시부터 오후 6시까지 운영될 예정이다.

'스윗에어 카페'에서 근무를 시작하게 된 장애인 바리스타 L씨는 '다양한 여행객들에게 서비스를 할 수 있는 공항에서 일을 하게 되어 기쁘다.'며 '맛있는 커피를 만들어 손님들에게 행복을 선물하고 싶다.'고 부푼 마음으로 말했다.

이번 카페 오픈을 통해 I국제공항공사는 장애인들의 경제적 자립과 고용 창출에 힘을 보태고, 앞으로도 취약계층에게 꿈과 희망을 줄 수 있는 사업을 적극적으로 추진하여 사회적 가치 실현에 기여하겠다고 밝혔다.

① 장애인 친구들의 달콤한 일터 '스윗에어 카페'
② 장애인 직원들이 운영하는 '스윗에어 카페' 오픈
③ 365일 연중 무휴, 합리적 가격의 '스위에어 카페' 오픈
④ 출국 전, 장애인 바리스타가 만든 따뜻한 커피 한 잔 어떠세요?
⑤ I국제공항 역사상 최초로 장애인 바리스타가 운영하는 카페 오픈

03 다음 글의 주제문으로 가장 적절한 것은?

80대 20 법칙, 2대 8 법칙으로 불리기도 하는 파레토 법칙은 전체 결과의 80%가 전체 원인의 20%에서 일어나는 현상을 가리킨다. 결국 크게 수익이 되는 것은 20%의 상품군, 그리고 20%의 구매자이기에 이들에게 많은 역량을 집중할 필요가 있다는 것으로, 이른바 선택과 집중이라는 경영학의 기본 개념으로 자리 잡아 왔다.

하지만 파레토 법칙은 현상에 붙은 이름일 뿐 법칙의 필연성을 설명하진 않으며, 그 적용이 쉬운 만큼 내부의 개연성을 명확하게 파악하지 않으면 오용될 여지가 다분하다는 문제점을 지니고 있다. 예컨대 상위권 성적을 지닌 20%의 학생을 한 그룹으로 모아놓는다고 해서 그들의 80%가 갑작스레 공부를 중단하진 않을 것이며, 20%의 고객이 80%의 매출에 기여하므로 백화점 찾는 80%의 고객들을 홀대해도 된다는 비약으로 이어질 수 있기 때문이다.

① 파레토 법칙은 80%의 고객을 경원시하는 법칙이다.
② 파레토 법칙을 함부로 여러 사례에 적용해서는 안 된다.
③ 파레토 법칙은 20%의 주요 구매자를 찾아내는 데 유효한 법칙이다.
④ 파레토 법칙은 보다 효율적인 판매 전략을 세우는 데 도움을 준다.
⑤ 파레토 법칙을 제외하면 전반적인 사례를 분석하는 데 용이해진다.

04 다음 (가) ~ (마) 문단의 핵심 주제로 적절하지 않은 것은?

(가) 한 아이가 길을 가다가 골목에서 갑자기 튀어나온 큰 개에게 발목을 물렸다. 아이는 이 일을 겪은 뒤 개에 대한 극심한 불안에 시달렸다. 멀리 있는 강아지만 봐도 몸이 경직되고 호흡 곤란을 느꼈으며 심한 경우 응급실을 찾기도 하였다. 이것은 한 번의 부정적인 경험이 공포증으로 이어진 경우라고 할 수 있다.

(나) '공포증'이란 위의 경우에서 보듯이 특정 대상에 대한 과도한 두려움으로 그 대상을 계속해서 피하게 되는 증세를 말한다. 특정한 동물, 높은 곳, 비행기나 엘리베이터 등이 공포증을 유발하는 대상이 될 수 있다. 물론 일반적인 사람들도 이런 대상을 접하여 부정적인 경험을 할 수 있지만 공포증으로까지 이어지는 경우는 드물다.

(다) 심리학자 와이너는 부정적인 경험을 한 상황을 어떻게 해석하느냐에 따라 이러한 공포증이 생길 수도 있고 그렇지 않을 수도 있으며, 공포증이 지속될 수도 있고 극복될 수도 있다고 했다. 그는 상황을 해석하는 방식을 설명하기 위해 상황의 원인을 어디에서 찾느냐, 상황의 변화 가능성에 대해 어떻게 인식하느냐의 두 가지 기준을 제시했다. 상황의 원인을 자신에게서 찾으면 '내부적'으로 해석한 것이고, 자신이 아닌 다른 것에서 찾으면 '외부적'으로 해석한 것이다. 또 상황이 바뀔 가능성이 전혀 없다고 생각하면 '고정적'으로 인식한 것이고, 상황이 충분히 바뀔 수 있다고 생각하면 '가변적'으로 인식한 것이다.

(라) 와이너에 의하면, 큰 개에게 물렸지만 공포증에 시달리지 않는 사람들은 개에게 물린 상황에 대해 '내 대처 방식이 잘못되었어.'라며 내부적이고 가변적으로 해석한다. 이것은 나의 대처 방식에 따라 상황이 충분히 바뀔 수 있다고 생각하는 것이므로 이들은 개와 마주치는 상황을 굳이 피하지 않는다. 그 후 개에게 물리지 않는 상황이 반복되면 '나도 어떤 경우라도 개를 감당할 수 있어.'라며 내부적이고 고정적으로 해석하는 단계로 나아가게 된다.

(마) 반면에 공포증을 겪는 사람들은 개에 물린 상황에 대해 '나는 약해서 개를 감당하지 못해.'라며 내부적이고 고정적으로 해석하거나 '개는 위험한 동물이야.'라며 외부적이고 고정적으로 해석한다. 자신의 힘이 개보다 약하다고 생각하거나 개를 맹수로 여기는 것이므로 이들은 자신이 개에게 물린 것을 당연한 일로 받아들인다. 하지만 공포증에 시달리지 않는 사람들처럼 상황을 해석하고 개를 피하지 않는 노력을 기울이면 공포증에서 벗어날 수 있다.

---

① (가) : 공포증이 생긴 구체적 상황

② (나) : 공포증의 개념과 공포증을 유발하는 대상

③ (다) : 와이너가 제시한 상황 해석의 기준

④ (라) : 공포증을 겪지 않는 사람들의 상황 해석 방식

⑤ (마) : 공포증을 겪는 사람들의 행동 유형

05

싱가포르에서는 1982년부터 자동차에 대한 정기 검사 제도가 시행되었는데, 그 체계가 우리나라의 검사 제도와 매우 유사하다. 단, 국내와는 다르게 재검사에 대해 수수료를 부과하고 있고 금액은 처음 검사 수수료의 절반이다.

자동차 검사에서 특이한 점은 2007년 1월 1일부터 디젤 자동차에 대한 배출가스 정밀 검사가 시행되고 있다는 점이다. 안전도 검사의 방법 및 기준은 교통부에서 주관하고, 배출가스 검사의 방법 및 기준은 환경부에서 주관하고 있다.

싱가포르는 사실상 자동차 등록 총량제에 의해 관리되고 있다. 우리나라와는 다르게 자동차를 운행할 수 있는 권리증을 자동차 구매와 별도로 구매하여야 하며 그 가격이 매우 높다. 또한 일정 구간(혼잡구역)에 대한 도로세를 우리나라의 하이패스 시스템과 유사한 시스템인 ERP시스템을 통하여 징수하고 있다.

강력한 자동차 안전도 규제, 이륜차에 대한 체계적인 검사와 ERP를 이용한 관리를 통해 검사 진로 내에서 사진 촬영보다 유용한 시스템을 적용한다. 그리고 분기별 기기 정밀도 검사를 시행하여 국민에게 신뢰받을 수 있는 정기 검사 제도를 시행하고 국민의 신고에 의한 수시 검사 제도를 통하여 불법자동차 근절에 앞장서고 있다.

① 싱가포르의 자동차 관리 시스템 ② 싱가포르의 불법자동차 근절 방법
③ 싱가포르의 자동차 정기 검사 제도 ④ 싱가포르와 우리나라의 교통 규제 시스템
⑤ 국민에게 신뢰받는 싱가포르의 교통법규

06

'새'는 하나의 범주이다. [+동물], [+날 것]과 같이 성분 분석을 한다면 우리 머릿속에 떠오른 '새'의 의미를 충분히 설명했다고 보기 어렵다. 성분 분석 이론의 의미자질 분석은 단순할 뿐이다. 이것이 실망스런 이유는 성분 분석 이론의 '새'에 대한 의미 기술이 고작해야 다른 범주, 즉 조류가 아닌 다른 동물 범주와 구별해 주는 정도밖에 되지 못했기 때문이다.

아리스토텔레스 이래로 하나의 범주는 경계가 뚜렷한 실재물이며, 범주의 구성원은 서로 동등한 자격을 가지고 있다고 믿어 왔다. 그리고 범주를 구성하는 단위는 자질들의 집합으로 설명될 수 있다고 생각해 왔다. 앞에서 보여 준 성분 분석 이론 역시 그런 고전적인 범주 인식에 바탕을 두고 있다. 어휘의 의미는 의미 성분, 곧 의미자질들의 총화로 기술될 수 있다고 믿는 것, 그것은 하나의 범주가 필요충분조건으로 이루어져 있다는 가정에서만이 가능한 것이었다.

그러나 '새'의 범주를 떠올려 보면, 범주 구성원들끼리 결코 동등한 자격을 가지고 있지 않다. 가장 원형적인 구성원이 있는가 하면, 덜 원형적인 것, 주변적인 것도 있는 것이다. 이렇게 고전 범주화 이론과 차별되는 범주에 대한 새로운 인식은 인지 언어학에서 하나의 혁명으로 간주되었다.

① 고전 범주화 이론의 한계 ② '새'가 갖는 성분 분석의 이론적 의미
③ '새'의 성분 분석 결과 ④ 성분 분석 이론의 바탕
⑤ '새'의 범주의 필요충분조건

07

높은 휘발유세는 자동차를 사용함으로써 발생하는 다음과 같은 문제들을 줄이는 교정적 역할을 수행한다. 첫째, 휘발유세는 사람들의 대중교통수단 이용을 유도하고, 자가용 사용을 억제함으로써 교통 혼잡을 줄여준다. 둘째, 교통사고 발생 시 대형 차량이나 승합차가 중소형 차량에 비해 보다 치명적인 피해를 줄 가능성이 높다. 이와 관련해서 휘발유세는 휘발유를 많이 소비하는 대형 차량을 운행하는 사람에게 보다 높은 비용을 치르게 함으로써 교통사고 위험에 대한 간접적인 비용을 징수하는 효과를 가진다. 셋째, 휘발유세는 휘발유 소비를 억제함으로써 대기오염을 줄이는 데 기여한다.

① 휘발유세의 용도   ② 높은 휘발유세의 정당성
③ 휘발유세의 지속적 인상   ④ 에너지 소비 절약
⑤ 휘발유세의 감소 원인

08

우리 고유의 발효식품이자 한식 제1의 반찬인 김치는 천년이 넘는 역사를 함께해 온 우리 삶의 일부이다. 채소를 오래 보관하여 먹기 위한 절임 음식으로 시작된 김치는 양념을 버무리고 숙성시키는 우리만의 발효과학 식품으로 변신하였고, 김장은 우리 민족의 가장 중요한 행사 중 하나가 되었다. 다른 나라에도 소금 등에 채소를 절인 절임 음식이 존재하지만, 절임 후 양념으로 2차 발효시키는 음식으로는 우리 김치가 유일하다. 김치는 발효 과정을 통해 원재료보다 영양이 한층 더 풍부해지며, 암과 노화·비만 등의 예방과 억제에 효과적인 기능성을 보유한 슈퍼 발효 음식이 된다.
김치는 지역마다, 철마다, 또 특별한 의미를 담아 다양하게 변신하여 300가지가 넘는 종류로 탄생한다. 기후와 지역 등에 따라서 다채로운 맛을 담은 김치들이 있으며, 주재료로 채소뿐만 아니라 수산물이나 육류를 이용한 독특한 김치도 있고, 같은 김치라도 사람에 따라 특별한 김치로 재탄생된다. 지역과 집안마다 저마다의 비법으로 담그기 때문에 유서 깊은 종가의 비법으로 만든 특별한 김치가 전해오며, 김치를 담그고 먹는 일도 수행의 연속이라 여기는 사찰에서는 오신채를 사용하지 않은 김치가 존재한다.
우리 문화의 정수이자 자존심인 김치는 현대에 들어서는 문화와 전통이 결합한 복합 산업으로 펼쳐지고 있다. 김치에 들어가는 수많은 재료에 관련된 산업의 생산액은 3.3조 원이 넘으며, 주로 배추 김치로 형성된 김치 생산은 약 2.3조 원의 시장을 형성하고 있고, 시판 김치의 경우 대기업의 시장 주도력이 증가하고 있다. 소비자 요구에 맞춘 다양한 포장 김치가 등장하고, 김치냉장고는 1.1조 원의 시장을 형성하고 있다. 또한 정성과 기다림을 상징하는 김치는 문화 산업의 소재로 활용되며, 김치 문화는 관광 관련 산업으로 활성화되고 있다. 김치의 영양 기능성과 김치 유산균을 활용한 여러 기능성 제품이 개발되고, 부식뿐 아니라 새로운 요리의 식재료로써 김치는 39조 원의 외식 산업 시장을 뒷받침하고 있다.

① 김치의 탄생   ② 김치산업의 활성화 방안
③ 우리 민족의 축제, 김장   ④ 지역마다 다양한 종류의 김치
⑤ 우리 민족의 전통이자 자존심, 김치

최근에 사이버공동체를 중심으로 한 시민의 자발적 정치 참여 현상이 많은 관심을 끌고 있다. 이러한 현상과 관련하여 A의 연구가 새삼 주목받고 있다. A의 연구에 따르면 공동체의 구성원이 됨으로써 얻게 되는 '사회적 자본'이 시민사회의 성숙과 민주주의 발전을 가져오는 원동력이다. A의 이론에서는 공동체에 대한 자발적 참여를 통해 사회 구성원 간의 상호 의무감과 신뢰, 구성원들이 공유하는 규칙과 관행, 사회적 유대 관계와 같은 사회적 자본이 늘어나면, 사회 구성원 간의 협조적인 행위가 가능하게 된다고 보았다. 더 나아가 A는 자원봉사자와 같이 공동체 참여도가 높은 사람이 투표할 가능성이 높고 정부 정책에 대한 의견 개진도 활발해지는 등 정치 참여도가 높아진다고 주장하였다.

몇몇 학자들은 A의 이론을 적용하여 면대면 접촉에 따른 인간관계의 산물인 사회적 자본이 사이버공동체에서도 충분히 형성될 수 있다고 보았다. 그리고 사이버공동체에서 사회적 자본의 증가는 곧 정치 참여도 활성화시킬 것으로 기대했다. 하지만 이러한 기대와는 달리 정치 참여가 활성화되지 않았다. 요즘 젊은이들을 보면 각종 사이버공동체에 자발적으로 참여하는 수준은 높지만 투표나 다른 정치 활동에는 무관심하거나 심지어 정치를 혐오하기도 한다. 이런 측면에서 A의 주장은 사이버공동체가 활성화된 오늘날에는 잘 맞지 않는다.

이러한 이유 때문에 오늘날 사이버공동체를 중심으로 한 정치 참여를 더 잘 이해하기 위해서 '정치적 자본' 개념의 도입이 필요하다. 정치적 자본은 사회적 자본의 구성 요소와는 달리 정치 정보의 습득과 이용, 정치적 토론과 대화, 정치적 효능감 등으로 구성된다. 정치적 자본은 사회적 자본과 마찬가지로 공동체 참여를 통해서 획득되지만, 정치 과정에의 관여를 촉진한다는 점에서 사회적 자본과는 구분될 필요가 있다. 사회적 자본만으로 정치 참여를 기대하기 어렵고, 사회적 자본과 정치 참여 사이를 정치적 자본이 매개할 때 비로소 정치 참여가 활성화된다.

① 사이버공동체를 통해 축적된 사회적 자본에 정치적 자본이 더해질 때 정치 참여가 활성화된다.
② 사회적 자본은 정치적 자본을 포함하기 때문에 그 자체로 정치 참여의 활성화를 가져온다.
③ 사회적 자본이 많은 사회는 정치 참여가 활발하기 때문에 민주주의가 실현된다.
④ 사이버공동체의 특수성으로 인해 시민들의 정치 참여가 어렵게 되었다.
⑤ 사이버공동체에의 자발적 참여 증가는 정치 참여를 활성화시킨다.

10 다음 글의 중심 내용으로 가장 적절한 것은?

전국의 많은 근대 건축물은 그동안 제도적 지원과 보호로부터 배제되고 대중과 소유주의 무관심 등으로 방치되어 왔다. 일부를 제외한 다수의 근대 건축물이 철거와 멸실의 위기에 처해 있는 것이 사실이다.

국민이 이용하기 편리한 공간으로 용도를 바꾸면서도, 물리적인 본 모습은 유지하려는 노력을 일반적으로 '보전 가치'로 규정한다. 근대 건축물의 보전 가치를 높이기 위해서는 자산의 상태를 합리적으로 진단하고, 소유자 및 이용자가 건물을 효율적으로 활용할 수 있도록 지원하는 관리 체계가 필수적이다.

하지만 지금까지 건축 자산의 등록, 진흥 계획 수립 등을 통해 관리 주체를 공공화하려는 노력은 있었으나 구체적인 관리 기법이나 모니터링에 대한 고민은 부족했다. 즉, 기초 조사를 통해 현황을 파악하고 기본적인 관리를 하는 수준에만 그치고 있었던 것이다. 그중에는 오랜 시간이 지나 기록도 없이 건물만 존재하는 경우가 많다.

근대 건축물은 현대 건물과는 다른 건축 양식과 특성을 지니고 있어 단순 정보의 수집으로는 건물의 현황을 제대로 관리하기가 어렵다. 그렇다면 보전 가치를 높이기 위해서는 어떤 대책이 필요할까? 먼저 일반인이 개별 소유하고 있는 건축물의 현황 정보를 통합하여 관리하기 위해서는 중립적이고 객관적인 공공의 참여와 지속적인 지원이 전제되어야 한다. 특히, 근대 건축물은 현행 건축·도시 관련 법률 등과 관련되어 다양한 민원과 행정 업무가 수반되므로, 법률 위반과 재정 지원 여부 등을 판단하는 데 있어 객관성과 중립성이 요구된다. 또한 근대 건축물 관리는 도시 재생, 문화 관광 등의 분야에서 개별 사업으로 추진될 가능성이 높아 일원화된 관리 기준도 필요하다. 만약 그렇지 못하면 사업이 일회성으로 전개될 우려가 크기 때문이다. 근대 건축물이 그 정체성을 유지하고 가치를 증진하기 위해서 공공이 주축이 된 체계화·선진화된 관리 방법론이 요구되는 이유이다.

① 근대 건축물의 정의와 종류
② 근대 건축물을 공공에 의해 체계적으로 관리해야 하는 이유
③ 근대 건축물의 가치와 중요성
④ 현대 시민에게 요구되는 근대 건축물에 대한 태도
⑤ 현시대에 근대 건축물이 지니고 있는 문제점

11

I국제공항공사는 국내 최초로 행정안전부의 행정정보 공동이용센터와의 연동을 통해 주차장 이용요금을 자동으로 할인하는 'e-하나로 감면서비스'를 제2여객터미널 주차장에 도입한다고 밝혔다. 이에 따라 I국제공항 제2여객터미널의 단기·장기 주차장을 이용하는 경차, 친환경(저공해) 차량, 국가유공자 차량 등의 주차요금 감면차량은 별도의 서류 제출 없이 요금할인을 받을 수 있게 된다.

기존에는 주차요금 감면을 받기 위해서 친환경(저공해) 차량, 국가유공자 차량 등은 별도의 서류를 제출해야 했는데, I국제공항공사는 이러한 절차를 간소화하여 국민 편익을 도모하고자 행정안전부와의 협업을 통해 'e-하나로 감면서비스'를 도입하게 되었다.

이번 감면서비스 도입으로 전국의 차량정보가 등록되어 있는 행정안전부의 데이터베이스와 I국제공항 주차시스템이 연동되어, 차량번호 인식만으로 감면차량 여부를 판별해 자동으로 할인을 적용시킬 수 있게 되었다.

'e-하나로 감면서비스'가 시행되는 제2여객터미널 주차장을 이용하는 경차와 친환경(저공해) 차량은 별도의 증빙 없이 자동으로 요금할인이 가능하며, 국가유공자 차량은 출구에서 증빙카드만 제시하면 할인을 받을 수 있다. 미성년자 자녀가 3명 이상인 다자녀 가구도 주차요금 감면이 가능한데, 이 경우에는 미리 I국제공항 정기권 홈페이지에서 사전 등록절차를 거쳐야 한다.

이번에 개시되는 'e-하나로 감면서비스'는 I국제공항 제2여객터미널 주차장에 우선적으로 적용되며, 올 연말까지 제1여객터미널 주차장으로 확대 시행될 계획이다. I국제공항공사는 앞으로도 ICT 기술을 접목시켜 이용객 편의를 개선할 수 있는 방안을 지속적으로 발굴해 나갈 것이며, 이번 'e-하나로 감면서비스' 개시를 통해 공항 이용이 한층 더 빠르고 편리해질 것으로 기대한다.

① I국제공항, 행정안전부와 협업체계 구축
② 알고 가면 편리한 I국제공항의 다양한 서비스
③ I국제공항, 주차요금 자동 할인 서비스 실시
④ I국제공항과 함께하는 지역 인재양성의 축제
⑤ I국제공항, 사회 취약계층과 교통약자를 위한 맞춤형 서비스 실시

12

사회 보장 제도는 사회 구성원에게 생활의 위험이 발생했을 때 사회적으로 보호하는 대응 체계를 가리키는 포괄적 용어로, 크게 사회 보험, 공공 부조, 사회 서비스가 있다. 예를 들면 실직자들이 구직 활동을 포기하고 다시 노숙자가 되지 않도록 지원하는 것 등이 있다.

사회 보험은 보험의 기전을 이용하여 일반 주민들을 질병, 상해, 폐질, 실업, 분만 등으로 인한 생활의 위협으로부터 보호하기 위하여 국가가 법에 의하여 보험 가입을 의무화하는 제도로, 개인적 필요에 따라 가입하는 민간 보험과 차이가 있다.

공공 부조는 극빈자, 불구자, 실업자 또는 저소득계층과 같이 스스로 생계를 영위할 수 없는 계층의 생활을 그들이 자립할 수 있을 때까지 국가가 재정 기금으로 보호하여 주는 일종의 구빈(救貧) 제도이다.

사회 서비스는 복지 사회를 건설할 목적으로 법률이 정하는 바에 의하여 특정인에게 사회 보장 급여를 국가 재정 부담으로 실시하는 제도로, 군경, 전상자, 배우자 사후, 고아, 지적 장애아 등과 같은 특별한 사유가 있는 자나 노령자 등이 해당된다.

① 사회 보장 제도의 의의
② 사회 보장 제도의 대상자
③ 우리나라의 사회 보장 제도
④ 사회 보장 제도와 소득 보장의 차이점
⑤ 사회 보험 제도와 민간 보험 제도의 차이

03 문단 나열

| 유형분석 |

- 각 문단 또는 문장의 내용을 파악하고 논리적 순서에 맞게 배열하는 복합적인 문제이다.
- 전체적인 글의 흐름을 이해하는 것이 중요하며, 각 문장의 지시어나 접속어에 주의한다.

다음 문단을 논리적 순서대로 바르게 나열한 것은?

(가) 여기에 반해 동양에서는 보름달에 좋은 이미지를 부여한다. 예를 들어, 우리나라의 처녀귀신이나 도깨비는 달빛이 흐린 그믐 무렵에나 활동하는 것이다. 그런데 최근에는 동서양의 개념이 마구 뒤섞여 보름달을 배경으로 악마의 상징인 늑대가 우는 광경이 동양의 영화에 나오기도 한다.

(나) 동양에서 달은 '음(陰)'의 기운을, 해는 '양(陽)'의 기운을 상징한다는 통념이 자리를 잡았다. 그래서 달을 '태음', 해를 '태양'이라고 불렀다. 동양에서는 해와 달의 크기가 같은 덕에 음과 양도 동등한 자격을 갖춘다. 즉, 음과 양은 어느 하나가 좋고 다른 하나는 나쁜 것이 아니라 서로 보완하는 관계를 이루는 것이다.

(다) 옛날부터 형성된 이러한 동서양 간의 차이는 오늘날까지 영향을 끼치고 있다. 동양에서는 달이 밝으면 달맞이를 하는데, 서양에서는 달맞이를 자살 행위처럼 여기고 있다. 특히 보름달은 서양인들에게 거의 공포의 상징과 같은 존재이다. 예를 들어, 13일의 금요일에 보름달이 뜨게 되면 사람들이 외출조차 꺼린다.

(라) 하지만 서양의 경우는 다르다. 서양에서 낮은 신이, 밤은 악마가 지배한다는 통념이 자리를 잡았다. 따라서 밤의 상징인 달에 좋지 않은 이미지를 부여하게 되었다. 이는 해와 달의 명칭을 보면 알 수 있다. 라틴어로 해를 'Sol', 달을 'Luna'라고 하는데 정신병을 뜻하는 단어 'Lunacy'의 어원이 바로 'Luna'이다.

① (가) - (나) - (라) - (다)

② (나) - (라) - (가) - (다)

③ (나) - (라) - (다) - (가)

④ (다) - (가) - (나) - (라)

⑤ (다) - (나) - (라) - (가)

정답 ③

제시문은 동양과 서양에서 서로 다른 의미를 부여하고 있는 달에 대해 설명하고 있는 글이다. 따라서 (나) 동양에서 나타나는 해와 달의 의미 → (라) 동양과 상반되는 서양에서의 해와 달의 의미 → (다) 최근까지 지속되고 있는 달에 대한 서양의 부정적 의미 → (가) 동양에서의 변화된 달의 이미지의 순서대로 나열하는 것이 적절하다.

풀이 전략!

- 각 문단에 위치한 지시어와 접속어를 살펴본다. 문두에 접속어가 오거나 문장 중간에 지시어가 나오는 경우 글의 첫 번째 문단이 될 수 없다.
- 각 문단의 첫 문장과 마지막 문장에 집중하면서 글의 순서를 하나씩 맞춰 나간다.
- 선택지를 참고하여 문단의 순서를 생각해 보는 것도 시간을 단축하는 좋은 방법이 될 수 있다.

01 다음 제시된 문단을 읽고, 이어질 문단을 논리적 순서대로 바르게 나열한 것은?

> '휘슬블로어'란 호루라기를 뜻하는 휘슬(Whistle)과 부는 사람을 뜻하는 블로어(Blower)가 합쳐진 말이다. 즉, 호루라기를 부는 사람이라는 뜻으로 자신이 속해 있거나 속해 있었던 집단의 부정부패를 고발하는 사람을 뜻하며, 흔히 '내부 고발자'라고도 불린다. 부정부패는 고발당해야 마땅한 것인데 이렇게 '휘슬블로어'라는 용어가 따로 있는 것은 그만큼 자신이 속한 집단의 부정부패를 고발하는 것이 쉽지 않다는 뜻일 것이다.

> (가) 또한 법의 울타리 밖에서 행해지는 것에 대해서도 휘슬블로어는 보호받지 못한다. 일단 기업이나 조직 속에서 배신자가 되었다는 낙인과 상급자들로부터 괘씸죄로 인해 받게 되는 업무 스트레스, 집단 따돌림 등으로 인해 고립되기 때문이다. 이뿐만 아니라 익명성이 철저히 보장되어야 하지만 조직에서는 휘슬블로어를 찾기 위해 혈안이 된 상급자의 집요한 색출로 인해 밝혀지는 경우가 많다. 그렇게 될 경우 휘슬블로어들은 권고사직을 통해 해고를 당하거나 괴롭힘을 당한 채 일할 수밖에 없다.
>
> (나) 실제로 휘슬블로어의 절반은 제보 후 1년간 자살충동 등 정신 및 신체적 질환으로 고통을 받는다고 한다. 또한 73%에 해당되는 상당수의 휘슬블로어들은 동료로부터 집단적으로 따돌림을 당하거나 가정에서도 불화를 겪는다고 한다. 우리는 이들이 공정한 사회와 개인의 양심에 손을 얹고 중대한 결정을 한 사람이라는 것을 외면할 수 없으며, 이러한 휘슬블로어들을 법적으로 보호할 필요가 있다.
>
> (다) 내부 고발이 어려운 큰 이유는 내부 고발을 한 후에 맞게 되는 후폭풍 때문이다. 내부 고발은 곧 기업의 이미지가 떨어지는 것부터 시작해 영업 정지와 같은 실질적 징벌로 이어지는 경우가 많기 때문에 내부 고발자들은 배신자로 취급되는 경우가 많다. 실제 양심에 따라 내부 고발을 한 이후 닥쳐오는 후폭풍에 못 이겨 자신의 발로 회사를 나오는 경우도 많으며, 또한 기업과 동료로부터 배신자로 취급되거나 보복성 업무, 인사이동 등으로 불이익을 받는 경우도 많다.
>
> (라) 현재 이러한 휘슬블로어를 보호하기 위한 법으로는 2011년 9월부터 시행되어 오고 있는 「공익신고자 보호법」이 있다. 하지만 이러한 법 제도만으로는 휘슬블로어들을 보호하는 데에 무리가 있다. 「공익신고자 보호법」은 181개 법률 위반행위에 대해서만 공익신고로 보호하고 있는데, 만일 공익신고자 보호법에서 규정하고 있는 법률 위반행위가 아닌 경우에는 보호를 받지 못하고 있는 것이다.

① (다) - (가) - (라) - (나) 　　　② (다) - (나) - (가) - (라)

③ (다) - (나) - (라) - (가) 　　　④ (라) - (가) - (다) - (나)

⑤ (라) - (다) - (가) - (나)

02

(가) 결국 이를 다시 생각하면, 과거와 현재의 문화 체계와 당시 사람들의 의식 구조, 생활상 등을 역추적할 수 있다는 말이 된다. 즉, 동물의 상징적 의미가 문화를 푸는 또 하나의 열쇠이자 암호가 되는 것이다. 그리고 동물의 상징적 의미를 통해 인류의 총체인 문화의 실타래를 푸는 것은 우리는 어떤 존재인가라는 정체성에 대한 답을 하는 과정이 될 수 있다.

(나) 인류는 선사시대부터 생존을 위한 원초적 본능에서 동굴이나 바위에 그림을 그리는 일종의 신앙 미술을 창조했다. 신앙 미술은 동물에게 여러 의미를 부여하기 시작했고, 동물의 상징적 의미는 현재까지도 이어지고 있다. 1억 원 이상 복권 당첨자의 23%가 돼지꿈을 꿨다거나, 황금돼지해에 태어난 아이는 만복을 타고난다는 속설 때문에 결혼과 출산이 줄을 이었고, 대통령 선거에서 후보들은 '두 돼지가 나타나 두 뱀을 잡아 먹는다.'라는 식으로 홍보를 하기도 했다. 이렇게 동물의 상징적 의미는 우리 시대에도 여전히 유효한 관념으로 남아 있다.

(다) 동물의 상징적 의미는 시대나 나라에 따라 변하고 새로운 역사성을 담기도 했다. 예를 들면, 뱀은 다산의 상징이자 불사의 존재이기도 했지만, 사악하고 차가운 간사한 동물로 여겨지기도 했다. 하지만 그리스에서 뱀은 지혜의 신이자 아테네의 상징물이었고, 논리학의 상징이었다. 그리고 과거에 용은 숭배의 대상이었으나 상상의 동물일 뿐이라는 현대의 과학적 사고는 지금의 용에 대한 믿음을 약화시키고 있다.

(라) 동물의 상징적 의미가 이렇게 다양하게 변하는 것은 문화가 살아 움직이기 때문이다. 문화는 인류의 지식·신념·행위의 총체로, 동물의 상징적 의미 또한 문화에 속한다. 문화는 항상 현재진행형이기 때문에 현재의 생활이 바로 문화이며, 이것은 미래의 문화로 전이된다. 문화는 과거, 현재, 미래가 따로 떨어진 게 아니라 뫼비우스의 띠처럼 연결되어 있는 것이다. 다시 말하면 그 속에 포함된 동물의 상징적 의미 또한 거미줄처럼 얽히고설켜 형성된 것으로, 그 시대의 관념과 종교, 사회·정치적 상황에 따라 의미가 달라질 수밖에 없다.

① (가) – (다) – (라) – (나) 　② (나) – (다) – (라) – (가)
③ (나) – (라) – (다) – (가) 　④ (다) – (나) – (라) – (가)
⑤ (다) – (라) – (가) – (나)

03

(가) 닭 한 마리가 없어져서 뒷집 식구들이 모두 나서서 찾았다. 그런데 앞집 부엌에서 고기 삶는 냄새가 났다. 왜 우리 닭을 잡아먹었느냐고 따지자 주인은 아니라고 잡아뗐다. 부엌에서 나는 고기 냄새는 무어냐고 물었더니, 냄새가 날 리 없다고, 아마도 네가 오랫동안 고기 맛을 보지 못해서 환장했을 거라고 면박을 줬다. 너희 집 두엄 더미에 버려진 닭 털은 어찌된 거냐고 들이대자 오리 발을 들고 나와 그것은 네 집 닭 털이 아니라 우리 집 오리털이라고 변명한다. 네 집 닭을 훔쳐 먹은 것이 아니라 우리 집 오리를 내가 잡은 것인데, 그게 무슨 죄가 되냐고 오히려 큰소리쳤다.

(나) 남의 닭을 훔쳐다 잡아먹고서 부인할 수는 있다. 그러나 뭐 뀐 놈이 성내는 것도 분수가 있지, 피해자를 가해자로 몰아 처벌하게 하는 것은 말문이 막힐 수밖에 없는 일이 아닌가. 적반하장(賊反荷杖)도 유분수(有分數)지, 도둑이 주인을 도둑으로 처벌해 달라고 고소하는 일은 별로 흔하지 않을 것이다.

(다) 뒷집 사람은 원님에게 불려 가게 되었다. 뒷집에서 우리 닭을 훔쳐다 잡아먹었으니 처벌해 달라고 앞집 사람이 고소했던 것이다. 이번에는 증거물이 있었다. 바로 앞집 사람이 잡아먹고 남은 닭발이었는데, 그것을 뒷집 두엄 더미에 넣어 두었던 것이다. 뒷집 사람은 앞집에서는 증조부 때 이후로 닭을 기른 적이 없다고 항변했지만 그것을 입증해 줄 만한 사람은 없었다. 뒷집 사람은 어쩔 수 없이 앞집에 닭 한 마리 값을 물어 주었다.

(라) '닭 잡아먹고 오리 발 내민다.'라는 속담이 있다. 제가 저지른 나쁜 일이 드러나게 되니 어떤 수단을 써서 남을 속이려 한다는 뜻이다. 남을 속임으로써 난감한 처지에서 벗어나고자 하는 약삭빠른 사람의 행위를 이렇게 비유해서 말하는 것이다.

① (나) – (가) – (라) – (다)　　　② (나) – (라) – (다) – (가)
③ (라) – (가) – (다) – (나)　　　④ (라) – (나) – (다) – (가)
⑤ (라) – (다) – (나) – (가)

04

우리는 살아가면서 얼마나 많은 것들을 알고 배우는가? 우리는 주로 우리가 '아는 것'들에 초점을 맞추지만, 사실상 살아가면서 알고 있고, 알 수 있는 것보다는 알지 못하는 것들이 훨씬 더 많다. 그러나 대부분의 사람들이 평소에 자신이 얼마나 많은 것들을 모르고 있는지에 대해서는 그다지 의식하지 못한 채 살아가고 있다. 일상생활에서는 자신의 주변과 관련하여 아는 바와 이미 습득한 지식에 대해서 의심하는 일은 거의 없을 뿐더러, 그 지식 체계에 변화를 주어야 할 계기도 거의 주어지지 않기 때문이다.

(가) 그러므로 어떤 지식을 안다는 것은 어떤 지식을 알지 못하는 것에서 출발하는 것이며, 때로는 '어떤 부분에 대하여 잘 알지 못한다는 것을 앎' 자체가 하나의 지식이 될 수 있다. 『논어』 위정편에서 공자는 "아는 것을 아는 것이라 하고, 알지 못하는 것을 알지 못하는 것이라고 하는 것이 곧 안다는 것이다(知之爲知之 不知爲不知 是知也)."라고 하였다. 비슷한 시기에 서양의 소크라테스는 무지(無知)를 아는 것이 신으로부터 받은 가장 큰 지혜라고 주장하였다. '무지에 대한 지'의 중요성을 인식한 것은 동서양의 학문이 크게 다르지 않았던 것이다.

(나) 우리는 더 발전된 미래로 나아가는 힘은 '무지에 대한 지'에 있음을 자각해야 한다. 무엇을 잘못 알고 있지는 않은지, 더 알아야 할 것은 무엇인지, 끊임없이 우리 자신의 지식에 대하여 질문하고 도전해야 한다. 아는 것과 모르는 것을 구분하고, '무지에 대한 지'를 통해 얻은 것들을 단순히 지식으로 아는 데 그치지 않고 아는 것들을 실천하는 것, 그것이 성공하는 사람이 되고 성공하는 사회로 나아가는 길일 것이다.

(다) 이러한 학문적 소견과 달리 역사는 때때로 '무지에 대한 지'를 철저히 배제하는 방향으로 흘러가기도 했다. 그리하여 제대로 검증되지도 않은 어떤 신념이나 원칙을 맹목적으로 좇은 결과, 불특정 다수의 사람들이나 특정 집단을 희생시키고 발전을 저해한 사례들은 역사 가운데 수도 없이 많다. 가까운 과거에는 독재와 전체주의가 그랬고, 학문과 예술 분야에서 암흑의 시기였던 중세 시대가 그랬다.

(라) 그러나 예상치 못했던 일이 발생하거나 낯선 곳에 가는 등 일상적이지 않은 상황에 놓이게 되면, 이전에는 궁금하지 않았던 것들에 대하여 알고자 하는 욕구가 커진다. 또한 공부를 하거나 독서를 하는 경우, 자신이 몰랐던 많은 것들을 알게 되고 이를 해결하기 위해 치열하게 몰입한다. 이 과정에서 자신이 잘못 알고 있던 것들을 깨닫기도 함은 물론이다.

(마) 오늘날이라고 해서 크게 다르지는 않다. 정보의 홍수라고 할 만큼 사람들은 과거에 비하여 어떤 정보에 대해 접근하기가 쉬워졌지만, 쉽게 얻을 수 있는 만큼 깊게 알려고 하지 않는다. 그러면서도 사람들은 보거나 들은 것을 마치 자신이 알고 있는 것으로 생각하는 경향이 크다.

① (가) – (다) – (라) – (나) – (마)
② (가) – (다) – (마) – (라) – (나)
③ (라) – (가) – (다) – (마) – (나)
④ (라) – (마) – (가) – (나) – (다)
⑤ (라) – (마) – (다) – (가) – (나)

05

(가) 최초로 입지를 선정하는 업체는 시장의 어디든 입지할 수 있으나 소비자의 이동 거리를 최소화하기 위하여 시장의 중심에 입지한다.

(나) 최대수요입지론은 산업 입지와 상관없이 비용은 고정되어 있다고 가정한다. 이 이론에서는 경쟁 업체와 가격 변동을 고려하여 수요가 극대화되는 입지를 선정한다.

(다) 그다음 입지를 선정해야 하는 경쟁 업체는 가격 변화에 따라 수요가 변하는 정도가 크지 않은 경우, 시장의 중심에서 멀어질수록 시장을 뺏기게 되므로 경쟁 업체가 있더라도 가능한 중심에 가깝게 입지하려고 한다.

(라) 하지만 가격 변화에 따라 수요가 크게 변하는 경우에는 두 경쟁자는 서로 적절히 떨어져 입지하여 보다 낮은 가격으로 제품을 공급하려고 한다.

① (나) - (가) - (다) - (라)　　　　② (나) - (라) - (다) - (가)
③ (라) - (가) - (나) - (다)　　　　④ (라) - (가) - (다) - (나)
⑤ (가) - (나) - (라) - (다)

06

(가) 그뿐 아니라, 자신을 알아주는 이, 즉 지기자(知己者)를 위해서라면 기꺼이 자신의 전부를 버릴 수 있어야 하며, 더불어 은혜는 은혜대로, 원수는 원수대로 자신이 받은 만큼 되갚기 위해 진력하여야 한다.

(나) 무공이 높다고 하여 반드시 협객으로 인정되지 않는 이유는 바로 이런 원칙에 위배되는 경우가 심심치 않게 발생하기 때문이다. 요컨대 협(俠)이란 사생취의(捨生取義)의 정신에 입각하여 살신성명(殺身成名)의 의지를 실천하는 것, 또는 그러한 실천을 기꺼이 감수할 준비가 되어 있는 상태를 뜻한다고 할 수 있다.

(다) 협으로 인정받기 위해서는 무엇보다도 절개와 의리를 숭상하여야 하며, 개인의 존엄을 중시하고 간악함을 제거하기 위해 노력해야만 한다. 신의(信義)를 목숨보다 중히 여길 것도 강조되는데, 여기서의 신의란 상대방을 향한 것인 동시에 스스로에게 해당되는 것이기도 하다.

(라) 무(武)와 더불어 보다 신중하게 다루어야 할 것이 '협'의 개념이다. 무협 소설에서 문제가 되는 협이란 무덕(武德), 즉 무인으로서의 덕망이나 인격과 관계가 되는 것으로, 이는 곧 무공 사용의 전제가 되는 기준 내지는 원칙이라고 할 수 있다.

① (나) - (다) - (가) - (라)　　　　② (나) - (다) - (라) - (가)
③ (다) - (라) - (나) - (가)　　　　④ (라) - (가) - (다) - (나)
⑤ (라) - (다) - (가) - (나)

07

(가) 오히려 클레(Paul Klee)나 몬드리안(Peit Mondrian)의 작품을 우리 조각보의 멋에 비견되는 것으로 보아야 할 것이다. 조각보는 몬드리안이나 클레의 작품보다 100여 년 이상 앞서 제작된 공간 구성미를 가진 작품이며, 시대적으로 앞설 뿐 아니라 평범한 여성들의 일상에서 시작되었다는 점 그리고 정형화되지 않은 색채감과 구성미로 독특한 예술성을 지닌다는 점에서 차별화된 가치를 지닌다.

(나) 조각보는 일상생활에서 쓰다 남은 자투리 천을 이어서 만든 것으로, 옛 서민들의 절약 정신과 소박한 미의식을 보여준다. 조각보의 색채와 공간구성 면은 공간분할의 추상화가로 유명한 클레나 몬드리안의 작품과 비견되곤 한다. 그만큼 아름답고 훌륭한 조형미를 지녔다는 의미이기도 하지만 일견 돌이켜 보면 이것은 잘못된 비교이다.

(다) 기하학적 추상을 표방했던 몬드리안의 작품보다 세련된 색상 배치로 각 색상이 가진 느낌을 살렸으며, 동양적 정서가 담김 '오방색'이라는 원색을 통해 강렬한 추상성을 지닌다. 또한 조각보를 만드는 과정과 그 작업의 내면에 가족의 건강과 행복을 기원하는 마음이 담겨 있어 단순한 오브제이기 이전에 기복신앙적인 부분이 있다. 조각보가 아름답게 느껴지는 이유는 이처럼 일상 속에서 삶과 예술을 함께 담았기 때문일 것이다.

① (가) – (나) – (다)   ② (나) – (가) – (다)
③ (나) – (다) – (가)   ④ (다) – (가) – (나)
⑤ (다) – (나) – (가)

08

(가) 이와 같이 임베디드 금융의 개선을 위해서는 효과적인 보안 시스템과 프라이버시 보호 방안을 도입하여 사용자의 개인정보를 안전하게 관리하는 것이 필요하다. 또한 디지털 기기의 접근성을 개선하고 사용자들이 편리하게 이용할 수 있는 환경을 조성해야 한다.

(나) 임베디드 금융은 기업과 소비자 모두에게 이점을 제공한다. 기업은 제품과 서비스에 금융 기능을 통합함으로써 자사 플랫폼 의존도를 높이고, 수집한 고객의 정보를 통해 매출을 증대시킬 수 있으며, 고객들에게 편리한 금융 서비스를 제공할 수 있다. 소비자의 경우는 모바일 앱을 통해 간편하게 금융 거래를 할 수 있고, 스마트 기기 하나만으로 다양한 금융 상품에 접근할 수 있어 편의성과 접근성이 크게 향상된다.

(다) 그러나 임베디드 금융은 개인정보 보호와 안전성에 대한 관리가 필요하다. 사용자의 금융 데이터와 개인정보가 디지털 플랫폼이나 기기에 저장되므로 해킹이나 데이터 유출과 같은 사고가 발생할 수 있다. 이는 사용자의 프라이버시 침해와 금융 거래 안전성에 대한 심각한 위협이 될 수 있다. 또한 모든 사람들이 안정적인 인터넷 연결과 임베디드 금융이 포함된 최신 기기를 보유하고 있지는 않기 때문에 디지털 기기에 익숙하지 않은 사람들은 임베디드 금융 서비스를 제공받는 데 제한을 받을 수 있다.

(라) 임베디드 금융은 비금융 기업이 자신의 플랫폼이나 디지털 기기에 금융 서비스를 탑재하는 것을 뜻한다. S페이나 A페이 같은 결제 서비스부터 대출이나 보험까지 임베디드 금융은 제품과 서비스에 금융 기능을 통합하여 사용자에게 편의성과 접근성을 높여준다.

① (가) – (다) – (라) – (나)   ② (나) – (가) – (다) – (라)
③ (라) – (나) – (가) – (다)   ④ (라) – (나) – (다) – (가)
⑤ (라) – (다) – (나) – (가)

09

(가) 그런데 자연의 일양성(一樣性)은 선험적으로 알 수 있는 것이 아니라 경험에 기대어야 알 수 있는 것이다. 즉, '귀납이 정당한 추론이다.'라는 주장은 '자연은 일양적이다.'라는 다른 지식을 전제로 하는데, 그 지식은 다시 귀납에 의해 정당화되어야 하는 경험 지식이므로 귀납의 정당화는 순환 논리에 빠져 버린다는 것이다. 이것이 귀납의 정당화 문제이다.

(나) 귀납은 논리학에서 연역이 아닌 모든 추론, 즉 전제가 결론을 개연적으로 뒷받침하는 모든 추론을 가리킨다. 귀납은 기존의 정보나 관찰 증거 등을 근거로 새로운 사실을 추가하는 지식 확장적 특성을 지닌다.

(다) 이와 관련하여 흄은 과거의 경험을 근거로 미래를 예측하는 귀납이 정당한 추론이 되려면 미래의 세계가 과거에 우리가 경험해 온 세계와 동일하다는 자연의 일양성, 곧 한결같음이 가정되어야 한다고 보았다.

(라) 이 특성으로 인해 귀납은 근대 과학 발전의 방법적 토대가 되었지만, 한편으로 귀납 자체의 논리 한계를 지적하는 문제들에 부딪히기도 한다.

① (가) – (나) – (다) – (라) ② (가) – (다) – (나) – (라)
③ (가) – (라) – (나) – (다) ④ (나) – (다) – (라) – (가)
⑤ (나) – (라) – (다) – (가)

10

(가) 한 연구팀은 1979년부터 2017년 사이 덴먼(Denman) 빙하의 누적 얼음 손실량이 총 2,680억 톤에 달한다는 것을 밝혀냈고, 이탈리아우주국(ISA) 위성 시스템의 간섭계* 자료를 이용해 빙하가 지반과 분리되어 바닷물에 뜨는 지점인 '지반선(Grounding Line)'을 정확히 측정했다.

(나) 남극 대륙에서 얼음의 양이 압도적으로 많은 동남극은 최근 들어 빠르게 녹고 있는 서남극에 비해 지구 온난화의 위협을 덜 받는 것으로 생각되어 왔다.

(다) 그러나 동남극의 덴먼 빙하 등에 대한 정밀 조사가 이뤄지면서 동남극 역시 지구 온난화의 위협을 받고 있다는 증거가 속속 드러나고 있다.

(라) 이것은 덴먼 빙하의 동쪽 측면에서는 빙하 밑의 융기부가 빙하의 후퇴를 저지하는 역할을 한 반면, 서쪽 측면은 깊고 가파른 골이 경사져 있어 빙하 후퇴를 가속하는 역할을 하는 데 따른 것으로 분석됐다.

(마) 그 결과 1996년부터 2018년 사이 덴먼 빙하의 육지를 덮은 얼음인 빙상(Ice Sheet)의 육지 – 바다 접점 지반선 후퇴가 비대칭성을 보인 것으로 나타났다.

*간섭계(干涉計) : 동일한 광원에서 나오는 빛을 두 갈래 이상으로 나눈 후 다시 만났을 때 일어나는 간섭 현상을 관찰하는 기구

① (가) – (나) – (다) – (라) – (마) ② (가) – (마) – (라) – (다) – (나)
③ (나) – (다) – (가) – (마) – (라) ④ (나) – (라) – (가) – (다) – (마)
⑤ (나) – (라) – (마) – (다) – (가)

11

> (가) 이글루가 따듯해질 수 있는 원리를 과정에 따라 살펴보면, 먼저 눈 벽돌로 이글루를 만든 후에 이글루 안에서 불을 피워 온도를 높이는 것부터 시작한다.
> (나) 이누이트 하면 연상되는 것 중의 하나가 이글루이다.
> (다) 이 과정을 반복하면서 눈 벽돌집은 얼음집으로 변하게 되며, 눈 사이에 들어 있던 공기는 빠져나가지 못하고 얼음 속에 갇히게 되면서 내부가 따듯해진다.
> (라) 이글루는 눈을 벽돌 모양으로 잘라 만든 집임에도 불구하고 사람이 거주할 수 있을 정도로 따듯하다.
> (마) 온도가 올라가면 눈이 녹으면서 벽의 빈틈을 메워 주고 어느 정도 눈이 녹으면 출입구를 열어 물이 얼도록 한다.

① (나) – (라) – (가) – (마) – (다)　　② (나) – (라) – (다) – (마) – (가)
③ (라) – (나) – (다) – (마) – (가)　　④ (라) – (다) – (나) – (가) – (마)
⑤ (라) – (마) – (나) – (가) – (다)

12 다음 제시된 문단을 읽고, 이어질 문단을 논리적 순서대로 바르게 나열한 것은?

> 우리는 자본주의 체제에서 살고 있다. '우리는 자본주의라는 체제의 종말보다 세계의 종말을 상상하는 것이 더 쉬운 시대에 살고 있다.'라고 할 만큼 현재 세계는 자본주의의 논리 아래에 굴러가고 있다. 이러한 자본주의는 어떻게 발생하였을까?

> (가) 그러나 1920년대에 몰아친 세계 대공황은 자본주의가 완벽하지 않은 체제이며 수정이 필요함을 모든 사람에게 각인시켜줬다. 학문적으로 보자면 대표적으로 존 메이너드 케인스의 『고용·이자 및 화폐에 관한 일반 이론』 등의 저작을 통해 수정자본주의가 꾀해졌다.
> (나) 애덤 스미스로부터 학문화된 자본주의는 데이비드 리카도의 비교우위론 등의 이론을 포섭해 나가며 자신의 영역을 공고히 했다. 자본의 폐해에 대한 마르크스 등의 경고가 있었지만, 자본주의는 그 위세를 계속 떨칠 것 같이 보였다.
> (다) 1950년대에는 중산층의 신화가 이루어지면서 수정자본주의 체제는 영원할 것 같았지만, 오일 쇼크 등으로 인해서 수정자본주의 또한 그 한계를 보이게 되었고, 빈(Wien) 학파로부터 파생된 신자유주의 이론이 가미되기 시작하였다.
> (라) 자본주의의 시작이라 하면 대부분 애덤 스미스의 『국부론』을 떠올리겠지만, 역사학자인 페르낭 브로델에 의하면 자본주의는 16세기 이탈리아에서부터 시작된 것이라고 한다. 이를 학문적으로 정립한 최초의 저작이 『국부론』이다.

① (나) – (라) – (가) – (다)　　② (나) – (라) – (다) – (가)
③ (라) – (나) – (가) – (다)　　④ (라) – (나) – (다) – (가)
⑤ (라) – (다) – (나) – (가)

13 〈보기〉는 탄소배출을 줄이기 위한 철도 연구 논문의 목차이다. 이를 참고할 때, (가) ~ (마) 문단을 논리적 순서대로 바르게 나열한 것은?

(가) 도로와 철도의 수송 시스템은 크게 차량, 노선, 정류장, 운영, 연료 사용으로 구분되며, 수송 부문의 환경 영향을 저감시키는 방법으로는 전체 수송 요구량을 줄이는 '회피', 전체 수송량은 유지하되 저탄소 수송 모드로 수송 수단을 전환시키는 '전환', 수송 수단과 시스템의 환경성을 개선하는 '개선'으로 나눌 수 있다.

(나) 2010년 OECD 통계에 따르면 우리나라의 온실가스 배출량은 10위, 증가율은 1위이다. 특히 우리나라의 수송 부문의 이산화탄소 배출량은 도로 부문에서 51%, 철도 부문에서 5%, 수상 및 항공 부문에서 22%를 차지하고 있어 도로 부문에서의 온실가스 저감 노력이 필요할 것으로 판단된다. 이에 본 연구에서는 도로에서 철도로의 교통 수요 전환에 따른 온실가스 저감 효과를 수송 시스템의 제작부터 폐기까지 모든 단계를 고려하여 예측하고자 한다.

(다) 이에 본 연구에서는 Modal Shift의 효과를 예측하기 위해 단계별로 나누어 연구를 진행하였으며, 특히 운행 단계에서 온실가스 저감량을 분석해 본 결과 철도로의 승객이 증가하자 온실가스 저감 효과가 나타나는 것이 확인되었고, 제작 단계, 건설 단계, 폐기 단계의 각 과정에서도 모두 온실가스 저감 효과가 확인되었다.

(라) 이때, 각 수송 시스템의 단계별 온실가스 배출 기여도를 살펴보면, 두 시스템 모두 초기 건설 단계에서 가장 높았고, 운영 및 유지·보수 단계, 해체·폐기 단계 순으로 높았다. 또한 실제 배출량은 여객 수송(1인/km당)에서는 도로가 $105.6gCO_2e$로 철도의 배출량인 $29.8gCO_2e$ 보다 약 3.5배 높았고, 화물 수송(톤/km당)에서는 도로가 $299.6gCO_2e$로 철도의 $35.9gCO_2e$ 보다 약 8배 높았다.

(마) 이에 여객 또는 화물의 장거리 운송에 있어 도로에서 철도로의 수송 모드 전환인 Modal Shift 가 환경적인 측면에서 부각되고 있다. 하지만 낮은 접근성과 이동성 등 비효율적인 요소가 많아 쉽지 않은 상황이다. 이에 교통 시설을 체계적으로 구축하고 신규 노선 및 신규 차량을 도입하는 등의 전략적 추진 방안이 필요할 것으로 보인다.

보기

〈목차〉

1. 서론
   ⓐ 연구 배경
   ⓑ 연구 목표

2. 수송 시스템
   ⓐ 도로와 철도의 수송 시스템 구성
   ⓑ 수송 부문 온실가스 저감 전략
   ⓒ 수송 시스템 온실가스 배출 경향

3. Modal Shift(전환 교통)
   ⓐ Modal Shift의 정의 및 활성화 방안

4. 사례 연구
   ⓐ 분석 방법 및 분석 대상
   ⓑ 단계별 분석
   ⓒ 전 과정 통합 분석

5. 결론 및 향후 연구 방향

① (가) – (나) – (다) – (라) – (마)
② (가) – (나) – (라) – (마) – (다)
③ (나) – (가) – (다) – (라) – (마)
④ (나) – (가) – (라) – (마) – (다)
⑤ (나) – (다) – (가) – (라) – (마)

04 내용 추론

| 유형분석 |

• 주어진 지문을 바탕으로 도출할 수 있는 내용을 찾는 문제이다.
• 선택지의 내용을 정확하게 확인하고 지문의 정보와 비교하여 추론하는 능력이 필요하다.

다음 글을 읽고 추론한 내용으로 가장 적절한 것은?

'쓰는 문화'가 책의 문화에서 가장 우선이다. 쓰는 이가 없이는 책이 나올 수가 없다. 그러나 지혜를 많이 갖고 있다는 것과 그것을 글로 옮길 줄 아는 것은 별개의 문제이다. 엄격하게 이야기해서 지혜는 어떤 한 가지 일에 지속적으로 매달린 사람이면 누구나 머릿속에 쌓아두고 있는 것이다. 하지만 그것을 글로 옮기기 위해서는 특별하고도 고통스러운 훈련이 필요하다. 생각을 명료하게 정리하고 글의 맥을 이어갈 줄 알아야 하며, 줄기찬 노력을 바칠 준비가 되어 있어야 한다. 모든 국민이 책 한 권을 남길 수 있을 만큼 쓰는 문화가 발달한 사회가 도래한다면, 그때에는 지혜의 르네상스가 가능할 것이다.

'읽는 문화'의 실종, 그것이 바로 현대의 특징이다. 새로운 정보를 제공하던 신문의 역할은 TV, 유튜브 등 동영상 매체로 넘어갔으며, 논리적인 글로 학문을 탐구하고, 독자로 하여금 주제에 대해 심도 깊게 생각할 거리를 주는 책도 즉각적인 정보와 재미를 주는 쇼츠, OTT 등에 밀려나고 있다. 그야말로 '보는 문화'가 읽는 문화를 대체해 가고 있다. 읽는 일에는 피로가 동반되지만 보는 놀이에는 휴식이 따라온다. 일을 저버리고 놀이만 좇는 문화가 범람하고 있지 않은가. 보는 놀이가 머리를 비게 하는 것은 너무나 당연하다. 읽는 일이 장려되지 않는 한 생각 없는 사회로 치달을 수밖에 없다. 책의 문화는 바로 읽는 일과 직결되며, 생각하는 사회를 만드는 지름길이다.

① 고통스러운 훈련을 견뎌야 지혜로운 사람이 될 수 있다.
② 사람들이 동영상 매체를 많이 접할수록 생각하는 시간이 줄어든다.
③ TV를 많이 보는 사람은 그렇지 않은 사람보다 신문을 적게 읽는다.
④ 동영상 매체는 내용과 관계없이 화제성이 높을수록 더 많이 소비된다.
⑤ 지혜로운 사람은 그렇지 않은 사람보다 더 논리적으로 글을 쓸 수 있다.

정답 ②

현대는 동영상 매체를 보는 문화가 신문이나 책을 읽는 문화를 대체하고 있다. 이처럼 휴식이 따라오는 보는 놀이는 사람들의 머리를 비게 하여 생각 없는 사회로 치닫게 한다. 즉, 사람들이 동영상 매체를 많이 접하여 읽는 문화가 사라질수록 생각하는 시간이 줄어듦을 추론할 수 있다.

풀이 전략!

주어진 제시문이 어떠한 내용을 다루고 있는지 파악한 후 선택지의 키워드를 확실하게 체크하고, 제시문의 정보에서 도출할 수 있는 내용을 찾는다.

01 다음 중 밑줄 친 ⑦의 주장으로 가장 적절한 것은?

문화가 발전하려면 저작자의 권리 보호와 저작물의 공정 이용이 균형을 이루어야 한다. 저작물의 공정 이용이란 저작권자의 권리를 일부 제한하여 저작권자의 허락이 없어도 저작물을 자유롭게 이용하는 것을 말한다. 비영리적인 사적 복제를 허용하는 것이 그 예이다. 우리나라의 저작권법에서는 오래전부터 공정 이용으로 볼 수 있는 저작권 제한 규정을 두었다.

그런데 디지털 환경에서 저작물의 공정 이용은 여러 장애에 부딪혔다. 디지털 환경에서는 저작물을 원본과 동일하게 복제할 수 있고 용이하게 개작할 수 있다. 따라서 저작물이 개작되더라도 그것이 원래 창작물인지 2차적 저작물인지 알기 어렵다. 그 결과 디지털화된 저작물의 이용 행위가 공정 이용의 범주에 드는 것인지 가늠하기가 더 어려워졌고 그에 따른 처벌 위험도 커졌다.

이러한 문제를 해소하기 위한 시도의 하나로 포괄적으로 적용할 수 있는 '저작물의 공정한 이용' 규정이 저작권법에 별도로 신설되었다. 그리하여 저작권자의 동의가 없어도 저작물을 공정하게 이용할 수 있는 영역이 확장되었다. 그러나 공정 이용 여부에 대한 시비가 자율적으로 해소되지 않으면 예나 지금이나 법적인 절차를 밟아 갈등을 해소해야 한다.

저작물 이용자들이 처벌에 대한 불안감을 여전히 느낀다는 점에서 저작물의 자유 이용 허락 제도와 같은 '저작물의 공유' 캠페인이 주목을 받고 있다. 이 캠페인은 저작권자들이 자신의 저작물에 일정한 이용 허락 조건을 표시해서 이용자들에게 무료로 개방하는 것을 말한다. 캠페인 참여자들은 저작권자와 이용자들의 자발적인 참여를 통해 자유롭게 활용할 수 있는 저작물의 양과 범위를 확대하려고 노력한다. 이들은 저작물의 공유가 확산되면 디지털 저작물의 이용이 활성화되고, 그 결과 인터넷이 더욱 창의적이고 풍성한 정보 교류의 장이 될 것이라고 본다. 그러나 캠페인에 참여한 저작물을 이용할 때 허용된 범위를 벗어난 경우 법적 책임을 질 수 있다.

한편 ⑦ 다른 시각을 가진 사람들도 있다. 이들은 저작물의 공유 캠페인이 확산되면 저작물을 창조하려는 사람들의 동기가 크게 감소할 것이라고 우려한다. 이들은 결과적으로 활용 가능한 저작물이 줄어들게 되어 이용자들도 피해를 당하게 된다고 주장한다. 또한 디지털 환경에서는 사용료 지불 절차 등이 간단해져서 '저작물의 공정한 이용' 규정을 별도로 신설할 필요가 없었다고 본다. 이들은 저작물의 공유 캠페인과 신설된 공정 이용 규정으로 인해 저작권자들의 정당한 권리가 침해받고 있으므로 이를 시정하는 것이 오히려 공익에 더 도움이 된다고 말한다.

① 이용 허락 조건을 저작물에 표시하면 창작 활동이 더욱 활성화된다.

② 저작권자의 정당한 권리 보호를 위해 저작물의 공유 캠페인이 확산되어야 한다.

③ 비영리적인 경우 저작권자의 동의가 없어도 복제가 허용되는 영역을 확대해야 한다.

④ 저작권자가 자신들의 노력에 상응하는 대가를 정당하게 받을수록 창작 의욕이 더 커진다.

⑤ 자신의 저작물을 자유롭게 이용하도록 양보하는 것은 다른 저작권자의 저작권 개방을 유도하여 공익을 확장시킨다.

02 다음은 I공사의 글로벌 항공 정보 종합 관리망(SWIM) 전용 시험장 구축 계획에 대한 자료이다. 이에 대해 추론한 내용으로 옳지 않은 것은?

I공사, 글로벌 항공 정보 종합 관리망(SWIM) 전용 시험장 연내 구축

▷ 항공 정보, 항공 기상 정보, 비행 계획 및 실시간 항적 자료 등 항공 정보 통합
▷ ICAO 미래 항공 시스템 전환 계획 및 정부 차세대 항공 교통 시스템 구축 계획 일환 추진

I공사는 국토교통부와 '글로벌 항공 정보 종합 관리망(SWIM; System Wide Information Management)' 기반 기술 확보로 전용 시험장(테스트베드) 구축을 완료하고, 2026년부터 한국·중국·일본 국제 테스트를 진행할 예정이다. 'SWIM'은 현재 항공기관이나 항공사에서 개별적으로 운영 중인 항공 정보, 항공 기상 정보, 비행 계획 및 항적 자료 등 다양한 정보를 통합 관리할 수 있는 종합 관리망으로, 관제사·조종사 등 항공 관련 종사자들이 SWIM을 활용하면 전 세계 각종 항공 정보를 한 번에 쉽고 빠르게 이용할 수 있다.

I공사는 국제민간항공기구(ICAO)의 '미래 항공 시스템 전환 계획(ASBU; Aviation System Block Upgrades)'과 한국 정부의 '차세대 항공 교통 시스템 구축 계획(NARAE; National ATM Reformation Enhancement)'의 일환으로 2023년부터 SWIM 기술 개발을 추진해왔고, 2024년 ICAO 아시아·태평양 지역 SWIM 태스크포스(Task Force)에 주도적으로 참여하여 가장 핵심 부문인 기술 기준 제정, 정보 교환 모델 개발 및 애플리케이션 개발 검증 등의 임무를 성공적으로 수행하고 있다.

I공사는 2025년 안으로 SWIM 테스트베드를 김포공항에 구축하여 우리나라 전 공역의 항로 관제 레이더, 인천·김포·제주·김해공항 지상 레이더, 전자 항공 정보, 기상 자료 등을 통합·구현하고, 2026년부터는 한국·중국·일본 3국 간 국제 접속 및 호환 테스트를 진행하여 2028년까지 3국 간 차세대 항공 통신망을 통한 국제 정보 교환 시험 운영을 마무리할 계획이다.

국토교통부와 I공사 관계자는 "SWIM의 궁극적인 목표는 전 세계 모든 국가의 항공 통신망을 IP 기반의 인터넷으로 연결하여 모든 항공 정보를 공유하려는 것이며, 이를 통해 항공기 안전 운항과 효율성이 크게 높아지는 것은 물론 핵심 기술의 해외 항행 시장 진출에도 기여할 것으로 기대한다."고 밝혔다.

---

① SWIM 도입을 통해 국제 항공기 운항의 안전성이 제고될 것이다.
② SWIM 기술 개발은 우리나라 정부뿐만 아니라 국제기구에서도 추진하는 사업이다.
③ SWIM 기술은 전용 시험장을 구축한 후, 여러 국가에 의해 테스트가 시행될 예정이다.
④ SWIM은 인근 국가의 항공 통신망을 연결하여 항공 정보를 공유하는 것을 목표로 한다.
⑤ I공사는 2025년 현재 ICAO의 아시아·태평양 지역 SWIM 태스크포스에 참여한 지 2년 차가 된다.

03 다음 글을 바탕으로 할 때, 〈보기〉의 밑줄 친 '정책'의 방향에 대한 추론으로 가장 적절한 것은?

동일한 환경에서 야구공과 고무공을 튕겨 보면, 고무공이 훨씬 민감하게 튀어 오르는 것을 볼 수 있다. 즉, 고무공은 야구공보다 탄력이 좋다. 일정한 가격에서 사람들이 사고자 하는 물건의 양인 수요량에도 탄력성의 개념이 적용될 수 있다. 재화의 가격이 변화할 때 수요량도 변화하게 되는 것이다. 이때 경제학에서는 가격 변화에 대한 수요량 변화의 민감도를 측정하는 표준화된 방법을 수요 탄력성이라고 한다.

수요 탄력성은 수요량의 변화 비율을 가격의 변화 비율로 나눈 값이다. 일반적으로 가격과 수요량은 반비례하므로 수요 탄력성은 음(−)의 값을 가진다. 그러나 통상적으로 음의 부호를 생략하고 절댓값만 표시한다.

가격에 따른 수요량 변화율에 따라 상품의 수요는 '단위 탄력적', '탄력적', '완전 탄력적', '비탄력적', '완전 비탄력적'으로 나눌 수 있다. 수요 탄력성이 1인 경우 수요는 '단위 탄력적'이라고 불린다. 또한 수요 탄력성이 1보다 큰 경우 수요는 '탄력적'이라고 불린다. 한편 영(0)에 가까운 아주 작은 가격 변화에도 수요량이 매우 크게 변화하면 수요 탄력성은 무한대가 된다. 이 경우의 수요는 '완전 탄력적'이라고 불린다. 소비하지 않아도 생활에 지장이 없는 사치품이 이에 해당한다. 반면, 수요 탄력성이 1보다 작다면 수요는 '비탄력적'이라고 불린다. 만일 가격이 아무리 변해도 수요량에 어떠한 변화도 나타나지 않는다면 수요 탄력성은 영(0)이 된다. 이 경우 수요는 '완전 비탄력적'이라고 불린다. 생필품이 이에 해당한다.

수요 탄력성의 크기는 상품의 가격이 변할 때 이 상품에 대한 소비자의 지출이 어떻게 변하는지를 알려 준다. 상품에 대한 소비자의 지출액은 가격에 수요량을 곱한 것이다. 먼저 상품의 수요가 탄력적인 경우를 따져 보자. 이 경우에는 수요 탄력성이 1보다 크기 때문에 가격이 오른 정도에 비해 수요량이 많이 감소한다. 이에 따라 가격이 상승하면 소비자의 지출액은 가격이 오르기 전보다 감소한다. 반면에 가격이 내릴 때는 가격이 내린 정도에 비해 수요량이 많아지므로 소비자의 지출액은 증가한다. 물론 수요가 비탄력적이면 위와 반대되는 현상이 일어난다. 즉, 가격이 상승하면 소비자의 지출액은 증가하며, 가격이 하락하면 소비자의 지출액은 감소하게 된다.

> **보기**
>
> A국가의 정부는 경제 안정화를 위해 개별 소비자들이 지출액을 줄이도록 유도하는 정책을 시행하기로 하였다.

① 생필품의 가격은 높이고 사치품의 가격은 유지하려 하겠군.
② 생필품의 가격은 낮추고 사치품의 가격은 높이려 하겠군.
③ 생필품의 가격은 유지하고 사치품의 가격은 낮추려 하겠군.
④ 생필품과 사치품의 가격을 모두 유지하려 하겠군.
⑤ 생필품과 사치품의 가격을 모두 낮추려 하겠군.

다음 글을 읽고 추론할 수 있는 사실을 〈보기〉에서 모두 고르면?

물질의 원자는 원자핵과 전자로 이루어져 있고, 원자핵을 중심으로 전자들이 각각의 에너지 준위를 따라 배열되어 있는데, 에너지의 준위는 에너지의 계단이나 사다리에 비유될 수 있다. 에너지 준위가 높아지면 전자가 보유하는 에너지도 높아지며, 보유 에너지가 낮은 전자부터 원자핵에 가까운 에너지 준위를 채워나간다. 전자가 외부의 에너지를 흡수하면 자신의 자리를 이탈하여 바깥쪽 에너지 준위로 올라가게 되는데, 전자가 자신의 자리에 있을 때를 '바닥 상태', 높은 에너지 준위로 올라갔을 때를 '들뜬 상태'라고 한다. 들뜬 상태의 전자들은 바닥 상태로 되돌아가려는 경향이 있고, 원래의 자리로 되돌아갈 때는 빛 등의 에너지를 방출하게 된다.

최초의 레이저 장치를 만든 메이먼은 루비의 전자를 이용하였다. 루비는 그 특성상 전자가 들뜬 상태가 될 때 그 상태에 머무는 시간이 길기 때문이었다. 메이먼은 빛을 쬐어 루비의 특정 전자들을 들뜨게 함으로써 바닥 상태의 전자 수보다 들뜬 상태의 전자 수를 많게 만들었다. 이런 상태를 조성해 주면 적어도 한 개 이상의 들뜬 전자가 자연스럽게 원래의 준위로 되돌아가면서 빛을 내고, 다른 들뜬 전자에서도 같은 파장을 가진 빛이 차례차례 발생한다. 그러는 동안 들뜬 물질의 양쪽에 설치해 둔 거울 2개 사이에서는 생성된 빛이 그대로 반사되면서 몇 번씩 왕복하며 다른 들뜬 전자들이 빛을 방출하도록 유도하여 빛은 자꾸만 증폭(增幅)된다. 이때 2개의 거울 중 1개의 거울은 일부의 빛을 투과할 수 있게 하여 거울 사이에서 증폭된 빛의 일부가 외부에 레이저광선으로 발진된다.

> **보기**
> ㉠ 전자가 이동할 때 에너지가 방출되었다면 전자가 바닥 상태로 돌아간 것이다.
> ㉡ 들뜬 상태의 전자는 원자핵에서 먼 에너지 준위로 이동하려는 경향이 있다.
> ㉢ 메이먼이 레이저 장치를 만들 때 루비를 이용한 것은 빛의 증폭에 유리한 조건을 만들기 위해서였다.
> ㉣ 메이먼의 레이저 장치에서는 바닥 상태의 전자가 들뜬 상태의 전자보다 많다.

① ㉠, ㉡   ② ㉠, ㉢

③ ㉡, ㉢   ④ ㉡, ㉣

⑤ ㉢, ㉣

05 다음 글을 읽고 추론할 수 있는 내용으로 가장 적절한 것은?

조선이 임진왜란 중에도 필사적으로 보존하고자 한 서적이 바로 조선왕조실록이다. 실록은 원래 서울의 춘추관과 성주·충주·전주 4곳의 사고(史庫)에 보관되었으나, 임진왜란 이후 전주 사고의 실록만 온전한 상태였다. 전란이 끝난 후 단 1벌 남은 실록을 다시 여러 벌 등서하자는 주장이 제기되었다. 우여곡절 끝에 실록의 인쇄가 끝난 시기는 1606년이었다. 재인쇄 작업의 결과 원본을 포함해 모두 5벌의 실록을 갖추게 되었다. 원본은 강화도 마니산에 봉안하고 나머지 4벌은 서울의 춘추관과 평안도 묘향산, 강원도의 태백산과 오대산에 봉안했다.

이 5벌 중에서 서울 춘추관의 것은 1624년 이괄의 난 때 불에 타 없어졌고, 묘향산의 것은 1633년 후금과의 관계가 악화되자 전라도 무주의 적상산에 사고를 새로 지어 옮겼다. 강화도 마니산의 것은 1636년 병자호란 때 청군에 의해 일부 훼손되었던 것을 현종 때 보수하여 숙종 때 강화도 정족산에 다시 봉안했다. 결국 내란과 외적 침입으로 인해 5곳 가운데 1곳의 실록은 소실되었고, 1곳의 실록은 장소를 옮겼으며, 1곳의 실록은 손상을 입었던 것이다.

정족산, 태백산, 적상산, 오대산 4곳의 실록은 그 후 안전하게 지켜졌다. 그러나 일본이 다시 여기에 손을 대었다. 1910년 조선 강점 이후 일제는 정족산과 태백산에 있던 실록을 조선총독부로 이관하고, 적상산의 실록은 구황궁 장서각으로 옮겼으며, 오대산의 실록은 일본 동경제국대학으로 반출했다. 일본으로 반출한 것은 1923년 관동 대지진 때 거의 소실되었다. 정족산과 태백산의 실록은 1930년에 경성제국대학으로 옮겨져 지금까지 서울대학교에 보존되어 있다. 한편 장서각의 실록은 6·25 전쟁 때 북한으로 옮겨져 현재 김일성종합대학에 소장되어 있다.

① 재인쇄하였던 실록은 모두 5벌이다.
② 태백산에 보관하였던 실록은 현재 일본에 있다.
③ 현재 한반도에 남아 있는 실록은 모두 4벌이다.
④ 적상산에 보관하였던 실록은 일부가 훼손되었다.
⑤ 현존하는 실록 중에서 가장 오래된 것은 서울대학교에 있다.

다음 글을 바탕으로 추론할 때 로드킬에 대한 해결 방안으로 적절하지 않은 것은?

> 로드킬(Road Kill)은 야생동물, 곤충을 비롯한 야생동물 등이 도로로 나와 자동차 등의 운송수단에 치여서 사망하는 것을 말한다. 인간의 편의를 위해 각종 시설물이 계속 만들어질수록 야생동물은 삶의 터전을 잃고 고립되어 죽거나, 동족들을 찾아 헤매다 인간이 만든 길 위에서 죽임을 당하고 있는 것이다. 국토개발로 생태축을 관통하는 여러 도로들이 생겨남에 따라 전국적으로 로드킬의 발생이 증가하고 있으나, 실제 그 발생 지점 파악과 이를 예방하기 위한 생태통로 등의 설치는 매우 미흡한 상황이다.
>
> 따라서 지구상의 모든 생명이 함께 거닐 수 있는 국토환경 조성을 위해 가깝게는 로드킬 현황을 제대로 파악하고, 적재적소에 야생동물 보호를 위한 생태통로 설치가 필요하다. 그리고 이제부터라도 야생동물의 생명을 보호하여 인간과 하나의 공간에서 함께 할 수 있도록 하는 배려심이 발휘되어야 한다. 야생동물은 계절과 종별로 활동 시기가 다르므로, 생태통로의 배치는 로드킬 발생 지점의 야생동물 종을 비롯한 그 주변 생태환경을 고려해야만 큰 효과를 볼 수 있다. 그리고 야생동물의 이동을 통제하거나 고립시키는 생태통로 정책이 아닌, 본래 서식지를 자유롭게 이동할 수 있도록 도와줄 수 있어야 한다. 또한 로드킬이 특정 도로에 집중하여 발생하므로 그 유형과 지점에 대한 충분한 검토 작업이 이루어져야 하며, 로드킬에 관한 자료를 신속·정확하게 확보하여 통합·운영하는 체계가 이루어져야 할 것이다.

① 로드킬을 예방하기 위해 로드킬에 관한 자료를 확보하여 이를 통합·운영한다.

② 로드킬이 특정 도로에 집중하여 발생하므로 그 유형과 지점에 대해 충분히 검토한다.

③ 야생동물은 계절과 종별로 활동 시기가 다르므로 야생동물의 종을 고려하여 생태통로를 설치한다.

④ 도로 신설 시 인간의 편의를 우위에 놓고 도로를 설치한 다음, 야생동물의 이동을 위한 생태도로를 설치한다.

⑤ 야생동물의 생명을 보호하기 위해 로드킬 발생 지점 주변의 생태환경을 고려하여 생태통로를 배치한다.

07 다음 중 밑줄 친 ㉠에 해당하는 사례로 적절하지 않은 것은?

> 지금까지 산업혁명들은 주로 제조업과 서비스업에서 혁신이 일어나 경제 시스템을 변화시켜 왔다. 이에 반해 4차 산업혁명은 제조와 서비스의 혁신뿐만 아니라 경제, 사회, 문화, 고용, 노동 시스템 등 인류 삶의 전반에 걸친 ㉠ 변혁을 초래할 것이다.
>
> 4차 산업혁명이 삶과 일하는 방식에 어떠한 변화를 줄 것인가. 무엇보다 4차 산업혁명 시대에 인류의 삶의 편의성은 더욱 향상될 것이라는 전망이다. 우선 의료 분야에서 빅데이터 활용과 인공지능의 분석력, 예측력이 높아지면서 질병 진단 및 치료 정확도를 향상시켜 궁극적으로 의료비용 절감과 의료품질 및 의료접근성 향상 등의 긍정적인 영향을 미칠 것이다. 또한 고도화된 언어 인지와 자동 번역 기술의 발달로 국내 외 서비스 이용이 편리해지고, 그 덕택에 많은 사람들이 언어 장벽으로 인해 느끼는 불편이 크게 감소할 것이다.
>
> 인류의 생활환경도 한층 안전해질 것으로 전망된다. 경계 감시, 위험임무 수행에 무인 시스템과 로봇·드론 기술이 도입되고, 빅데이터를 활용한 범죄예측 모델이 활용됨으로써, 안전한 생활을 보장하는 시스템이 확산될 것이다. 아울러 각종 센서와 사물인터넷 기술을 이용해 실시간으로 교통정보를 획득하고, 인공지능 기술로 교통 빅데이터를 분석·예측하면 교통정보의 실시간 공유와 교통흐름의 지능적 제어를 통해 교통 혼잡을 줄여 교통사고 발생도 획기적으로 줄일 것으로 보인다.
>
> 교육 분야에서는 개인 맞춤형 서비스 제공이 늘어나 학원, 과외 등 사교육 부담이 줄어들게 되고, 보다 효율적·창의적인 교육환경이 구축될 것이다. 최근 들어 점차 증가하는 복지 수요에 대한 효율적 대응도 가능해질 것이다. 노인, 장애인, 아동 등 취약계층과 저숙련, 저임금 노동자 등의 빈곤계층에 대한 복지 사각지대의 예측을 강화해 복지 행정을 내실화하고, 복지 예산의 효율적 지출을 가능하게 한다.

① 해외여행을 떠난 A는 인공지능이 탑재된 번역 앱을 통해 현지인과 자유롭게 의사소통을 한다.

② B국에서는 신종 바이러스로 인해 감염증이 확산되자 사람과의 직접적인 접촉을 피하기 위해 체온을 측정하는 무인 로봇을 도입하였다.

③ C사가 개발한 전자알약은 내장된 인공지능 칩을 통해 환자의 복약 순응도를 객관적으로 추적할 수 있다.

④ D사는 인공지능 기술로 교통 빅데이터를 분석하여 설 연휴 귀성·귀경길 교통상황을 예측하고, 최적의 교통정보를 제공하였다.

⑤ 공부방을 운영 중인 E는 다양한 연령대의 아동들을 혼합반으로 구성하여 관찰과 모방의 효율적 교육 경험을 제공한다.

08 다음 글을 읽고 추론한 내용으로 적절하지 않은 것은?

세계적으로 저명한 미국의 신경과학자들은 '의식에 관한 케임브리지 선언'을 통해 동물에게도 의식이 있다고 선언했다. 이들은 포유류와 조류 그리고 문어를 포함한 다른 많은 생물도 인간처럼 의식을 생성하는 신경학적 기질을 갖고 있다고 주장하였다. 즉, 동물도 인간과 같이 의식이 있는 만큼 합당한 대우를 받아야 한다는 이야기이다. 그러나 이들과 달리 아직도 동물에게 의식이 있다는 데 회의적인 과학자가 많다.

인간의 동물관은 고대부터 두 가지로 나뉘어 왔다. 그리스의 철학자 피타고라스는 윤회설에 입각하여 동물에게 경의를 표해야 한다는 것을 주장했으나, 아리스토텔레스는 '동물에게는 이성이 없으므로 동물은 인간의 이익을 위해서만 존재한다.'고 주장했다. 이러한 동물관의 대립은 근세에도 이어졌다. 17세기 철학자 데카르트는 '동물은 정신을 갖고 있지 않으며, 고통을 느끼지 못하므로 심한 취급을 해도 좋다.'라고 주장한 반면, 18세기 계몽철학자 루소는 『인간불평등 기원론』을 통해 인간과 동물은 동등한 자연의 일부라는 주장을 처음으로 제기했다.

그러나 인간은 오랫동안 동물의 본성이나 동물답게 살 권리를 무시한 채로 소와 돼지, 닭 등을 사육해 왔다. 오로지 더 많은 고기와 달걀을 얻기 위해 '공장식 축산' 방식을 도입한 것이다. 공장식 축산이란 가축 사육 과정이 공장에서 규격화된 제품을 생산하는 것과 같은 방식으로 이루어지는 것을 말하며, 이러한 환경에서는 소와 돼지, 닭 등이 몸조차 자유롭게 움직일 수 없는 좁은 공간에 갇혀 자라게 된다. 가축은 스트레스를 받아 면역력이 떨어지게 되고, 이는 결국 항생제 대량 투입으로 이어질 수밖에 없다. 우리는 그렇게 생산된 고기와 달걀을 맛있다고 먹고 있는 것이다.

이와 같은 공장식 축산의 문제를 인식하고, 이를 개선하려는 동물 복지 운동은 1960년대 영국을 중심으로 유럽에서 처음 시작되었다. 인간이 가축의 고기 등을 먹더라도 최소한의 배려를 함으로써 항생제 사용을 줄이고, 고품질의 고기와 달걀을 생산하자는 것이다. 한국도 산란계를 시작으로 '동물 복지 축산농장 인증제'를 시행하고 있다. 배고픔·영양 불량·갈증으로부터의 자유, 두려움·고통으로부터의 자유 등의 5대 자유를 보장하는 농장만이 동물 복지 축산농장 인증을 받을 수 있다. 동물 복지는 가축뿐만이 아니라 인간의 건강을 위한 것이기도 하다. 따라서 정부와 소비자 모두 동물 복지에 좀 더 많은 관심을 가져야 한다.

① 피타고라스는 동물에게도 의식이 있다고 생각했군.

② 아리스토텔레스와 데카르트의 동물관에는 일맥상통하는 점이 있어.

③ 좁은 공간에 갇혀 자란 돼지는 그렇지 않은 돼지에 비해 면역력이 낮겠네.

④ 공장식 축산에서의 항생제 대량 사용은 결국 인간에게 안 좋은 영향을 미치겠군.

⑤ 동물 복지 축산농장 인증제는 1960년대 영국에서 처음 시행되었어.

하나의 패러다임 형성은 애초에 불완전하지만 이후 연구의 방향을 제시하고 소수 특정 부분의 성공적인 결과를 약속할 수 있을 뿐이다. 그러나 패러다임의 정착은 연구의 정밀화, 집중화 등을 통하여 자기 지식을 확장해 가며 차츰 폭넓은 이론 체계를 구축한다.

이처럼 과학자들이 패러다임을 기반으로 하여 연구를 진척시키는 것을 쿤은 '정상 과학'이라고 부른다. 기초적인 전제가 확립되었으므로 과학자들은 이 시기에 상당히 심오한 문제의 작은 영역들에 집중함으로써 그렇지 않았더라면 상상조차 못했을 자연의 어느 부분을 깊이 있게 탐구하게 된다. 그에 따라 각종 실험 장치들도 정밀해지고 다양해지며, 문제를 해결해 가는 특정 기법과 규칙들이 만들어진다. 연구는 이제 혼란으로서의 다양성이 아니라, 이론과 자연 현상을 일치시켜 가는 지식의 확장으로서의 다양성을 이루게 된다.

그러나 정상 과학은 완성된 과학이 아니다. 과학적 사고방식과 관습, 기법 등이 하나의 기반으로 통일되어 있다는 것일 뿐 해결해야 할 과제는 무수하다. 패러다임이란 과학자들 사이의 세계관 통일이지 세계에 대한 해석의 끝은 아니다.

그렇다면 ㉠ 정상 과학의 시기에는 어떤 연구가 어떻게 이루어지는가? 정상 과학의 시기에는 이미 이론의 핵심 부분들은 정립되어 있다. 따라서 과학자들의 연구는 근본적인 새로움을 좇아가지는 않으며, 다만 연구의 세부 내용이 좀 더 깊어지거나 넓어질 뿐이다. 그렇다면 이러한 시기에 과학자들의 열정과 헌신성은 무엇으로 유지될 수 있을까? 연구가 고작 예측된 결과를 좇아갈 뿐이고, 예측된 결과가 나오지 않으면 실패라고 규정되는 상태에서 과학의 발전은 어떻게 이루어지는가?

쿤은 이 물음에 대하여 '수수께끼 풀이'라는 대답을 준비한다. 어떤 현상의 결과가 충분히 예측된다고 할지라도 정작 그 예측이 달성되는 세세한 과정은 대개 의문 속에 있기 마련이다. 자연 현상의 전 과정을 우리가 일목요연하게 알고 있는 것은 아니기 때문이다. 이론으로서의 예측 결과와 실제의 현상을 일치시키기 위해서는 여러 복합적인 기기적·개념적·수학적인 방법이 필요하다. 이것이 바로 수수께끼 풀이다.

① 패러다임을 기반으로 하여 연구를 진척하기 때문에 다양한 학설과 이론이 등장한다.

② 예측된 결과만을 좇을 수밖에 없기 때문에 과학자들의 열정과 헌신성은 낮아진다.

③ 기초적인 전제가 확립되었으므로 작은 범주의 영역에 대한 연구에 집중한다.

④ 과학자들 사이의 세계관이 통일된 시기이기 때문에 완성된 과학이라고 부를 수 있다.

⑤ 이 시기는 문제를 해결해 가는 과정보다는 기초 이론에 대한 발견이 주가 된다.

10 다음 글을 읽고 추론한 내용으로 적절한 것을 〈보기〉에서 모두 고르면?

우리가 현재 가지고 있는 믿음들은 추가로 획득된 정보에 의해서 수정된다. 뺑소니 사고의 용의자로 갑, 을, 병이 지목되었고 이 중 단 한 명만 범인이라고 하자. 수사관 K는 운전 습관, 범죄 이력 등을 근거로 각 용의자가 범인일 확률을 추측하여, '갑이 범인'이라는 것을 0.3, '을이 범인'이라는 것을 0.45, '병이 범인'이라는 것을 0.25만큼 믿게 되었다고 하자. 얼마 후 병의 알리바이가 확보되어 병은 용의자에서 제외되었다.

그렇다면 K의 믿음의 정도는 어떻게 수정되어야 할까? 믿음의 정도를 수정하는 두 가지 방법이 있다. 방법 A는 0.25를 다른 두 믿음에 동일하게 나누어 주는 것이다. 따라서 병의 알리바이가 확보된 이후 '갑이 범인'이라는 것과 '을이 범인'이라는 것에 대한 K의 믿음의 정도는 각각 0.425와 0.575가 된다. 방법 B는 기존 믿음의 정도에 비례해서 분배하는 것이다. '을이 범인'이라는 것에 대한 기존 믿음의 정도 0.45는 '갑이 범인'이라는 것에 대한 기존 믿음의 정도 0.3의 1.5배이다. 따라서 믿음의 정도 0.25도 이 비율에 따라 나누어주어야 한다. 즉, 방법 B는 '갑이 범인'이라는 것에는 0.1을, '을이 범인'이라는 것에는 0.15를 추가하는 것이다. 결국 방법 B에 따르면 병의 알리바이가 확보된 이후 '갑이 범인'이라는 것과 '을이 범인'이라는 것에 대한 K의 믿음의 정도는 각각 0.4와 0.6이 된다.

보기

㉠ 만약 기존 믿음의 정도들이 위 사례와 달랐다면, 병이 용의자에서 제외된 뒤 '갑이 범인'과 '을이 범인'에 대한 믿음의 정도의 합은 방법 A와 방법 B 중 무엇을 이용하는지에 따라 다를 수 있다.

㉡ 만약 기존 믿음의 정도들이 위 사례와 달랐다면, 병이 용의자에서 제외된 뒤 '갑이 범인'과 '을이 범인'에 대한 믿음의 정도의 차이는 방법 A를 이용한 결과가 방법 B를 이용한 결과보다 클 수 있다.

㉢ 만약 '갑이 범인'에 대한 기존 믿음의 정도와 '을이 범인'에 대한 기존 믿음의 정도가 같았다면, '병이 범인'에 대한 기존 믿음의 정도에 상관없이 병이 용의자에서 제외된 뒤 방법 A를 이용한 결과와 방법 B를 이용한 결과는 서로 같다.

① ㉡
② ㉢
③ ㉠, ㉡
④ ㉠, ㉢
⑤ ㉡, ㉢

11 다음 글을 읽고 합리주의적인 이론의 관점에서 추론할 수 없는 것은?

> 어린이의 언어 습득을 설명하려는 이론으로는 두 가지가 있다. 하나는 경험주의적인 혹은 행동주의적인 이론이요, 다른 하나는 합리주의적인 이론이다.
>
> 경험주의 이론에 의하면 어린이가 언어를 습득하는 것은 어떤 선천적인 능력에 의한 것이 아니라 경험적인 훈련에 의해서 오로지 후천적으로만 이루어진다.
>
> 한편, 합리주의적인 언어 습득의 이론에서 어린이가 언어를 습득하는 것은 거의 전적으로 타고난 특수한 언어 학습 능력과 일반 언어 구조에 대한 추상적인 선험적 지식에 의한 것이다.

① 언어가 극도로 추상적이고 고도로 복잡한데도 불구하고 어린이들이 짧은 시일 안에 언어를 습득한다.

② 일정한 나이가 되면 모든 어린이가 예외 없이 언어를 통달하게 된다.

③ 많은 현실적 악조건에도 불구하고 어린이가 완전한 언어 능력을 갖출 수 있게 된다.

④ 인간은 언어 습득 능력을 가지고 태어난다.

⑤ 어린이는 완전히 백지상태에서 출발하여 반복 연습과 시행착오 그리고 교정에 의해서 언어라는 습관을 형성한다.

12 다음 글을 읽고 추론한 내용으로 적절하지 않은 것은?

> 1977년 개관한 퐁피두 센터의 정식명칭은 국립 조르주 퐁피두 예술문화 센터로, 공공정보기관(BPI), 공업창작센터(CCI), 음악·음향의 탐구와 조정연구소(IRCAM), 파리 국립 근현대 미술관(MNAM) 등이 있는 종합 문화예술 공간이다. 퐁피두라는 이름은 이 센터의 창설에 힘을 기울인 조르주 퐁피두 대통령의 이름을 딴 것이다.
>
> 1969년 당시 대통령이었던 퐁피두는 파리의 중심지에 미술관이면서 동시에 조형예술과 음악, 영화, 서적 그리고 모든 창조적 활동의 중심이 될 수 있는 문화 복합센터를 지어 프랑스 미술을 더욱 발전시키고자 했다. 요즘 미술관들은 미술관의 이러한 복합적인 기능과 역할을 인식하고 변화를 시도하는 곳이 많다. 미술관은 더 이상 전시만 보는 곳이 아니라 식사도 하고 영화도 보고 강연도 들을 수 있는 곳으로, 대중과의 거리 좁히기를 시도하고 있는 것도 그리 특별한 일은 아니다. 그러나 이미 40년 전에 21세기 미술관의 기능과 역할을 미리 내다볼 줄 아는 혜안을 가지고 설립된 퐁피두 미술관은 프랑스가 왜 문화강국이라 불리는지를 알 수 있게 해준다.

① 퐁피두 미술관의 모습은 기존 미술관의 모습과 다를 것이다.

② 퐁피두 미술관을 찾는 사람들의 목적은 다양할 것이다.

③ 퐁피두 미술관은 전통적인 예술작품들을 선호할 것이다.

④ 퐁피두 미술관은 파격적인 예술작품들을 배척하지 않을 것이다.

⑤ 퐁피두 미술관은 현대 미술관의 선구자라는 자긍심을 가지고 있을 것이다.

| 유형분석 |

- 주어진 지문을 바탕으로 빈칸에 들어갈 내용을 찾는 문제이다.
- 선택지의 내용을 정확하게 확인하고 빈칸 앞뒤 문맥을 파악하는 능력이 필요하다.

다음 글의 빈칸에 들어갈 내용으로 가장 적절한 것은?

과학은 한 형태의 자연에 대한 지식이라는 사실 그 자체만으로도 한없이 귀중하고, 과학적 기술이 인류에게 가져온 지금까지의 혜택은 아무리 부정하려 해도 부정될 수 없다. 앞으로도 더 많고 더 정확한 과학 지식과 고도로 개발된 과학 기술이 필요하다. 그러나 문제의 핵심은 생태학적이고 예술적인 자연관 – 즉, 모든 존재에 대한 넓고 새로운 포괄적인 시각으로 과학적 지식과 기술을 보는 것 – 에 눈을 뜨고, 그러한 지식과 기술을 활용하는 것이다. 그렇지 않고 오늘날과 같은 추세로 그러한 지식과 기술을 당장의 욕망을 위해서 인간 중심적으로 개발하고 이용한다면 그 효과가 당장에는 인간에게 만족스럽다 해도 머지않아 자연의 파괴뿐만 아니라 인간적 삶의 파괴 그리고 궁극적으로는 인간 자신의 멸망을 초래하고 말 것이다. 한마디로 지금 우리에게 필요한 것은 과학적 비전과 과학적 기술의 의미를 보다 포괄적인 의미에서 이해하는 작업이다. 이러한 작업을 ＿＿＿＿＿＿＿＿＿라 불러도 적절할 것 같다.

① 예술의 다양화   ② 예술의 기술화
③ 과학의 예술화   ④ 과학의 현실화
⑤ 예술의 과학화

정답 ③

빈칸 앞의 '이러한 작업'이 구체화된 바로 앞 문장을 보면 빈칸은 부분적 관점의 과학적 지식과 기술을 포괄적인 관점의 예술적 세계관을 바탕으로 이해하는 작업이므로 '과학의 예술화'가 빈칸에 들어갈 내용으로 가장 적절하다.

풀이 전략!

- 제시문의 전체적인 내용을 우선적으로 판단하고 글의 흐름과 맞지 않는 선택지를 먼저 제거한다.
- 빈칸의 앞뒤 문장에 있는 키워드와 지시어, 접속어 사이의 관계를 판단한다.

※ 다음 글의 빈칸에 들어갈 내용으로 가장 적절한 것을 고르시오. **[1~4]**

01

> MZ세대 직장인을 중심으로 '조용한 사직'이 유행하고 있다. '조용한 사직'이라는 신조어는 2022년 7월 한 미국인이 SNS에 소개하면서 큰 호응을 얻은 것으로, 실제로 퇴사하진 않지만 최소한의 일만 하는 업무 태도를 말한다. 실제로 MZ세대 직장인은 적당히 하자라는 생각으로 주어진 업무는 하되 더 찾아서 하거나 스트레스 받을 수준으로 많은 일을 맡지 않고, 사내 행사도 꼭 필요할 때만 참여해 일과 삶을 철저히 분리하고 있다.
> 한 채용플랫폼의 설문조사 결과에 따르면 직장인 10명 중 7명이 '월급받는 만큼만 일하면 끝'이라고 답했고, 20대 응답자 중 78.5%, 30대 응답자 중 77.1%가 '받은 만큼만 일한다.'라고 답했다. 설문조사 결과 연령대가 높아질수록 그 비율은 감소해 젊은 층을 중심으로 이와 같은 인식이 확산하고 있음을 짐작할 수 있다.
> 이러한 인식이 확산하는 데는 인플레이션으로 인한 임금 감소, '돈을 많이 모아도 집 한 채를 살 수 있을까?' 등 전반적인 경제적 불만이 기저에 있다고 전문가들은 말했다. 또한 MZ세대가 '노력에 상응하는 보상을 받고 있는지'에 민감하게 반응하는 특성을 가지고 있는 것도 한몫하고 있다.
> 문제점은 이러한 '조용한 사직' 분위기가 기업의 전반적인 생산성 저하로 이어지고 있는 것이다. 이에 맞서 기업도 '조용한 사직'에 대응해 게으른 직원에게 업무를 주지 않는 '조용한 해고'를 하는 상황이 발생하고 있다. 이에 전문가들은 MZ세대 직장인을 나태하다고 구분 짓는 사고방식은 잘못되었다고 지적하며, 기업 차원에서는 "_____"이, 개인 차원에서는 "스스로 일과 삶을 잘 조율하는 현명함을 만드는 것"이 필요하다고 언급했다.

① 직원이 일한 만큼 급여를 올려주는 것
② 직원이 스트레스를 받지 않게 적당량의 업무를 배당하는 것
③ 젊은 세대의 채용을 신중히 하는 것
④ 젊은 세대의 특성을 이해하고 온전히 받아들이는 것
⑤ 젊은 세대가 함께할 수 있도록 분위기를 만드는 것

02

현대 자본주의 사회에서 대중은 예술미보다 상품미에 더 민감하다. 상품미란 이윤을 얻기 위해 대량으로 생산하는 상품이 가지는 아름다움을 의미한다. '_____'라고, 요즈음 생산자는 상품을 많이 팔기 위해 디자인과 색상에 신경을 쓰고, 소비자는 같은 제품이라도 겉모습이 화려하거나 아름다운 것을 사려고 한다. 결국, 우리가 주위에서 보는 거의 모든 상품은 상품미를 추구하고 있다. 그래서인지 모든 것을 다 상품으로 취급하는 자본주의 사회에서는 돈벌이를 위해서라면 모든 사물, 심지어는 인간까지도 상품미를 추구하는 대상으로 삼는다.

① 같은 값이면 다홍치마
② 술 익자 체 장수 지나간다.
③ 원님 덕에 나팔 분다.
④ 구슬이 서 말이라도 꿰어야 보배
⑤ 바늘 가는 데 실 간다.

03

19세기 중반 독일의 화학자 로베르트 분젠은 불꽃 반응에서 나타나는 물질 고유의 불꽃색에 대한 연구를 진행하고 있었다. 그는 버너 불꽃의 색을 제거한 개선된 버너를 고안함으로써 물질의 불꽃색을 더 잘 구별할 수 있도록 하였다. _____ 이에 물리학자 키르히호프는 프리즘을 통한 분석을 제안했고, 둘은 협력하여 불꽃의 색을 분리시키는 분광 분석법을 창안했다. 이것은 과학사에 길이 남을 업적으로 이어졌다.

① 이를 통해 잘못 알려져 있었던 물질 고유의 불꽃색을 정확히 판별할 수 있었다.
② 하지만 두 종류 이상의 금속이 섞인 물질의 불꽃은 색깔이 겹쳐서 분간이 어려웠다.
③ 그러나 불꽃색은 물질의 성분뿐만 아니라 대기의 상태에 따라 큰 차이를 보였다.
④ 이 버너는 현재에도 실험실에서 널리 이용되고 있다.
⑤ 그렇지만 육안으로는 불꽃색의 미세한 차이를 구분하기 어려웠다.

04

스마트팩토리는 인공지능(AI), 사물인터넷(IoT) 등 다양한 기술이 융합된 자율화 공장으로, 제품 설계와 제조·유통·물류 등의 산업 현장에서 생산성 향상에 초점을 맞췄다. 이곳에서는 기계·로봇·부품 등의 상호 간 정보 교환을 통해 제조 활동을 하고, 모든 공정 이력이 기록되며, 빅데이터 분석으로 사고나 불량을 예측할 수 있다. 스마트팩토리에서는 컨베이어 생산 활동으로 대표되는 산업 현장의 모듈형 생산이 컨베이어를 대체하고 IoT가 신경망 역할을 한다. 센서와 기기 간 다양한 데이터를 수집하고, 이를 서버에 전송하면 서버는 데이터를 분석해 결과를 도출한다. 서버는 AI 기계학습 기술이 적용되어 빅데이터를 분석하고 생산성 향상을 위한 최적의 방법을 제시한다.

스마트팩토리의 대표 사례로는 고도화된 시뮬레이션 '디지털 트윈(Digital Twin)'을 들 수 있다. 디지털 트윈은 데이터를 기반으로 가상공간에서 미리 시뮬레이션하는 기술이다. 시뮬레이션을 위해 빅데이터를 수집하고 분석과 예측을 위한 통신·분석 기술에 가상현실(VR), 증강현실(AR)과 같은 기술을 더한다. 이를 통해 산업 현장에서 작업 프로세스를 미리 시뮬레이션하고, VR·AR로 검증함으로써 실제 시행에 따른 손실을 줄이고, 작업 효율성을 높일 수 있다.

한편 '에지 컴퓨팅(Edge Computing)'도 스마트팩토리의 주요 기술 중 하나이다. 에지 컴퓨팅은 산업 현장에서 발생하는 방대한 데이터를 클라우드로 한 번에 전송하지 않고, 에지에서 사전 처리한 후 데이터를 선별해서 전송한다. 서버와 에지가 연동해 데이터 분석 및 실시간 제어를 수행하여 산업 현장에서 생산되는 데이터가 기하급수로 늘어도 서버에 부하를 주지 않는다. 현재 클라우드 컴퓨팅이 중앙 데이터 센터와 직접 소통하는 방식이라면 에지 컴퓨팅은 기기 가까이에 위치한 일명 '에지 데이터 센터'와 소통하며, 저장을 중앙 클라우드에 맡기는 형식이다. 이를 통해 데이터 처리 지연 시간을 줄이고 즉각적인 현장 대처를 가능하게 한다.

이러한 스마트팩토리의 발전은 ＿＿＿＿＿＿＿＿＿＿＿＿＿＿＿ 최근 선진국에서 나타나는 주요 현상 중의 하나는 바로 '리쇼어링(Reshoring)'의 가속화이다. 리쇼어링이란 인건비 등 각종 비용 절감을 이유로 해외에 나간 자국 기업들이 다시 본국으로 돌아오는 현상을 의미하는 용어이다. 2000년대 초반까지는 국가적 차원에서 세제 혜택 등의 회유책을 통해 추진되어 왔지만, 스마트팩토리의 등장으로 인해 자국 내 스마트팩토리에서의 제조 비용과 중국이나 멕시코와 같은 제3국에서 제조 후 수출 비용에 큰 차이가 없어 리쇼어링 현상은 더욱 가속화되고 있다.

① 공장의 제조 비용을 절감시키고 있다.
② 공장의 세제 혜택을 사라지게 하고 있다.
③ 공장의 위치를 변화시키고 있다.
④ 수출 비용을 줄이는 데 도움이 된다.
⑤ 공장의 생산성을 높이고 있다.

다음 글의 빈칸 (가)와 (나)에 들어갈 내용으로 적절하지 않은 것은?

> 우리나라 교과서에는 아메리카 정복 시기의 역사적인 사실들을 잘못 기록하거나 왜곡하여 서술한 오류도 자주 발견된다.
>
> _____(가)_____
>
> 위의 인용문에는 유럽 사람들이 "라틴아메리카를 탐험하고 정복하였다."라고 기술했는데, '라틴아메리카'를 '아메리카'로 정정해야 한다. 이 사건은 영국이 아메리카 북동부에 식민지를 건설하기 전에 이루어졌기 때문이다. 1670년 에스파냐와 영국 간의 협약에 따라 북쪽 지역이 영국의 식민지가 된 이후에야 앵글로아메리카와 라틴아메리카라는 용어를 사용할 수 있다. 또한 에스파냐인 정복자 에르난 코르테스가 16세기 중반에 멕시코를 탐험했다는 내용도 오류다. 그는 16세기 중반이 아니라 초반인 1519년에 멕시코의 베라크루스 지역에 도착했고, 아스테카 제국의 수도인 테노치티틀란을 멸망시킨 것은 1521년이었다. 그리고 엘도라도가 '황금으로 가득 찬 도시'라는 뜻이라고 설명한 것도 오류다. 에스파냐어 El Dorado는 직역하자면 '황금으로 도금된 사람' 정도이고, 의역하면 아메리카에서 황금을 찾아 벼락부자가 된 '황금의 사나이'란 뜻이다. 이외에도 아메리카 정복에 대해 흔히들 오해하는 내용이 있다.
>
> _____(나)_____
>
> 우리는 일반적으로 에스파냐 왕실이 아메리카 정복을 직접 지휘했고 정복자들은 에스파냐의 정식 군인이었다고 생각한다. 이러한 생각은 완전히 착각이다. 아메리카 정복은 민간 무장 집단이 주도했고, 정복자들도 민간인이었다.

① "엘도라도에 대한 호기심과 황금에 대한 욕심 때문에 유럽 사람들이 라틴아메리카를 탐험하고 정복하였다."

② "1532년 11월 16일 잉카 제국은 에스파냐의 피사로가 이끄는 180여 명의 군대에 의해 멸망했다."

③ "이후 16세기 중반에 멕시코를 탐험하였던 코르테스가 카카오를 에스파냐의 귀족과 부유층에 소개하여, 17세기 중반에는 유럽 전역에 퍼졌다."

④ "코르테스는 이 도시를 철저하게 파괴하여 폐허로 만들고, 그 위에 '새로운 에스파냐'라고 불리는 멕시코시티를 건설하였다."

⑤ "엘도라도는 에스파냐어로 '황금으로 가득 찬 도시'라는 뜻이 있다."

06 다음 글의 빈칸에 들어갈 문장을 〈보기〉에서 찾아 순서대로 바르게 나열한 것은?

요즘에는 낯선 곳을 찾아갈 때 지도를 해석하며 어렵게 길을 찾지 않아도 된다. 기술력의 발달에 따라, 제공되는 공간 정보를 바탕으로 최적의 경로를 탐색할 수 있게 되었기 때문이다. _____ _____ 이처럼 공간 정보가 시간에 따른 변화를 반영할 수 있게 된 것은 정보를 수집하고 분석하는 정보 통신 기술의 발전과 밀접한 관련이 있다.

공간 정보의 활용은 '위치정보 시스템(GPS)'과 '지리정보 시스템(GIS)' 등의 기술적 발전과 휴대전화나 태블릿 PC 등 정보 통신 기기의 보급을 기반으로 한다. 위치정보 시스템은 공간에 대한 정보를 수집하고, 지리정보 시스템은 정보를 저장·분류·분석한다. 이렇게 분석된 정보는 사용자의 요구에 따라 휴대전화나 태블릿 PC 등을 통해 최적화되어 전달된다.

길 찾기를 예로 들어 이 과정을 살펴보자. 휴대전화 애플리케이션을 이용해 사용자가 가려는 목적지를 입력하고 이동 수단으로 버스를 선택하였다면, 우선 사용자의 현재 위치가 위치정보 시스템에 의해 실시간으로 수집된다. 그리고 목적지와 이동 수단 등 사용자의 요구와 실시간으로 수집된 정보에 따라 지리정보 시스템은 탑승할 버스 정류장의 위치, 다양한 버스 노선, 최단 시간 등을 분석하여 제공한다. _____ _____ 예를 들어, 여행지와 관련한 공간 정보는 여행자의 요구와 선호에 따라 선별적으로 분석되어 활용된다. 나아가 유동 인구를 고려한 상권 분석과 교통의 흐름을 고려한 도시 계획 수립에도 공간 정보 활용이 가능하게 되었다. 획기적으로 발전되고 있는 첨단 기술이 적용된 공간 정보가 국가 차원의 자연재해 예측 시스템에도 활발히 활용된다면 한층 정밀한 재해 예방 및 대비가 가능해질 것이다. 이로 인해 우리의 삶도 더 편리하고 안전해질 것으로 기대된다.

보기

㉠ 어떤 곳의 위치 좌표나 지리적 형상에 대한 정보뿐만 아니라 시간에 따른 공간의 변화를 포함한 공간 정보를 이용할 수 있게 되면서 가능해진 것이다.

㉡ 더 나아가 교통 정체와 같은 돌발 상황과 목적지에 이르는 경로의 주변 정보까지 분석하여 제공한다.

㉢ 공간 정보의 활용 범위는 계속 확대되고 있다.

① ㉠, ㉡, ㉢   ② ㉠, ㉢, ㉡

③ ㉡, ㉠, ㉢   ④ ㉡, ㉢, ㉠

⑤ ㉢, ㉠, ㉡

07 다음 글의 빈칸에 들어갈 내용으로 가장 적절한 것은?

탁월함은 어떻게 습득되는가, 그것을 가르칠 수 있는가? 이 물음에 대하여 아리스토텔레스는 지성의 탁월함은 가르칠 수 있지만, 성품의 탁월함은 비이성적인 것이어서 가르칠 수 없고, 훈련을 통해서 얻을 수 있다고 대답한다.

그는 좋은 성품을 얻는 것을 기술을 습득하는 것에 비유한다. 그에 따르면 리라(Lyra)를 켬으로써 리라를 켜는 법을 배우며, 말을 탐으로써 말을 타는 법을 배운다. 어떤 기술을 얻고자 할 때 처음에는 교사의 지시대로 행동한다. 그리고 반복 연습을 통하여 그 행동이 점점 더 하기 쉽게 되고 마침내 제2의 천성이 된다. 이와 마찬가지로 어린아이는 어떤 상황에서 어떻게 행동해야 진실되고 관대하며 예의를 차리게 되는지 일일이 배워야 한다. 훈련과 반복을 통하여 그런 행위들을 연마하다 보면 그것들을 점점 더 쉽게 하게 되고, 결국에는 스스로 판단할 수 있게 된다.

그는 올바른 훈련이란 강제가 아니고 그 자체가 즐거움이 되어야 한다고 지적한다. 또한 그렇게 훈련받은 사람은 일을 바르게 처리하는 것을 즐기게 되고, 일을 바르게 처리하고 싶어하게 되며, 올바른 일을 하는 것을 어려워하지 않게 된다. 이처럼 성품의 탁월함이란 사람들이 '하는 것'만이 아니라 사람들이 '하고 싶어 하는 것'과도 관련된다. 그리고 한두 번 관대한 행동을 한 것으로 충분하지 않으며, 늘 관대한 행동을 하고 그런 행동에 감정적으로 끌리는 성향을 갖고 있어야 비로소 관대함에 관하여 성품의 탁월함을 갖고 있다고 할 수 있다.

다음과 같은 예를 통해 아리스토텔레스의 견해를 생각해 보자. 갑돌이는 성품이 곧고 자신감이 충만하다. 그가 한 모임에 참석하였는데, 거기서 다수의 사람들이 옳지 않은 행동을 한다고 생각했을 때, 그는 다수의 행동에 대하여 비판의 목소리를 낼 것이며 그렇게 하는 데 별 어려움을 느끼지 않을 것이다. 한편, 수줍어하고 우유부단한 병식이도 한 모임에 참석하였는데, 그 역시 다수의 행동이 잘못되었다는 판단을 했다고 하자. 이런 경우에 병식이는 일어나서 다수의 행동이 잘못되었다고 말할 수 있겠지만, 그렇게 하려면 엄청난 의지를 발휘해야 할 것이고 자신과 힘든 싸움도 해야 할 것이다. 그런데도 병식이가 그렇게 행동했다면 우리는 병식이가 용기 있게 행동하였다고 칭찬할 것이다. 그러나 아리스토텔레스의 입장에서 성품의 탁월함을 가진 사람은 갑돌이다. 왜냐하면 _____ 우리가 어떠한 사람을 존경할 것인가가 아니라, 우리 아이를 어떤 사람으로 키우고 싶은가라는 질문을 받는다면 우리는 아리스토텔레스의 견해에 가까워질 것이다. 왜냐하면 우리는 우리 아이들을 갑돌이와 같은 사람으로 키우고 싶어 할 것이기 때문이다.

① 그는 내적인 갈등 없이 옳은 일을 하기 때문이다.
② 그는 옳은 일을 하는 천성을 타고났기 때문이다.
③ 그는 주체적 판단에 따라 옳은 일을 하기 때문이다.
④ 그는 자신이 옳다는 확신을 가지고 옳은 일을 하기 때문이다.
⑤ 그는 다른 사람들의 칭찬을 의식하지 않고 옳은 일을 하기 때문이다.

08 다음은 I국제공항공사의 해외 공항 사업에 대한 기사이다. 다음 기사를 읽고 빈칸에 들어갈 내용으로 가장 적절한 것은?

제2터미널의 성공적인 개장, 쿠웨이트공항 사업 수주 등 세계적인 공항 건설·운영 노하우를 연달아 입증한 I국제공항이 해외 사업 확대에 다시 한 번 박차를 가하고 있다. I국제공항공사는 필리핀의 기업 산미구엘(San Miguel)과 '필리핀 마닐라 신공항 개발 사업 추진을 위한 양해각서(MOU)'를 체결했다고 밝혔다.

필리핀 재계 1위 기업인 산미구엘은 마닐라 신공항 개발 사업의 우선제안자 지위를 가지고 있다. 마닐라 신공항 사업은 현재 수도공항인 니노이 아키노 공항의 시설 포화 문제를 해결하기 위해 필리핀 불라칸 지역(마닐라에서 북서쪽으로 40km)에 신공항을 건설하는 프로젝트이다. 니노이 아키노 공항의 연간 여객은 4,200만 명(2017년 기준)으로, 연간 여객 처리 용량(3,100만 명)을 크게 초과하고 있다(2012년부터 시설 포화 문제가 누적·심화) 사업 방식은 산미구엘이 필리핀 정부에 사업을 제안하는 '민간 제안 사업' 형태로 추진되고 있다.

필리핀의 경우 대규모 인프라 개발 사업에서 '민간 제안 사업' 제도를 운영하고 있다. 사업을 제안한 민간 사업자는 우선제안자의 지위를 가지며, 정부는 제안 사업의 타당성 검토와 사업 승인 절차를 거쳐 제3자 공고(60일) 및 제안서 평가 후 최종적으로 사업자를 선정한다. 산미구엘은 지난 2016년 9월 필리핀 정부에 마닐라 신공항 사업을 제안했으며, 필리핀 경제개발청(NEDA)의 사업 타당성 조사를 거쳐 사업 승인을 받았다.

마닐라 신공항은 연간 여객 처리 용량 1억 명 규모에 여객터미널 8동, 활주로 4본을 갖춘 초대형 공항으로 설계되었으며, 총사업비는 17조 5천억 원, 1단계 사업만 7조 원에 달하는 대규모 공항 개발 사업이다. 최종 사업자로 선정된 민간 사업자는 향후 50년 동안 신공항을 독점적으로 운영할 수 있다.

마닐라 신공항은 바다를 매립해 건설하는 수도권 신공항 사업이라는 점에서 한국의 I국제공항의 건설 및 개항 과정과 유사한 점이 많다. I국제공항공사는 1992년 11월 부지 조성 공사 기공식 이후 8년 4개월의 대역사를 거쳐 2001년 3월 29일 I국제공항을 성공적으로 개항했다. I국제공항공사가 마닐라 신공항 사업에 참여하게 되면 I국제공항 개항으로 축적한 공항 건설과 운영 노하우를 충분히 활용할 수 있게 된다. 그뿐만 아니라 필리핀은 한국인들이 즐겨 찾는 대표적인 관광지로, I국제공항공사가 마닐라 신공항 사업에 참여하게 되면 _____.

① 필리핀을 찾는 한국인 관광객들의 편의도 한층 개선될 전망이다
② 필리핀 전체 관광객 중 한국인 관광객은 감소할 것으로 예상된다
③ 산미구엘과 구축한 파트너십을 바탕으로 다양한 해외 사업에 도전할 수 있다
④ 필리핀의 항공 수요가 연평균 5.7%가량 성장할 것이다
⑤ 단기간에 I국제공항 해외 사업 확대의 기폭제 역할을 할 것이다

09 A공사 안전혁신본부의 K책임연구원은 고객의 소리 게시판에 접수된 문의에 답변하라는 업무 지시를 받았다. 문의 내용은 매일 열차를 이용해야 하는 상황인데 사고 위험 때문에 두렵다는 고객의 하소연이었다. 다음은 고객의 문의에 대한 K책임연구원의 답변이다. 빈칸에 들어갈 내용으로 가장 적절한 것은?

안녕하세요, 고객님?

열차는 한 번에 많은 승객을 수송하기 때문에 사고가 날 경우에는 큰 피해가 발생할 수 있습니다. 아마도 이점 때문에 고객님께서 열차 이용에 두려움을 가지셨으리라 생각합니다. 그러나 현재 사고를 예방하기 위한 여러 기술적 노력이 이루어졌고, 그 결과 열차는 지상 교통수단 중 가장 높은 안전성을 확보하게 되었습니다.

첫째, 열차의 모든 시스템은 고장과 사고를 대비한 안전 유지 체계를 이루고 있습니다. 'Fail-safe(고장 시 안전 확보)'라는 이 개념은 고장이 발생해도 다른 열차에 끼치는 영향을 최소화하고 사고로까지 이어지지 않도록 하는 것입니다.

둘째, _____ 만약 열차 운행 중 고장이 발생하거나 앞차와의 간격 유지를 위해 서행 운전하는 경우 후속 열차에 의한 충돌이 발생할 수도 있기 때문입니다. 열차는 24시간 운영되는 종합 관제실에서 열차 위치를 실시간으로 파악하고 선로를 신호등처럼 이용해 후속 열차의 속도를 제어합니다. 이 과정은 자동화 시스템을 통해 이루어지며, 설사 비상 상황이 발생하여 기관사가 정지 명령을 내리지 못하더라도 열차에 설치된 자동 열차 제어 장치가 강제로 제동 장치를 작동시킵니다.

셋째, 우리나라의 열차 안전성은 높은 수준에 속합니다. 2006년부터 2016년까지 국내 여객 수송 분담률과 사망자 누계를 토대로 도출된 상대적 사망률을 비교해 보면 열차 사망률을 1이라 가정했을 때 자동차 사망률은 25.3배, 항공사고 사망률은 10.4배입니다. 해외 국가들과 비교해도 한국 열차사고 발생 건수는 매우 낮은 편에 속합니다.

이제 편안한 마음으로 열차를 이용하시기 바랍니다. 감사합니다.

---

① 열차의 제동 장치는 어떠한 상황에서도 작동합니다.
② 열차는 어떤 상황에서도 안전 거리를 유지합니다.
③ 열차의 모든 시스템은 고장 및 사고를 대비해 안전 유지 체계를 이루고 있습니다.
④ 24시간 운영되는 관제실에서 열차 위치를 실시간으로 파악합니다.
⑤ 우리나라의 열차 안전성은 다른 교통수단과 비교해 높은 수준입니다.

10 다음 글의 (가) ~ (마)에 들어갈 내용으로 적절하지 않은 것은?

"언론의 잘못된 보도나 마음에 들지 않는 논조조차도 그것을 토론하는 과정에서 옳은 방향으로 흘러가게끔 하는 것이 옳다." 한 야당 정치인이 서울 외신 기자클럽(SFCC) 토론회에 나와 공개적으로 밝힌 입장이다. 언론은 ___(가)___ 해야 한다. 이것이 지역 신문이라 할지라도 언론이 표준어를 사용하는 이유이다.

언론중재법 개정안이 국회 본회의를 통과할 것이 확실시되었을 때 정부는 침묵으로 일관했었다. 청와대 핵심 관계자들은 이 개정안에 대한 입장을 묻는 국내 일부 매체에 영어 표현인 "None of My Business"라는 답을 내놨다고 한다.

그사이 이 개정안에 대한 국제 사회의 ___(나)___ 는 높아지고 있다. 이 개정안이 시대착오적이며 정권의 오남용이고, 더 나아가 국민들에게 좋지 않은 영향을 줄 수 있다는 것이 논란의 요지이다. SFCC는 이사회 전체 명의로 성명을 냈다. 그 내용을 그대로 옮기자면 다음과 같다. "___(다)___ 내용을 담은 언론중재법 개정안을 국회에서 강행 처리하려는 움직임에 깊은 우려를 표한다."며 "이 법안이 국회에서 전광석화로 처리되기보다 '돌다리도 두들겨 보고 건너라'는 한국 속담처럼 심사숙고하며 ___(라)___ 를 기대한다."고 밝혔다.

다만, 언론이 우리 사회에서 발생하는 다양한 전투만을 중계하는 것으로 기능하는 건 ___(마)___ 우리나라뿐만 아니라 일본 헌법, 독일 헌법 등에서 공통적으로 말하는 것처럼 언론이 자유를 가지고 대중에게 생각할 거리를 끊임없이 던져주어야 한다. 이러한 언론의 기능을 잘 수행하기 위해서는 언론의 힘과 언론에 가해지는 규제의 정도가 항상 적절하도록 절제하는 법칙이 필요하다.

① (가) : 모두가 읽기 쉽고 편향되지 않은 어조를 사용
② (나) : 규탄의 목소리
③ (다) : 언론의 자유를 심각하게 위축시킬 수 있는
④ (라) : 보편화된 언어를 사용하기
⑤ (마) : 바람직하지 않다.

06 맞춤법 · 어휘

| 유형분석 |

- 맞춤법에 맞는 단어를 찾거나 주어진 지문의 내용에 어울리는 단어를 찾는 문제가 주로 출제된다.
- 단어 사이의 관계에 대한 문제가 출제되므로 뜻이 비슷하거나 반대되는 단어를 함께 학습하는 것이 좋다.
- 자주 출제되는 단어나 헷갈리는 단어에 대한 학습을 꾸준히 하는 것이 좋다.

다음 밑줄 친 ㉠ ~ ㉤ 중 맞춤법이 옳지 않은 것을 모두 고르면?

재정 ㉠ <u>추계</u>는 국민연금 재정 수지 상태를 점검하고 제도의 발전 방향을 논의하기 위하여 5년마다 실시하는 법정 제도로서, 1998년 도입되어 ㉡ <u>그 동안</u> 2023년까지 ㉢ <u>5차례</u> 수행되어 왔다. 재정 추계를 수행하기 위해서는 보험료 수입과 지출의 흐름이 ㉣ <u>전제</u>되어야 한다. 이를 산출하기 위해서는 투입되는 주요 변수에 대한 가정이 필요하다. 대표적인 가정 변수로는 인구 가정, 임금, 금리 등과 같은 거시경제 변수와 기금 운용 ㉤ <u>수익율</u> 그리고 제도 변수가 있다.

① ㉠, ㉡
② ㉠, ㉤
③ ㉡, ㉣
④ ㉡, ㉤
⑤ ㉢, ㉣

정답 ④

㉡ '앞에서 이미 이야기한 만큼의 시간적 길이, 또는 다시 만나거나 연락하기 이전의 일정한 기간 동안'이라는 의미의 한 단어이므로 '그동안'으로 붙여 써야 한다.

㉤ 한글 맞춤법 제11항에 따르면 '률(率)'은 모음이나 'ㄴ' 받침 뒤에서는 '이자율, 회전율'처럼 '율'로 적고, 그 이외의 받침 뒤에서는 '능률, 합격률'처럼 '률'로 적는다. 따라서 '수익률'이 바른 표기이다.

오답분석

㉠ 추계(推計) : '일부를 가지고 전체를 미루어 계산함'을 뜻하는 단어로, 재정 추계는 국가 또는 지방 자치 단체가 정책을 시행하기 위해 필요한 자금을 추정하여 계산하는 일을 말한다.

㉢ 5차례 : 단위를 나타내는 명사는 띄어 쓴다. 다만, 순서를 나타내는 경우나 숫자와 어울리어 쓰이는 경우에는 붙여 쓸 수 있다(한글 맞춤법 제43항).

㉣ 전제(前提) : '어떠한 사물이나 현상을 이루기 위하여 먼저 내세우는 것'의 의미를 지닌 단어로 바른 표기이다.

풀이 전략!

문제에서 물어보는 단어를 정확히 확인해야 하고, 문제에서 다루고 있는 단어의 앞뒤 내용을 읽고 글의 전체적 흐름을 생각하며 문제에 접근해야 한다.

※ 다음 중 밑줄 친 부분이 맞춤법 규정에 어긋나는 것을 고르시오. [1~3]

01
① 그는 목이 메어 한동안 말을 잇지 못했다.
② 어제는 종일 아이를 치다꺼리하느라 잠시도 쉬지 못했다.
③ 왠일로 선물까지 준비했는지 모르겠다.
④ 노루가 나타난 것은 나무꾼이 도끼로 나무를 베고 있을 때였다.
⑤ 그는 입술을 지그시 깨물었다.

02
① 쉬이 넘어갈 문제가 아니다.
② 가정을 소홀히 해서는 안 된다.
③ 소파에 깊숙이 기대어 앉았다.
④ 헛기침이 간간히 섞여 나왔다.
⑤ 일을 하는 틈틈이 공부를 했다.

03
① 바리스타로서 자부심을 가지고 커피를 내렸다.
② 어제는 왠지 피곤한 하루였다.
③ 용감한 시민의 제보로 진실이 드러났다.
④ 점심을 먹은 뒤 바로 설겆이를 했다.
⑤ 그 나무는 밑동만 남아 있었다.

04 다음 중 띄어쓰기가 적절하지 않은 것을 모두 고르면?

> 최근 들어 I기관은 다양한 분야에서 ⊙ 괄목할만한 성과를 거두고 있다. 그러나 타 기관들이 단순히 이를 벤치마킹한다고 해서 반드시 우수한 성과를 거둘 수 있는 것은 아니다. I기관의 성공 요인은 주어진 정책 과제를 수동적으로 ⓒ 수행하는데 머무르지 않고, 대국민 접점에서 더욱 다양하고 복잡해지고 있는 수요를 빠르게 인지하고 심도 깊게 파악하여 그 개선점을 내놓기 위해 노력하는 일련의 과정을 ⓒ 기관만의 특색으로 바꾸어 낸 것이다.

① ⊙
② ⓒ
③ ⓒ
④ ⊙, ⓒ
⑤ ⊙, ⓒ

05 ① 이번 일은 <u>법대로</u> 해결하자.

② 지난번 <u>약속대로</u> 돈을 돌려줬으면 좋겠어.

③ 그 일은 이미 <u>지나간 대로</u> 그냥 잊어버리자.

④ 네가 <u>아는 대로</u> 전부 말해줘.

⑤ 어제 <u>약속한대로</u> 오늘 함께 운동하자.

06 ① 가방 안에 옷, 신발, <u>화장품 들을</u> 넣었다.

② 모두 <u>쳐다만 볼 뿐</u> 누구 하나 나서는 사람이 없었다.

③ 소득 하위 10%가 소득 상위 <u>10%만큼</u> 벌려면 300배 더 많은 시간을 일해야 한다.

④ 1시간 이내에 불길이 잡힐 <u>듯하다는</u> 소식이 들렸다.

⑤ 영호가 단 <u>한 번만에</u> 시험에 합격했다는 소문이 들렸다.

07 다음은 I기관의 고객헌장 전문이다. 틀린 단어는 모두 몇 개인가?(단, 띄어쓰기는 무시한다)

> 우리는 모든 업무를 수행하면서 고객의 입장에서 생각하며 친절·신속·정확하게 처리하겠습니다. 우리는 잘못된 서비스로 고객에게 불편을 초래한 경우 즉시 계선·시정하고 재발 방지에 노력하겠습니다. 우리는 항상 고객의 말씀에 귀를 기울이며, 고객의 의견을 경영에 최대한 반영하겠습니다. 이와 같은 목표를 달성하기 위하여 구체적인 고객 서비스 이행 표준을 설정하고 이를 성실이 준수할 것을 약속드립니다.

① 1개   ② 2개

③ 3개   ④ 4개

⑤ 5개

08 다음 제시된 단어의 관계와 동일한 것은?

구리 – 전선

① 바람 – 태양열   ② 밀 – 쌀

③ 도토리 – 솔방울   ④ 계란 – 마요네즈

⑤ 동화책 – 문제집

09 다음 빈칸 ㉠~㉢에 들어갈 단어를 순서대로 바르게 나열한 것은?

> • A씨는 작년에 이어 올해에도 사장직을 ___㉠___ 하였다.
> • 수입품에 대한 고율의 관세를 ___㉡___ 할 방침이다.
> • 은행 돈을 빌려 사무실을 ___㉢___ 하였다.

	㉠	㉡	㉢
①	역임	부여	임대
②	역임	부과	임차
③	연임	부과	임차
④	역임	부여	임대
⑤	연임	부과	임대

10 다음 ㉠~㉢ 중 맥락에 맞는 단어를 순서대로 바르게 나열한 것은?

> 음향(音響)은 종종 인물의 생각이나 심리를 극적으로 ㉠ <u>표시(表示) / 제시(提示)</u> 하는 데 활용된다. 화면을 가득 채운 얼굴과 함께 인물의 목소리를 들려주면 인물의 속마음이 효과적으로 표현된다. 인물의 표정은 드러내지 않은 채 심장 소리만을 크게 들려줌으로써 인물의 불안정한 심정을 ㉡ <u>표출(表出) / 표명(表明)</u>하는 예도 있다. 이처럼 음향은 영화의 장면 및 줄거리와 밀접한 관계를 유지하며 주제나 감독의 의도를 ㉢ <u>실현(實現) / 구현(具縣)</u>하는 중요한 요소이다.

	㉠	㉡	㉢			㉠	㉡	㉢
①	제시	표명	실현		②	제시	표출	실현
③	제시	표출	구현		④	표시	표명	구현
⑤	표시	표출	구현					

11 다음 중 밑줄 친 단어와 유사한 단어가 사용된 것은?

> 그때의 기억이 어제의 일인 것처럼 <u>선연하게</u> 떠오른다.

① 차가운 아스팔트 위에 <u>성긴</u> 눈발이 희끗희끗 날리고 있었다.
② 그는 바닷바람이 <u>선선하게</u> 부는 해변을 걸었다.
③ 매일 등하교를 했던 거리는 <u>뚜렷하게</u> 그의 기억 속에 남아 있었다.
④ 들판의 벼는 <u>영글기</u> 시작했다.
⑤ 앞으로 살아갈 길이 <u>막연하다</u>.

12 다음 중 밑줄 친 ㉠~㉤의 쓰임이 옳지 않은 것은?

현행 수입화물의 프로세스는 ㉠ 적하(積荷) 목록 제출, 입항, 하선, 보세운송, 보세구역 반입, 수입신고, 수입신고 수리, ㉡ 반출(搬出)의 절차를 이행하고 있다. 입항 전 수입신고는 5% 내외에 머무르고, 대부분의 수입신고가 보세구역 반입 후에 행해짐에 따라 보세운송 절차와 보세구역 반입 절차가 반드시 ㉢ 인도(引導)되어야 했다. 하지만 새로운 제도가 도입되면 해상화물의 적하 목록 제출 시기가 ㉣ 적재(積載) 24시간 전(근거리 출항 전)으로 앞당겨져 입항 전 수입신고가 일반화될 수 있는 여건이 조성될 것이다. 따라서 수입화물 프로세스가 적하 목록 제출, 수입신고, 수입신고 수리, 입항, 반출의 절차를 거침에 따라 화물반출을 위한 세관 절차가 입항 전에 종료되므로 보세운송, 보세구역 반입이 생략되어 수입화물을 신속하게 ㉤ 화주(貨主)에게 인도할 수 있게 된다.

① ㉠   ② ㉡
③ ㉢   ④ ㉣
⑤ ㉤

13 다음의 밑줄 친 ㉠~㉤ 중 한글 맞춤법에 어긋난 것은?

우리나라를 넘어서 세계적인 겨울 축제로 ㉠ 자리매김한 '화천 산천어 축제'가 올해도 어김없이 첫날부터 ㉡ 북적였다. 축제가 열리는 장소인 강원도 화천군 화천읍 화천천 얼음 벌판은 축제 시작일 이른 아침부터 두둑한 복장으로 중무장한 사람들로 ㉢ 북새통을 이루기 시작했고, 이곳저곳에서 산천어를 낚는 사람들의 환호성이 끊이질 않고 있다. 또 세계적인 축제답게 많은 외국인 관광객들도 잇달아 ㉣ 낚싯대를 늘어뜨리고 있다.
이 축제가 이처럼 전 세계적으로 유명세를 타기 시작한 것은 지난 2009년 미국의 '타임지(誌)'에 축제 사진이 실리면서부터였다. 이후 미국 채널인 'CNN'이 겨울철 7대 ㉤ 불가사이한 축제라며 이 축제를 언급했고, 이후 지금까지 매년 100만 명이 찾는 유명 축제로 그 명성을 계속 유지하고 있다.

① ㉠   ② ㉡
③ ㉢   ④ ㉣
⑤ ㉤

14 다음 중 밑줄 친 단어와 바꿔 사용할 수 있는 것은?

> 최저임금법(最低賃金法) 시행령 제5조 제1항 제2호 및 제3호는 주 단위 또는 월 단위로 지급된 임금에 대해 1주 또는 월의 소정근로시간 수로 나눈 금액을 시간에 대한 임금으로 규정하고 있다. 그러나 최저임금 산정을 위한 소정근로시간 수에 대해 고용노동부와 대법원의 해석이 어긋나 눈길을 끈다. 고용노동부는 소정근로시간에 유급주휴시간을 포함하여 계산하여 통상임금 산정기준 근로시간 수와 동일하게 본 반면, 대법원은 최저임금 산정을 위한 소정근로시간 수에 유급주휴시간을 제외하고 산정하였다.

① 배치되어   ② 도치되어
③ 대두되어   ④ 전도되어
⑤ 발생되어

| 유형분석 |

- 실생활에서 활용되는 한자성어나 속담을 이해할 수 있는지 평가한다.
- 제시된 상황과 일치하는 한자성어 및 속담을 고르거나 한자의 훈음·독음을 맞히는 등 다양한 유형이 출제된다.

다음 상황에 가장 적절한 한자성어는?

> 매일 아침 사과를 먹는 A씨는 어느 날 심한 감기에 걸리게 되었는데, 감기에 걸린 이유가 자신의 건강이 나빠서이며, 건강이 나빠진 이유는 매일 아침에 사과를 먹었기 때문이라고 생각하였다. 이후 A씨는 아침에 사과를 먹으면 심한 감기에 걸릴 수 있다고 사람들에게 주장하기 시작했다.

① 아전인수(我田引水)　　　　　　② 견강부회(牽強附會)
③ 지록위마(指鹿爲馬)　　　　　　④ 맹호복초(猛虎伏草)
⑤ 읍참마속(泣斬馬謖)

정답　②

견강부회(牽強附會)는 '이치에 맞지 않는 말을 억지로 끌어 붙여 자기에게 유리하게 함'을 뜻한다. A씨의 경우 아침에 먹는 사과와 감기의 상관관계가 없음에도 불구하고 이치에 맞지 않는 생각을 억지로 주장하고 있다. 따라서 이러한 A씨의 행동을 표현하기에 가장 적절한 한자성어는 ②이다.

오답분석

① 아전인수(我田引水) : 자기 논에 물 대기라는 뜻으로, 자기에게만 이롭게 되도록 생각하거나 행동함을 이르는 말이다.
③ 지록위마(指鹿爲馬) : 사슴을 가리키며 말이라고 한다는 뜻으로, 윗사람을 농락하여 권세를 마음대로 함을 이르는 말, 또는 모순된 것을 끝까지 우겨서 남을 속이려는 짓을 비유적으로 이르는 말이다.
④ 맹호복초(猛虎伏草) : 사나운 범이 풀숲에 엎드려 있다는 뜻으로, 영웅은 일시적으로 숨어 있어도 때가 되면 세상에 드러나게 마련이라는 말이다.
⑤ 읍참마속(泣斬馬謖) : 눈물을 머금고 마속의 목을 벤다는 뜻으로, 큰 목적을 위하여 자기가 아끼는 사람을 버림을 이르는 말이다. 마속이 명령을 어기어 전투에서 패하자 제갈량이 마속을 처형한 고사에서 유래했다.

풀이 전략!

- 한자성어나 속담 문제의 경우 일정 수준 이상의 사전지식을 요구하므로, 지원 기업 관련 기사 및 이슈를 틈틈이 찾아보며 한자성어나 속담에 대입하는 연습을 하면 효과적으로 대처할 수 있다.
- 문제에 제시된 한자성어의 의미를 파악하기 어렵다면, 먼저 알고 있는 한자가 있는지 확인한 후 글의 문맥과 상황에 대입하며 선택지를 하나씩 소거해 나가는 것이 효율적이다.

01 다음 밑줄 친 관용구와 의미가 가장 유사한 한자성어는?

> 외국 여행이 보편화되고 있다고 하지만 나에게는 그저 '그림의 떡'일 뿐이다.

① 견이불식(見而不食)   ② 적구지병(適口之餠)
③ 양수집병(兩手執餠)   ④ 화룡점정(畫龍點睛)
⑤ 숙호충비(宿虎衝鼻)

02 다음 글과 가장 관련 있는 한자성어는?

> 서로 다른 산업 분야의 기업 간 협업이 그 어느 때보다 절실해진 상황에서 기업은 '협업'과 '소통'을 고민하지 않을 수 없다. 협업과 소통의 중요성은 기업의 경쟁력 강화를 위해 항상 강조되어 왔지만, 한 기업 내에서조차 성공적으로 운영하기가 쉽지 않았다. 그런데 이제는 서로 다른 산업 분야에서 기업 간의 원활한 협업과 소통까지 이뤄내야 하니 기업의 고민은 깊어질 수밖에 없다.
> 협업과 소통의 문화 및 환경을 성공적으로 정착시키는 길은 결코 쉽게 갈 수 없다. 하지만 그 길을 가기 위해 첫걸음을 내디딜 수만 있다면 성공의 절반은 담보할 수 있다. 우선 직원 개인에게 '혼자서 큰일을 할 수 있는 시대는 끝이 났음'을 명확하게 인지시키고, 협업과 소통을 통한 실질적 성공 사례들을 탐구하여 그 가치를 직접 깨닫게 해야 한다.
> 그런 다음에는 협업과 소통을 위한 시스템을 갖추는 데 힘을 쏟아야 한다. 당장 협업 시스템을 전사 차원에서 적용하라는 것은 결코 아니다. 작은 변화를 통해 직원들 간 또는 협력업체 간, 고객들 간의 협업과 소통을 조금이나마 도울 수 있는 노력을 시작하라는 것이다. 동시에 시스템을 십분 활용할 수 있도록 독려하는 노력도 간과하지 말아야 한다.

① 장삼이사(張三李四)   ② 하석상대(下石上臺)
③ 등고자비(登高自卑)   ④ 주야장천(晝夜長川)
⑤ 계명구도(鷄鳴狗盜)

03 다음 문장과 관련된 속담으로 가장 적절한 것은?

> 그 동네에 있는 레스토랑의 음식은 보기와 달리 너무 맛이 없었어.

① 보기 좋은 떡이 먹기도 좋다.   ② 볶은 콩에 싹이 날까?
③ 빛 좋은 개살구   ④ 뚝배기보다 장맛이 좋다.
⑤ 한 어미 자식도 아롱이다롱이

04 다음 속담과 같은 의미의 한자성어는?

소 잃고 외양간 고친다.

① 십벌지목(十伐之木)　　　　　　　② 망우보뢰(亡牛補牢)

③ 견문발검(見蚊拔劍)　　　　　　　④ 조족지혈(鳥足之血)

⑤ 사면초가(四面楚歌)

05 다음 글을 읽고 속담을 활용하여 이해한 내용으로 가장 적절한 것은?

> 핀테크의 등장 이후 예금과 대출뿐만 아니라 투자, 자산 관리, 채무 보증, 파생 거래 등 수많은 금융 서비스가 전통적인 금융회사들로부터 분리를 거듭하자 많은 사람들은 금융회사의 해체 과정에만 주목하고 있다. '은행의 해체'라는 화두가 등장한 것도 이 때문이다. 하지만 전체적인 흐름에서 보면 분절 또는 해체의 과정만 일어나고 있는 것은 아니다.
> 미국의 포털 사이트 N기업의 전임 CEO였던 J가 사업에서 돈을 버는 방법은 통합하는 것(Bundle)과 해체하는 것(Unbundle) 두 가지라고 말한 것처럼 해체와 통합은 상시적으로 필요에 의해 일어난다. 예를 들면 은행으로부터 대출을 떼어 온 P2P 서비스도 대출 이외에 더 많은 서비스를 고객에게 원스톱으로 제공하기 위해 새로운 서비스를 자신의 범주에 통합하려고 노력하고 있다. 지급결제로 홀로서기에 성공한 S기업 등 상당수 핀테크들도 초기 성공을 바탕으로 은행업 면허를 받아 종합 금융 서비스를 제공하려 하고 있다. 즉, 핀테크들이 기존 금융회사보다 세분화된 서비스를 빅데이터와 인공 지능의 도움을 받아 제공하면서 전통 금융회사들의 대안으로 떠올랐지만, 어느 임계점에 들어서 다른 금융 서비스를 추가하면서 종합금융 서비스 기관으로 변신을 추진하고 있다. 이는 새로운 기술로 무장한 다른 핀테크들이 등장할 기회를 제공한다. 이처럼 통합과 해체의 사이클은 끊임없이 계속되는 것이다.
> 전통적인 금융회사들도 자신의 영역을 핀테크에 내주고 있는 것 같지만, 이것 역시 또 다른 통합을 지향하고 있음을 알아야 한다. 즉, 은행들은 오픈 API(Application Programming Interfaces)를 통해 자신의 핵심 경쟁력을 공개하고 있지만, 이는 역으로 자신이 핀테크들의 플랫폼으로 자리 잡을 기회를 확보한 것이다. 결국 보는 관점에 따라 현재 금융시장에서 해체와 통합이 동시다발적으로 일어나고 있다고 볼 수 있다.

① 금융회사들은 핀테크를 '강 건너 불구경하듯' 하는구나.

② 핀테크는 금융업에 있어서 '귀에 걸면 귀걸이 코에 걸면 코걸이'로 볼 수 있겠군.

③ 핀테크에 대한 금융업의 모습을 보니 '우물에 가 숭늉을 찾는 격'이구나.

④ '될성부른 나무는 떡잎부터 알아본다.'더니, 핀테크의 발전은 예상된 것이었어.

⑤ '사공이 많으면 배가 산으로 간다.'던데 앞으로 핀테크의 방향이 걱정되는구나.

※ 다음 글과 가장 관련이 깊은 한자성어를 고르시오. [6~7]

06

> 정책 결정을 주관하는 사람들이 모여 회의를 하고 있다. 이들 중 한 명은 국민 지원금으로 1인당 1억 원을 지급하여 다들 먹고살 수 있게 하면 자영업자의 위기를 해결할 수 있다고 말하고 있고, 다른 한 명은 북한이 자꾸 도발을 하니 지금이라도 기습 공격을 하여 통일을 하면 통일 문제가 해결된다고 하였다. 가만히 듣고 있던 한 명은 일본·중국에 대한 여론이 나쁘니 두 나라와 무역 및 외교를 금지하면 좋지 않겠냐고 하니 회의에 참여한 사람들이 서로 좋은 의견이라고 하면서 회의를 이어가고 있다.

① 토사구팽(兔死狗烹) ② 한우충동(汗牛充棟)
③ 표리부동(表裏不同) ④ 성동격서(聲東擊西)
⑤ 탁상공론(卓上空論)

07

> 사회 초년생인 A씨는 최근 많은 뉴스에서 주식으로 돈을 벌었다는 소식을 많이 듣고 자신도 주식하면 돈을 벌 수 있다는 확신을 가졌다. 아무런 지식도 없지만 남들이 다 샀다는 주식을 산 이후 오르기만을 기다렸다. 하지만 주식가격은 점점 내려갔고, 주변에서도 그 주식은 처분해야 된다는 말을 들었지만 A는 오를 거라 확신하며 기다렸다. 하지만 이후에도 주가는 오르지 않고 계속 내려갔으며, A씨는 그래도 오를 거라 믿으면서 주변의 만류에도 불구하고 그 주식만 쳐다보고 있다.

① 사필귀정(事必歸正) ② 조삼모사(朝三暮四)
③ 수주대토(守株待兔) ④ 새옹지마(塞翁之馬)
⑤ 호사다마(好事多魔)

08 다음 중 빈칸에 들어갈 한자성어로 가장 적절한 것은?

> '_____'은/는 직접 경험하는 것이 중요하다는 것을 강조하는 한자성어로서, 한(漢)나라의 조충국 장군의 일화에서 유래했다고 한다. 강족(羌族)이 한나라에 침입하자 당시 임금이었던 선제(宣帝)는 70세가 넘은 조충국에게 토벌군을 이끌 장군으로 누가 적절할지 자문했고, 이에 조충국은 '노신(老臣)만한 인물(人物)이 없다.'며 스스로를 천거해 토벌군의 지휘관으로 임명되었다. 이후 조충국은 현지를 살핀 후 단번에 무찌르기보다 금성(金城)에 주둔해 차근차근 제압하는 전략을 선제에게 건의했고, 선제의 허락을 받은 후 1년 동안 머무르면서 강족을 완전히 진압했다.

① 백문불여일견(百聞不如一見) ② 계명구폐상문(鷄鳴狗吠相聞)
③ 조문석사(朝聞夕死) ④ 문일지십(聞一知十)
⑤ 난형난제(難兄難弟)

08 문서 작성·수정

| 유형분석 |

- 기본적인 어휘력과 어법에 대한 지식을 필요로 하는 문제이다.
- 글의 내용을 파악하고 문맥을 읽을 줄 알아야 한다.

다음 글에서 밑줄 친 ㉠~㉤의 수정 방안으로 적절하지 않은 것은?

근대화는 전통 사회의 생활양식에 큰 변화를 가져온다. 특히 급속한 근대화로 인해 전통 사회의 해체 과정이 빨라진 만큼 ㉠ 급격한 변화를 일으킨다. 생활양식의 급격한 변화는 전통 사회 문화의 해체 과정이라고 보아도 ㉡ 무던할 정도이다.

전통문화의 해체는 새롭게 변화하는 사회 구조에 대해서 전통적인 문화가 당면하게 되는 적합성(適合性)의 위기에서 초래되는 현상이다. ㉢ 이처럼 근대화 과정에서 외래문화와 전통문화는 숱하게 갈등을 겪었다. ㉣ 오랫동안 생활양식으로 유지되었던 전통 사회의 문화가 사회 구조 변화의 속도에 맞먹을 정도로 신속하게 변화할 수는 없다.

㉤ 그러나 문화적 전통을 확립한다는 것은 과거의 전통문화가 고유성을 유지하면서도 현재의 변화된 사회에 적합성을 가지는 것이라 할 수 있다.

① ㉠ : 필요한 문장 성분이 생략되었으므로 '급격한' 앞에 '문화도'를 추가한다.

② ㉡ : 문맥에 어울리지 않으므로 '무방할'로 고친다.

③ ㉢ : 글의 흐름에 어긋나는 내용이므로 삭제한다.

④ ㉣ : 띄어쓰기가 올바르지 않으므로 '오랫 동안'으로 고친다.

⑤ ㉤ : 앞 문장과의 관계를 고려하여 '따라서'로 고친다.

정답 ④

'오랫동안'은 부사 '오래'와 명사 '동안'이 결합하면서 사이시옷이 들어간 합성어이다. 따라서 한 단어이므로 붙여 써야 한다.

풀이 전략!

문장에서 주어와 서술어의 호응 관계가 적절한지 주어와 서술어를 찾아 확인해 보는 연습을 하며, 문서 작성의 원칙과 주의사항은 미리 알아 두는 것이 좋다.

01 다음 중 ㉠ ~ ㉤의 수정 방안으로 가장 적절한 것은?

최근 사물인터넷에 대한 사람들의 관심이 부쩍 늘고 있는 추세이다. 사물인터넷은 '인터넷을 기반으로 모든 사물을 연결하여 사람과 사물, 사물과 사물 간에 정보를 상호 소통하는 지능형 기술 및 서비스'를 말한다.

㉠ 통계에 따르면 사물인터넷은 전 세계적으로 민간 부문 14조 4,000억 달러, 공공 부문 4조 6,000억 달러에 달하는 경제적 가치를 창출할 것으로 ㉡ 예상되며 그 가치는 더욱 커질 것으로 기대된다. 그래서 사물인터넷 사업은 국가 경쟁력을 확보할 수 있는 미래 산업으로서 그 중요성이 강조되고 있으며, 이에 선진국들은 에너지, 교통, 의료, 안전 등 다양한 분야에 걸쳐 투자를 하고 있다. 그러나 우리나라는 정부 차원의 경제적 지원이 부족하여 사물인터넷 산업이 활성화되는 데 어려움이 있다. 또한 국내의 기업들은 사물인터넷 시장의 불확실성 때문에 적극적으로 투자에 나서지 못하고 있으며, 사물인터넷 관련 기술을 확보하지 못하고 있는 실정이다. ㉢ 그 결과 우리나라의 사물인터넷 시장은 선진국에 비해 확대되지 못하고 있다.

그렇다면 국내 사물인터넷 산업을 활성화하기 위한 방안은 무엇일까? 우선 정부에서는 사물인터넷 산업의 기반을 구축하는 데 필요한 정책과 제도를 정비하고, 관련 기업에 경제적 지원책을 마련해야 한다. 또한 수익성이 불투명하다고 느끼는 기업으로 하여금 투자를 하도록 유도하여 사물인터넷 산업이 발전할 수 있도록 해야 한다. 그리고 기업들은 이동 통신 기술 및 차세대 빅데이터 기술 개발에 집중하여 사물인터넷으로 인해 발생하는 대용량의 데이터를 원활하게 수집하고 분석할 수 있는 기술력을 ㉣ 확증해야 할 것이다.

㉤ 사물인터넷은 세상을 연결하여 소통하게 하는 끈이다. 이러한 사물인터넷은 우리에게 편리한 삶을 약속할 뿐만 아니라 경제적 가치를 창출할 미래 산업으로 자리매김할 것이다.

① ㉠ : 서로 다른 내용을 다루고 있는 부분이 있으므로 문단을 두 개로 나눈다.

② ㉡ : 불필요한 피동 표현에 해당하므로 '예상하며'로 수정한다.

③ ㉢ : 앞 문장의 결과라기보다는 원인이므로 '그 이유는 우리나라의 사물인터넷 시장은 선진국에 비해 확대되지 못하고 있기 때문이다.'로 수정한다.

④ ㉣ : 문맥상 어울리지 않는 단어이므로 '확인'으로 바꾼다.

⑤ ㉤ : 글과 상관없는 내용이므로 삭제한다.

※ 다음 글에서 밑줄 친 ㉠ ~ ㉤의 수정 방안으로 적절하지 않은 것을 고르시오. [2~11]

02

'오투오(O2O; Online to Off-line) 서비스'는 모바일 기기를 통해 소비자와 사업자를 유기적으로 이어주는 서비스를 말한다. 어디에서든 실시간으로 서비스가 가능하다는 편리함 때문에 최근 오투오 서비스의 이용자가 증가하고 있다. 스마트폰에 설치된 앱으로 택시를 부르거나 배달 음식을 주문하는 것 등이 대표적인 예이다.

오투오 서비스 운영 업체는 스마트폰에 설치된 앱을 매개로 소비자와 사업자에게 필요한 서비스를 ㉠ 제공받고 있다. 이를 통해 소비자는 시간이나 비용을 절약할 수 있게 되었고, 사업자는 홍보 및 유통 비용을 줄일 수 있게 되었다. 이처럼 소비자와 사업자 모두에게 경제적으로 유리한 환경이 조성되어 서비스 이용자가 ㉡ 증가함으로써, 오투오 서비스 운영 업체도 많은 수익을 낼 수 있게 되었다.

㉢ 게다가 오투오 서비스 시장이 성장하면서 여러 문제들이 발생하고 있다. ㉣ 또한 오투오 서비스 운영 업체의 경우에는 오프라인으로 유사한 서비스를 제공하는 기존 업체와의 갈등이 발생하고 있다. 소비자의 경우 신뢰성이 떨어지는 정보나 기대에 부응하지 못하는 서비스를 제공받는 사례가 늘어나고 있고, 사업자의 경우 관련 법규가 미비하여 수수료 문제로 오투오 서비스 운영 업체와 마찰이 생기는 사례도 증가하고 있다.

이를 해결하기 위해 소비자는 오투오 서비스에서 제공한 정보가 믿을 만한 것인지를 ㉤ 꼼꼼이 따져 합리적으로 소비하는 태도가 필요하고, 사업자는 수수료와 관련된 오투오 서비스 운영 업체와의 마찰을 해결하기 위한 다양한 방법을 강구해야 한다. 오투오 서비스 운영 업체 역시 기존 업체들과의 갈등을 조정하기 위한 구체적인 노력들이 필요하다.

스마트폰 사용자가 늘어나고 있는 추세를 고려할 때, 오투오 서비스 산업의 성장을 저해하는 문제점들을 해결해 나가면 앞으로 오투오 서비스 시장 규모는 더 커질 것으로 예상된다.

① ㉠ : 문맥을 고려하여 '제공하고'로 고친다.
② ㉡ : 격조사의 쓰임이 적절하지 않으므로 '증가함으로서'로 고친다.
③ ㉢ : 앞 문단과의 내용을 고려하여 '하지만'으로 고친다.
④ ㉣ : 글의 흐름을 고려하여 뒤의 문장과 위치를 바꾼다.
⑤ ㉤ : 맞춤법에 어긋나므로 '꼼꼼히'로 고친다.

03

동양의 산수화에는 자연의 다양한 모습을 대하는 화가의 개성 혹은 태도가 ㉠ <u>드러나</u> 있는데, 이를 표현하는 기법 중의 하나가 준법이다. 준법(皴法)이란 점과 선의 특성을 활용하여 산, 바위, 토파(土坡) 등의 입체감, 양감, 질감, 명암 등을 나타내는 기법으로, 산수화 중 특히 수묵화에서 발달하였다. 수묵화는 선의 예술이다. 수묵화에서는 먹(墨)만을 사용하기 때문에 대상의 다양한 모습이나 질감을 ㉡ <u>표현하는데</u> 한계가 있다. ㉢ <u>거친 선, 부드러운 선, 곧은 선, 꺾은 선 등 다양한 선을 활용하여 대상에 대한 느낌, 분위기를 표현한다.</u> 이 과정에서 선들이 지닌 특성과 효과 등이 점차 유형화되어 발전된 것이 준법이다.

준법 가운데 보편적으로 쓰이는 것에는 피마준, 수직준, 절대준, 미점준 등이 있다. 일정한 방향과 간격으로 선을 여러 개 그어 산의 등선을 표현하여 부드럽고 차분한 느낌을 주는 것이 피마준이다. 반면 수직준은 선을 위에서 아래로 죽죽 내려 그어 강하고 힘찬 느낌을 주어 뾰족한 바위산을 표현할 때 주로 사용한다. 절대준은 수평으로 선을 긋다가 수직으로 꺾어 내리는 것을 반복하여 마치 'ㄱ'자 모양이 겹쳐진 듯 표현한 것이다. 이는 주로 모나고 거친 느낌을 주는 지층이나 바위산을 표현할 때 쓰인다. 미점준은 쌀알 같은 타원형의 작은 점을 연속적으로 ㉣ <u>찍혀</u> 주로 비 온 뒤의 습한 느낌이나 수풀을 표현할 때 사용한다.

㉤ <u>준법은 화가가 자연에 대해 인식하고 표현하는 수단이다.</u> 화가는 준법을 통해 단순히 대상의 외양뿐만 아니라 대상에 대한 자신의 느낌, 인식의 깊이까지 화폭에 그려내는 것이다.

① ㉠ : 문맥의 흐름을 고려하여 '들어나'로 고친다.
② ㉡ : 띄어쓰기가 올바르지 않으므로 '표현하는 데'로 고친다.
③ ㉢ : 문장을 자연스럽게 연결하기 위해 문장 앞에 '그래서'를 추가한다.
④ ㉣ : 목적어와 서술어의 호응 관계를 고려하여 '찍어'로 고친다.
⑤ ㉤ : 필요한 문장 성분이 생략되었으므로 '표현하는' 앞에 '인식의 결과를'을 추가한다.

04

우리 사회에 사형 제도에 대한 ㉠ <u>해 묵은</u> 논쟁이 다시 일고 있다. 그러나 지금까지 여론 조사 결과를 보면, 우리 국민의 70% 정도는 사형 제도가 범죄를 예방할 수 있다고 생각한다. 그러나 과연 그 믿음대로 사형 제도는 정의를 실현하는 제도일까? 세계에서 사형을 가장 많이 집행하는 미국에서는 연간 ㉡ <u>10만건</u> 이상의 살인이 벌어지고 있으며 ㉢ <u>좀처럼</u> 줄어들지 않고 있다. 또한 2006년 미국의 ㉣ <u>범죄율</u>을 비교한 결과 사형 제도를 폐지한 주가 유지하고 있는 주보다 오히려 낮았다. 이는 사형 제도가 범죄 예방 효과가 있을 것이라는 생각이 근거 없는 ㉤ <u>기대일뿐임</u>을 말해 준다. 또한 사형 제도는 인간에 대한 너무도 잔인한 제도이다. 사람들은 일부 국가에서 행해지는 돌팔매 처형의 잔인성에는 공감하면서도, 어째서 독극물 주입이나 전기의자 등은 괜찮다고 여기는 것인가? 사람을 죽이는 것에는 좋고 나쁜 방법이 있을 수 없으며 둘의 본질은 같다.

① ㉠ : 한 단어이므로 '해묵은'으로 수정해야 한다.
② ㉡ : '건'은 의존 명사이므로 '10만 건'으로 띄어 써야 한다.
③ ㉢ : 문맥상 같은 의미인 '좀체'로 바꾸어 쓸 수 있다.
④ ㉣ : 한글 맞춤법에 따라 '범죄률'로 수정해야 한다.
⑤ ㉤ : '뿐'은 용언의 관형사형 뒤에 붙은 의존 명사이므로 '기대일 뿐임을'로 띄어 써야 한다.

05

되새김 동물인 무스(Moose)의 경우, 위에서 음식물이 잘 소화되게 하려면 움직여서는 ㉠ 안된다. 무스의 위는 네 개의 방으로 ㉡ 나누어져 있는데, 위에서 나뭇잎, 풀줄기, 잡초 같은 섬유질이 많은 먹이를 소화하려면 꼼짝 않고 ㉢ 한 곳에 가만히 있어야 하는 것이다. 한편, 미국 남서부의 사막 지대에 사는 갈퀴발도마뱀은 모래 위로 눈만 빼꼼 내놓고 몇 ㉣ 시간동안이나 움직이지 않는다. 그 렇게 있으면 따뜻한 모래가 도마뱀의 기운을 ㉤ 복돋아 준다. 곤충이 지나가면 도마뱀이 모래에서 나가 잡아먹을 수 있도록 에너지를 충전해 주는 것이다.

① ㉠ : '되다'의 부정 표현이므로 '안 된다'로 수정해야 한다.
② ㉡ : 잘못된 표기이므로 '나뉘어져'로 수정해야 한다.
③ ㉢ : '일정한 곳'을 의미하는 한 단어이므로 '한곳'으로 붙여 써야 한다.
④ ㉣ : '동안'은 시간의 길이를 의미하는 명사이므로 '시간 동안이나'로 띄어 써야 한다.
⑤ ㉤ : 잘못된 표기이므로 '북돋아'로 수정해야 한다.

06

조직 문화란 조직 구성원들이 공유하는 가치체계, 신념체계, 사고방식의 복합체를 말한다. ㉠ 그러 나 조직 문화는 조직 구성원들에게 정체성과 집단적 몰입(Collective Commitment)을 가져오며, 조직체계의 안정성과 조직 구성원들의 행동을 형성하는 기능을 ㉡ 수행할 것이다.
따라서 어느 조직 사회에서나 조직 구성원들에게 소속감을 부여하고 화합을 도모하여 조직 생활의 활성화를 ㉢ 기하므로 여러 가지 행사를 마련하게 되는데, 예컨대 본래의 업무 외에 회식, 야유회 (MT), 체육대회, 문화행사 등의 진행이 그것이다.
개인이 규범, 가치, 습관, 태도 등에서 ㉣ 공통점이 느껴지고 동지 의식을 가지며 애착, 충성의 태도 로 임하는 집단을 내집단(In-group)이라고 한다. 가족, 친구, 국가, 민족 등이 이에 해당한다. 반면 에 타인, 타국 등 다른 문화를 가진 집단을 외집단(Out-group)이라고 부른다. 조직 구성원 간의 단합을 ㉤ 도모함으로써 조직의 정체성과 집단적 몰입을 꾀하는 조직 문화는 곧 조직의 내집단 의식 고취를 목적으로 한다고 할 수 있다.

① ㉠ : 문맥을 고려하여 '그리하여'로 수정한다.
② ㉡ : 미래·추측의 의미가 아니므로 '수행한다'로 수정한다.
③ ㉢ : 문맥을 고려하여 '기하기 위해'로 수정한다.
④ ㉣ : 문장 중간에 동작 표현이 바뀌어 어색하므로 '공통점을 느끼고'로 수정한다.
⑤ ㉤ : 문장의 부사어로 사용되고 있으므로 '도모함으로서'로 수정한다.

07

요즘은 안심하고 야외 활동을 즐기기가 어려워졌다. 초미세먼지로 인한 우리나라의 대기 오염이 부쩍 ㉠ <u>심각해졌다</u>. 공기의 질은 우리 삶의 질과 직결되어 있다. 그렇기 때문에 초미세먼지가 어떤 것이며 얼마나 위험한지를 알아야 한다. 또한 초미세먼지에 대응하는 방안을 알고 생활 속에서 그 방안을 실천할 수 있어야 한다.

초미세먼지란 입자의 크기가 매우 작은 먼지를 말한다. 입자가 큰 일반적인 먼지는 코나 기관지에서 걸러지지만, 초미세먼지는 걸러지지 않는다. 그래서 초미세먼지가 인체에 미치는 유해성이 매우 크다. ㉡ <u>초미세먼지는 호흡기의 가장 깊은 곳까지 침투해 혈관으로 들어간다.</u>

우리나라의 초미세먼지는 중국에서 ㉢ <u>날라온</u> 것들도 있지만 국내에서 발생한 것들도 많다. 화석 연료를 사용해 배출된 공장 매연이 초미세먼지의 주요한 국내 발생원이다. 현재 정부에서는 매연을 통한 오염 물질의 배출 총량을 규제하고 대체 에너지원 개발을 장려하는 등 초미세먼지를 줄이기 위한 노력을 하고 있다. 초미세먼지를 줄이기 위해서는 우리의 노력도 필요하다. 과도한 난방을 자제하고, ㉣ <u>주·정차시</u> 불필요하게 자동차 시동을 걸어 놓는 공회전을 줄이기 위한 캠페인 활동에 참여하는 것 등이 우리가 할 수 있는 일이다.

생활 속에서 초미세먼지에 적절히 대응하기 위해서는 매일 알려 주는 초미세먼지에 대한 기상 예보를 확인하는 것을 습관화해야 한다. 특히 초미세먼지가 나쁨 단계 이상일 때는 외출을 삼가고 부득이 외출할 때는 특수 마스크를 착용해야 한다. ㉤ <u>그리고</u> 초미세먼지로부터 우리 몸을 보호하기 위해 물을 충분히 마시고, 항산화 식품을 자주 섭취하는 것이 좋다. 항산화 식품으로는 과일과 채소가 대표적이다. 자신의 건강도 지키고 깨끗한 공기도 만들기 위한 실천을 시작해 보자.

① ㉠ : 호응 관계를 고려하여 '심각해졌기 때문이다'로 고친다.
② ㉡ : 문장의 연결 관계를 고려하여 앞의 문장과 위치를 바꾼다.
③ ㉢ : 맞춤법에 어긋나므로 '날아온'으로 고친다.
④ ㉣ : 띄어쓰기가 올바르지 않으므로 '주·정차 시'로 고친다.
⑤ ㉤ : 앞 문장과의 관계를 고려하여 '그러므로'로 고친다.

08

그쪽에서 물건 하나를 ㉠ <u>맞아</u> 주었으면 해요. 그건 우리 할머니의 ㉡ <u>유품이예요</u>. 저는 할머니의 ㉢ <u>유언</u>에 따라 당신에게 그것을 전해야 할 책임을 느껴요. 할머니께서는 본인의 생각을 저에게 누차 말씀하신 바 있기 때문이죠. 부디 당신이 할머니가 품었던 호의를 거절하지 않기를 ㉣ <u>바래요</u>. 아시다시피 할머니는 결코 말씀이 많으신 분은 아니었지요. 당신께서 생전에 표현하지 못했던 심정이 거기에 절실히 아로새겨져 있을 ㉤ <u>거예요</u>.

① ㉠ : 문맥상 적절한 단어인 '맡아'로 수정해야 한다.
② ㉡ : 잘못된 표기이므로 '유품이에요'로 수정해야 한다.
③ ㉢ : '유언'은 문맥상 비슷한 단어인 '유지(遺志)'로 바꾸어 쓸 수 있다.
④ ㉣ : 기본형은 '바라다'이므로 '바라요'로 수정해야 한다.
⑤ ㉤ : 의존명사 '것'에 '-에요'가 결합한 것이므로 '거에요'로 수정해야 한다.

09

선진국과 ⊙ 제3세계간의 빈부 양극화 문제를 해결하기 위해 등장했던 적정기술은 시대적 요구에 부응하면서 다양한 모습으로 발전하여 올해로 탄생 50주년을 맞았다. 이를 기념하기 위해 우리나라에서도 각종 행사가 열리고 있다. ⓒ 게다가 적정기술의 진정한 의미가 무엇인지, 왜 그것이 필요한지에 대한 인식은 아직 부족한 것이 현실이다.

그렇다면 적정기술이란 무엇인가? 적정기술은 '현지에서 구할 수 있는 재료를 이용해 도구를 직접 만들어 삶의 질을 향상시키는 기술'을 뜻한다. 기술의 독점과 집적으로 인해 개인의 접근이 어려운 첨단기술과 ⓒ 같이 적정기술은 누구나 쉽게 배우고 익혀 활용할 수 있다. 이런 이유로 소비 중심의 현대사회에서 적정기술은 자신의 삶에 필요한 것을 직접 생산하는 자립적인 삶의 방식을 유도한다는 점에서 시사하는 바가 크다.

적정기술이 우리나라에 도입된 것은 2000년대 중반부터이다. 당시 일어난 귀농 열풍과 환경문제에 대한 관심 등 다양한 사회·문화적 맥락 속에서 적정기술에 대한 고민이 싹트기 시작했다. 특히 귀농인들을 중심으로 농촌의 에너지 문제를 해결하기 위한 다양한 방법이 시도되면서 국내에서 활용되는 적정기술은 난방 에너지 문제에 ② 초점이 모아져 있다. 에너지 자립형 주택, 태양열 온풍기·온수기, 생태 단열 등이 좋은 예이다.

우리나라의 적정기술이 에너지 문제에 집중된 이유는 시대적 상황 때문이다. 우리나라는 전력수요 1억킬로와트 시대 진입을 눈앞에 두고 있는 세계 10위권의 에너지 소비 대국이다. 게다가 에너지 소비량이 늘어나면서 2011년 이후 매년 대규모 정전 사태의 위험성을 경고하는 목소리가 커지고 있다. 이런 상황에서 에너지를 직접 생산하여 삶의 자립성을 추구하는 적정기술은 환경오염과 대형 재난의 위기를 극복하는 하나의 대안이 될 수 있다. 이뿐만 아니라 기술의 공유를 목적으로 하는 새로운 공동체 문화 형성에도 기여하기 때문에 ⑩ 그 어느 때만큼 적정기술의 발전 방향에 대한 진지한 논의가 필요하다.

① ⊙ : 띄어쓰기가 올바르지 않으므로 '제3세계 간의'로 고친다.
② ⓒ : 앞 문장과의 내용을 고려하여 '하지만'으로 고친다.
③ ⓒ : 문맥에 어울리지 않으므로 '달리'로 고친다.
④ ② : 맞춤법에 어긋나므로 '촛점'으로 고친다.
⑤ ⑩ : 문맥의 흐름을 고려하여 '그 어느 때보다'로 수정한다.

10

교열을 '남이 써 놓은 글의 오자와 탈자를 바로잡는 작업' 쯤으로 생각하는 사람이 많다. ㉠ 즉, 교열은 독자들이 쉽게 이해할 수 있도록 눈높이에 맞게 문장을 다듬는 것이다. 아울러 글쓴이가 잘못 알고 있는 지식도 바르게 수정하며 글쓴이 특유의 어조를 지켜줘야 하고 언어적 습관도 유지해줘야 한다. 이처럼 교열은 폭넓은 상식과 풍부한 언어적 지식으로 '업무'를 처리해야 하는 ㉡ <u>단순한</u> 과정이다.

교열자에게 가장 필요한 자질은 첫째, 폭넓은 우리말 지식이다. 그것은 기본 중의 기본이다. 둘째, 인문, 과학, 기술, 문화 등에 대한 풍부한 상식이다. 인터넷에도 숱한 거짓 정보가 떠다닌다. 예를 들어 '달에서 볼 수 있는 지구의 유일한 인공 구조물은?'이라는 질문에 많은 사람들이 '만리장성'이라고 답한다. 그러나 실제로 달에서 ㉢ <u>맨 눈</u>으로 볼 수 있는 지구의 인공 구조물은 없다. 이처럼 교열자는 자기만의 다양한 거름 장치로 이러한 ㉣ <u>잘못된 오류들</u>을 찾아내 바로잡아 주어야 한다. 셋째, 글쓰기 실력 역시 빼놓을 수 없는 교열자의 자질이다. 교열자의 능력은 글쓴이의 거친 문장, 잔뜩 꼬인 문장을 부드럽고 매끈하게 다듬을 때 빛난다. 그런 일을 하기 위해서는 교열자 스스로가 글을 쓰는 요령을 알고 있어야 한다. 작문 실력이 없으면 거친 문장과 꼬인 문장을 알기 힘들고, 이를 다듬기는 더욱 힘들다.

교열은 힘들고 지겨운 과정이다. 하지만 ㉤ <u>출간된 책을 접하게 되면 삶의 보람을 느끼게 된다.</u>

① ㉠ : 앞 문장과의 관계를 고려하여 '그러나'로 고친다.

② ㉡ : 문맥에 어울리지 않으므로 '복잡한'으로 고친다.

③ ㉢ : 띄어쓰기가 올바르지 않으므로 '맨눈'으로 고친다.

④ ㉣ : 의미가 중복되므로 '잘못된'을 삭제한다.

⑤ ㉤ : 필요한 문장 성분이 생략되었으므로 앞에 '독자는'을 추가한다.

11

A공사는 집을 팔지 않으면서도 일정 수입을 확보할 수 있는 집주인 임대주택 사업을 진행하고 있다. 집주인이 살고 있거나 임대사업을 목적으로 매입한 주택을 ㉠ <u>A공사가</u> 준공공임대주택의 형태로 관리를 위탁하는 것이다. 이 경우 국민주택기금에서 수도권 기준 1호당 최고 1억 원의 금액을 연 1.5%의 저금리로 최장 20년간 대출받을 수 있다. 물론 시세의 85 ~ 90% 이하로 임대료를 낮춰야 하고, 최소 8년간 A공사에 임대를 위탁해야 하는 등의 조건이 따르긴 하지만 공신력 있는 공공기관에서 일정 임대수익을 보장해주고 공실 리스크까지 ㉡ <u>부담한다는</u> 것은 적지 않은 메리트임이 분명하다. 더욱이 집값 상승에 따른 자본 이득까지 기대할 수 있으니 굉장히 인기가 높을 것으로 기대를 모았다.

㉢ <u>그러므로</u> 막상 뚜껑을 열어보니 기대와 사뭇 다른 결과가 나타났다. 한 해 사업 실적이 목표인 2천 호에 한참 못 미치는 622호에 그치고 만 것이다. 모집 대상을 이미 임대사업이 성공리에 잘 되고 있을 개연성이 높은 신축 다가구주택 등으로 한정했던 것이다.

㉣ <u>흥행 저조의 가장 큰 원인은 바로 사업 신청 요건에 있었다.</u> 정책 설계의 타당성에 대한 비판의 목소리도 있다. ㉤ <u>집주인 임대주택사업이 주로 단독, 다가구 주택을 대상으로 하는 프로그램이라면 중대형 아파트를 대상으로 하는 집 쪼개기 사업도 일각에서 추진되고 있다.</u> 공공임대주택 공급 확대라는 취지는 수긍해도 이미 상당한 수준의 자산을 보유하고 노후 대책까지 마련된 사람들에게까지 공공기관이 임대관리 서비스를 제공할 필요가 있냐는 것이다.

① ㉠ : 문맥을 고려하여 'A공사에'로 수정한다.
② ㉡ : 앞뒤 내용의 관계를 고려하여 '회피한다는'으로 수정한다.
③ ㉢ : 문맥을 고려하여 '그러나'로 수정한다.
④ ㉣ : 문장의 연결 관계를 고려하여 앞의 문장과 위치를 바꾼다.
⑤ ㉤ : 글의 전개상 불필요한 내용이므로 삭제한다.

12 다음 글에서 ㉠ ~ ㉤을 우리말 어법에 맞고 뜻이 분명하게 드러나도록 순화하려고 할 때 적절하게 고치지 못한 것은?

A공사는 본사에서 국내 120여 개 대기업 및 중소기업 관련 임직원들이 참석한 가운데 에너지 4차 산업혁명 대토론회를 개최했다. 대토론회는 에너지 4차 산업혁명 공동 대응 전략 수립을 위한 산업계의 다양한 의견 수렴과 열린 토론의 장(場) 마련을 통해 개방형 ㉠ 비즈니스(Business) 생태계 조성을 목적으로 개최되었으며, 전력분야 및 비(非)전력 분야 전문가가 다수 참여하여 특별 강연과 분야별 주제 발표 및 패널 토론 순서로 약 3시간가량 진행되었다.

A공사의 B사장은 개회사에서 "본사는 디지털 선도 기업으로 진화하기 위해 4차 산업혁명 9대 전략 과제에 2030년까지 8,000억 원을 투자하는 등 전력 에너지가 융합하고 연결되는 중심 역할을 주도하여 새로운 ㉡ 패러다임(Paradigm)을 선도할 것"이라고 밝히고 "국가 에너지산업 성장을 이끌어 갈 4차 산업 비즈니스 생태계를 구축하는 데 더 많은 기업이 적극적으로 동참해줄 것을 희망"한다고 강조했다.

특별 강연에서 K대학 C교수는 "4차 산업혁명과 에너지 생태계"라는 주제 발표를 통해 4차 산업혁명 시대에 산업 분야 간에 협력과 경쟁을 통해 미래 지식 생태계에서 생존할 수 있는 전략을 제시하였다. 이어진 에너지 4차 산업 비즈니스 생태계 공생 및 발전 방향이라는 주제로 진행된 패널 토론에서 A공사 G본부장, C텔레콤 P본부장 등 전문가 8명이 열띤 토론을 ㉢ 벌였으며, 청중과 질의응답을 통해 다양한 의견을 교환하는 등 4차 산업혁명에 대한 높은 관심을 보였다.

특히 이날 대토론회에서는 전력 시스템의 파괴적 혁신, 7대 핵심 기술 선점, 융·복합 비즈 모델 개발 등 9개 전략 과제를 통해 에너지 산업 생태계 상생(相生) 발전 및 에너지 분야의 다양한 서비스 ㉣ 플랫폼(Platform) 회사로의 대전환을 위해 A공사가 추진하고 있는 '디지털 선도 4.0 Project'를 전시하여 ㉤ 참가자들이 많은 관심을 보였다.

① ㉠ : 비즈니스(Business) 생태계 → 사업 환경
② ㉡ : 패러다임(Paradigm)을 → 인식 체계로의 변화를
③ ㉢ : 벌였으며 → 벌렸으며
④ ㉣ : 플랫폼(Platform) → 기반을 제공하는
⑤ ㉤ : 참가자들이 많은 관심을 보였다 → 참가자들의 많은 관심을 끌었다

조직이해능력은 업무를 원활하게 수행하기 위해 조직의 체제와 경영을 이해하고 국제적인 추세를 이해하는 능력이다. 현재 많은 공사·공단에서 출제 비중을 높이고 있는 영역이기 때문에 미리 대비하는 것이 중요하다. 실제 업무 능력에서 조직이해능력을 요구하기 때문에 중요도는 점점 높아질 것이다.

세부 유형은 조직 체제 이해, 경영 이해, 업무 이해, 국제 감각으로 나눌 수 있다. 조직도를 제시하는 문제가 출제되거나 조직의 체계를 파악해 경영의 방향성을 예측하고, 업무의 우선순위를 파악하는 문제가 출제된다.

01 문제 속에 정답이 있다!

경력이 없는 경우 조직에 대한 이해가 낮을 수밖에 없다. 그러나 문제 자체가 실무적인 내용을 담고 있어도 문제 안에는 해결의 단서가 주어진다. 부담을 갖지 않고 접근하는 것이 중요하다.

02 경영·경제학원론 정도의 수준은 갖추도록 하라!

지원한 직군마다 차이는 있을 수 있으나, 경영·경제이론을 접목시킨 문제가 꾸준히 출제되고 있다. 따라서 기본적인 경영·경제이론을 익혀 둘 필요가 있다.

03 지원하는 공사·공단의 조직도를 파악하라!

출제되는 문제는 각 공사·공단의 세부 내용일 경우가 많기 때문에 지원하는 공사·공단의 조직도를 파악해 두어야 한다. 조직이 운영되는 방법과 전략을 이해하고, 조직을 구성하는 체제를 파악하고 간다면 조직이해능력에서 조직도가 나올 때 단시간에 문제를 풀 수 있을 것이다.

04 실제 업무에서도 요구되므로 이론을 익히라!

각 공사·공단의 직무 특성상 일부 영역에 중요도가 가중되는 경우가 있어서 많은 취업준비생들이 일부 영역에만 집중하지만, 실제 업무 능력에서 직업기초능력 10개 영역이 골고루 요구되는 경우가 많고, 현재는 필기시험에서도 조직이해능력을 출제하는 기관의 비중이 늘어나고 있기 때문에 미리 이론을 익혀 둔다면 모듈형 문제에서 고득점을 노릴 수 있다.

01 경영 전략

| 유형분석 |

- 경영 전략에서 대표적으로 출제되는 문제는 마이클 포터(Michael Porter)의 본원적 경쟁전략이다.
- 경쟁 전략의 기본적인 이해와 구조를 물어보는 문제가 자주 출제되므로 전략별 특징 및 개념에 대한 이론 학습이 요구된다.

다음 〈보기〉 중 경영의 4요소에 대한 설명으로 옳은 것을 모두 고르면?

보기

ㄱ. 조직의 목적을 달성하기 위해 경영자가 수립하는 것으로 더욱 구체적인 방법과 과정이 담겨 있다.

ㄴ. 조직에서 일하는 구성원으로 경영은 이들의 직무수행에 기초하여 이루어지기 때문에 이것의 배치 및 활용이 중요하다.

ㄷ. 생산자가 상품 또는 서비스를 소비자에게 유통하는 데 관련된 모든 체계적 경영 활동이다.

ㄹ. 특정의 경제적 실체에 관하여 이해관계를 이루는 사람들에게 합리적인 경제적 의사결정을 하는 데 유용한 재무적 정보를 제공하기 위한 일련의 과정 또는 체계이다.

ㅁ. 경영하는 데 사용할 수 있는 돈으로 이것이 충분히 확보되는 정도에 따라 경영의 방향과 범위가 정해진다.

ㅂ. 조직이 변화하는 환경에 적응하기 위하여 경영활동을 체계화하는 것으로, 목표달성을 위한 수단이다.

① ㄱ, ㄴ, ㄷ, ㄹ　　　　　　② ㄱ, ㄴ, ㅁ, ㅂ

③ ㄴ, ㄷ, ㅁ, ㅂ　　　　　　④ ㄴ, ㄹ, ㅁ, ㅂ

⑤ ㄷ, ㄹ, ㅁ, ㅂ

정답 ②

경영은 경영목적, 인적자원, 자금, 전략의 4요소로 구성된다.

ㄱ. 경영목적에 대한 설명이다.

ㄴ. 인적자원에 대한 설명이다.

ㅁ. 자금에 대한 설명이다.

ㅂ. 전략에 대한 설명이다.

오답분석

ㄷ. 마케팅에 대한 설명이다.

ㄹ. 회계에 대한 설명이다.

풀이 전략!

대부분의 기업들은 마이클 포터의 본원적 경쟁전략을 사용하고 있다. 각 전략에 해당하는 대표적인 기업을 연결하고, 그들의 경영 전략을 상기하며 문제를 풀어보도록 한다.

01 다음은 경영 전략 추진 과정에 대한 자료이다. (가)에 대한 사례 중 그 성격이 다른 것은?

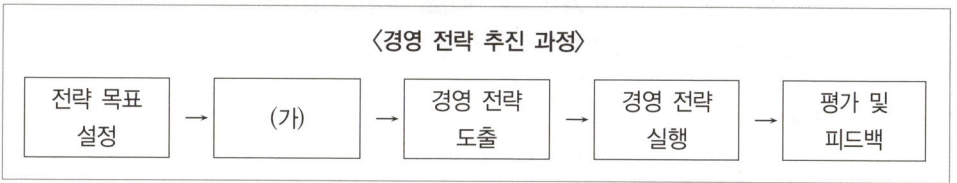

〈경영 전략 추진 과정〉

전략 목표 설정 → (가) → 경영 전략 도출 → 경영 전략 실행 → 평가 및 피드백

① 제품 개발을 위해 우리가 가진 예산의 현황을 파악해야 해.
② 우리 제품의 시장 개척을 위해 법적으로 문제가 없는지 확인해 봐야겠군.
③ 우리가 공급받고 있는 원재료들의 원가를 확인해 보자.
④ 신제품 출시를 위해 경쟁사들의 동향을 파악해 봐야겠어.
⑤ 이번에 발표된 정책으로 우리 제품이 어떠한 영향을 받을 수 있는지 확인해 볼 필요가 있어.

02 다음 중 경영의 가장 대표적인 구성요소인 4요소로 옳은 것은?

① 경영목적, 인적자원, 자금, 마케팅
② 자금, 전략, 마케팅, 회계
③ 인적자원, 마케팅, 회계, 자금
④ 경영목적, 인적자원, 자금, 전략
⑤ 마케팅, 인적자원, 자금, 전략

03 경영이 어떻게 이루어지냐에 따라 조직의 생사가 결정된다고 할 만큼 경영은 조직에 있어서 핵심이다. 다음 중 경영 전략을 추진하는 과정에 대한 설명으로 옳지 않은 것은?

① 경영 전략은 조직 전략, 사업 전략, 부문 전략으로 분류된다.
② 환경 분석을 할 때는 조직의 내부환경뿐만 아니라 외부환경에 대한 분석도 필수이다.
③ 전략 목표는 비전과 미션으로 구분되는데, 둘 다 있어야 한다.
④ 경영 전략이 실행됨으로써 세웠던 목표에 대한 결과가 나오는데, 그것에 대한 평가 및 피드백 과정도 생략되어서는 안 된다.
⑤ '환경 분석 → 전략 목표 설정 → 경영 전략 도출 → 경영 전략 실행 → 평가 및 피드백'의 과정을 거쳐 이루어진다.

04 A는 취업스터디에서 마이클 포터의 본원적 경쟁전략을 토대로 기업의 경영전략을 정리하고자 한다. 다음 중 〈보기〉의 내용이 바르게 분류된 것은?

> • 차별화 전략 : 가격 이상의 가치로 브랜드 충성심을 이끌어 내는 전략
> • 원가우위 전략 : 업계에서 가장 낮은 원가로 우위를 확보하는 전략
> • 집중화 전략 : 특정 세분시장만 집중 공략하는 전략

보기

ⓐ I기업은 S/W에 집중하기 위해 H/W의 한글 전용 PC 분야를 한국계 기업과 전략적으로 제휴하고 회사를 설립해 조직체에 위양하였으며, 이후 고유 분야였던 S/W에 자원을 집중하였다.
ⓑ B마트는 재고 네트워크를 전산화하여 원가를 절감하고 양질의 제품을 최저가격에 판매하고 있다.
ⓒ A호텔은 5성급 호텔로 하루 숙박비용이 상당히 비싸지만, 환상적인 풍경과 더불어 친절한 서비스를 제공하고 객실 내 제품이 모두 최고급으로 비치되어 있어 이용객들에게 높은 만족도를 준다.

	차별화 전략	원가우위 전략	집중화 전략
①	㉠	㉡	㉢
②	㉠	㉢	㉡
③	㉡	㉠	㉢
④	㉢	㉠	㉡
⑤	㉢	㉡	㉠

05 다음 중 내부 벤치마킹에 대한 설명으로 가장 적절한 것은?

① 다각화된 우량기업의 경우 효과를 보기 어렵다.
② 경쟁 기업을 통해 경영 성과와 관련된 정보를 획득할 수 있다.
③ 문화 및 제도적인 차이로 발생할 수 있는 효과에 대한 검토가 필요하다.
④ 같은 기업 내의 타 부서 간 유사한 활용을 비교 대상으로 삼을 수 있다.
⑤ 벤치마킹 대상의 적대적 태도로 인해 자료 수집에 어려움을 겪을 수 있다.

06 다음 〈보기〉 중 경영 활동을 이루는 구성요소를 감안할 때, 경영 활동을 수행하고 있는 예시로 적절하지 않은 것은?

> **보기**
>
> (가) 다음 시즌 우승을 목표로 해외 전지훈련에 참여하여 열심히 구슬땀을 흘리고 있는 선수단과 이를 운영하는 구단 직원들
> (나) 자발적인 참여로 뜻을 같이한 동료들과 함께 매주 어려운 이웃을 찾아다니며 봉사활동을 펼치고 있는 S씨
> (다) 교육지원대 대장으로서 사병들의 교육이 원활히 진행될 수 있도록 훈련장 관리와 유지에 최선을 다하고 있는 P대령과 참모진
> (라) 영화 촬영을 앞두고 시나리오와 제작 콘셉트를 회의하기 위해 모인 감독 및 스태프와 출연 배우들
> (마) 대기업을 그만두고 가족들과 함께 조그만 무역회사를 차려 손수 제작한 밀짚 가방을 동남아로 수출하고 있는 B씨

① (가)   ② (나)
③ (다)   ④ (라)
⑤ (마)

07 I기업은 새롭게 개발한 립스틱을 대대적으로 홍보하고 있다. 다음 중 I기업의 사례에 대한 대안으로 가장 적절한 것은?

> I기업 립스틱의 특징은 지속력과 선명한 색상, 그리고 20대 여성을 타깃으로 한 아기자기한 디자인이다. 하지만 립스틱의 홍보가 안 되고 있어 매출이 좋지 않다. 조사 결과 저가 화장품이라는 브랜드 이미지 때문인 것으로 드러났다.

① 무료 증정 이벤트를 연다.
② 타깃을 30대 여성으로 바꾼다.
③ 브랜드 이름을 최대한 감추고 홍보한다.
④ 홍보비를 2배로 늘려 더 많이 광고한다.
⑤ 블라인드 테스트를 통해 제품의 질을 인정받는다.

08 다음 글의 밑줄 친 법칙에 해당하는 사례로 가장 적절한 것은?

> 돈이 되는 20%의 고객이나 상품만 있으면 80%의 수익이 보장된다는 파레토 법칙이 그간 진리로 여겨졌다. 그런데 최근 롱테일(Long tail) 법칙이라는 새로운 개념이 자리를 잡고 있다. 이는 하위 80%가 상위 20%보다 더 많은 수익을 낸다는 법칙이다. 한마디로 '티끌 모아 태산'이 가능하다는 것이다.

① A은행은 VIP전용 창구를 확대하였다.
② B기업은 생산량을 늘려 단위당 생산비를 낮추었다.
③ C인터넷 서점은 극소량만 팔리는 책이라도 진열한다.
④ D극장은 주말 요금을 평일 요금보다 20% 인상하였다.
⑤ E학원은 인기가 없는 과목은 더는 강의를 열지 않도록 했다.

09 마이클 포터의 산업구조분석 기법(5 Force Model)에 따라 반도체 산업의 구조를 분석한다고 할 때, 다음 중 ㉠~㉢에 해당하는 사례로 적절하지 않은 것은?

> 포터의 산업구조분석 기법에 따르면 특정 산업의 수익성 및 매력도는 산업의 구조적 특성에 의해 영향을 받으며, 이는 5가지 힘에 의해 결정된다고 보았다.
>
> ```
>                  ┌─────────────────┐
>                  │  ㉠ 공급자의 교섭력  │
>                  └─────────────────┘
>                          ↓
>  ┌──────────────┐  ┌─────────────────┐  ┌──────────────┐
>  │ ㉡ 잠재적 진입  │ → │  ㉤ 산업 내의 경쟁  │ ← │ ㉣ 대체재의 위협 │
>  └──────────────┘  └─────────────────┘  └──────────────┘
>                          ↑
>                  ┌─────────────────┐
>                  │  ㉢ 구매자의 교섭력  │
>                  └─────────────────┘
> ```

① ㉠ : IT 시장의 지속적인 성장에 따라 반도체의 수요가 증가하면서 반도체 산업의 수익률도 증가하고 있다.
② ㉡ : 생산설비 하나를 설치하는 데에도 막대한 비용이 발생하는 반도체 산업에 투자할 수 있는 기업은 많지 않다.
③ ㉢ : 반도체 산업에는 컴퓨터 제조업자와 같은 대형 구매자가 존재한다.
④ ㉣ : 메모리형 반도체는 일상재로 품질과 디자인 면에서 어느 회사의 제품이든 별 차이가 없기 때문에 가격경쟁이 치열하다.
⑤ ㉤ : 비슷한 규모를 가진 세계적인 기업들의 치열한 경쟁이 반도체 산업의 수익률을 저하시킨다.

10 다음 밑줄 친 '마케팅 기법'에 대한 설명으로 적절한 것을 〈보기〉에서 모두 고르면?

> 기업들이 신제품을 출시하면서 한정된 수량만 제작·판매하는 한정판 제품을 잇따라 내놓고 있다. 이번 기회가 아니면 더 이상 구입할 수 없다는 메시지를 끊임없이 던지며 소비자의 호기심을 자극하는 마케팅 기법이다. I자동차 회사는 가죽 시트와 일부 외형을 기존 제품과 다르게 한 모델을 8,000대로 한정하여 판매하였는데, 단기간에 매진을 기록하였다.

보기

ㄱ. 소비자의 충동 구매를 유발하기 쉽다.
ㄴ. 이윤 증대를 위한 경영 혁신의 한 사례이다.
ㄷ. 의도적으로 공급의 가격탄력성을 크게 하는 방법이다.
ㄹ. 소장 가치가 높은 상품을 대상으로 하면 더 효과적이다.

① ㄱ, ㄴ　　　　　　　　　② ㄱ, ㄷ
③ ㄴ, ㄹ　　　　　　　　　④ ㄱ, ㄴ, ㄹ
⑤ ㄱ, ㄷ, ㄹ

11 다음 〈보기〉 중 제시된 협상 대화에서 바르게 대답한 사람은?

> I사　: 안녕하세요. 다름이 아니라 현재 단가로는 더 이상 귀사에 납품하는 것이 어려울 것 같아 자재의 단가를 조금 올리고 싶어서요. 이에 대해 어떻게 생각하시나요?
> 대답 : _____

보기

A : 지난 달 자재의 불량률이 너무 높은데 단가를 더 낮춰야 할 것 같습니다.
B : 저희도 이정도 가격은 꼭 받아야 해서요. 단가를 지금 이상 드리는 것은 불가능합니다.
C : 불량률을 3% 아래로 낮춰서 납품해 주시면 단가를 조금 올리도록 하겠습니다.
D : 단가를 올리면 저희 쪽에서 주문하는 수량이 줄어들 텐데, 귀사에서 괜찮을까요?
E : 단가에 대한 협상은 귀사의 사장님과 해 봐야 할 것 같네요.

① A　　　　　　　　　　② B
③ C　　　　　　　　　　④ D
⑤ E

12 조직의 유지와 발전에 책임을 지는 조직의 경영자는 다양한 역할을 수행해야 한다. 다음 중 조직 경영자의 역할로 적절하지 않은 것은?

① 대외적으로 조직을 대표한다.

② 대외적 협상을 주도한다.

③ 조직 내에서 발생하는 분쟁을 조정한다.

④ 외부 변화에 대한 정보를 기밀로 한다.

⑤ 제한된 자원을 적재적소에 배분한다.

13 다음은 I공사의 해외시장 진출 및 지원 확대를 위한 전략과제의 필요성을 제시한 자료이다. 이를 통해 도출된 과제의 추진 방향으로 적절하지 않은 것은?

〈전략과제 필요성〉

• 해외시장에서 I공사가 수주할 수 있는 산업 발굴
• 국제사업 수행을 통한 경험축적 및 컨소시엄을 통한 기술 · 노하우 습득
• 해당 산업 관련 민간기업의 해외진출 활성화를 위한 실질적 지원

---

① 국제기관의 다양한 자금을 활용하여 사업을 발굴하고, 해당 사업의 해외진출을 위한 기술역량을 강화한다.

② 해외봉사활동 등과 연계하여 기관 이미지 제고 및 사업에 대한 사전조사, 시장조사를 통한 선제적 마케팅 활동을 추진한다.

③ 국제경쟁입찰의 과열 경쟁 심화와 컨소시엄 구성 시 민간기업과 업무 배분, 이윤추구 성향 조율에 어려움이 예상된다.

④ 해당 산업 민간(중소)기업을 대상으로 입찰 정보 제공, 사업전략 상담, 동반 진출 등을 통한 실질적 지원을 확대한다.

⑤ 국제사업에 참여하여 경험을 축적시키고, 컨소시엄을 통해 습득한 기술 등을 재활용할 수 있는 사업을 구상하고 연구진을 지원한다.

14 다음 사례를 통해 I전자가 TV 시장에서 경쟁력을 잃게 된 주요 원인으로 가장 적절한 것은?

> 평판 TV 시장에서 PDP TV가 주력이 될 것이라고 판단한 I전자는 2007년에 세계 최대 규모의 PDP 생산설비를 건설하기 위해 3조 원 수준의 막대한 투자를 결정했다. 당시 A전자와 B전자는 LCD와 PDP 사업을 동시에 수행하면서도 성장성이 높은 LCD TV로 전략을 수정하는 상황이었지만 I전자는 익숙한 PDP 사업에 더욱 몰입한 것이다. 하지만 주요 기업들의 투자가 LCD에 집중되면서 새로운 PDP 공장이 본격 가동될 시점에 PDP의 경쟁력은 이미 LCD에 뒤처지게 됐다.
>
> 결국, 활용가치가 현저하게 떨어진 PDP 생산설비는 조기에 상각함을 고민할 정도의 골칫거리로 전락했다. I전자는 2011년에만 11조 원의 적자를 기록했으며, 2012년에도 10조 원 수준의 적자가 발생되었다. 연이은 적자는 I전자의 신용등급을 투기 등급으로 급락시켰고, I전자의 CEO는 '디지털 가전에서 패배자가 되었음'을 인정하며 고개를 숙였다. TV를 포함한 가전제품 사업에서 I전자가 경쟁력을 회복하기 어려워졌음은 말할 것도 없다.

① 사업 환경의 변화 속도가 너무나 빨라졌고, 변화의 속성도 예측이 어려워져 따라가지 못하였다.
② 차별성을 지닌 새로운 제품을 기획하고 개발하는 것에 대한 성공 가능성이 낮아져 주저했다.
③ 기존 사업 영역에 대한 강한 애착으로 신사업이나 신제품에 대해 낮은 몰입도를 보였다.
④ 실패가 두려워 새로운 도전보다 안정적이며 실패 확률이 낮은 제품을 위주로 미래를 준비하였다.
⑤ 외부 환경이 어려워짐에 따라 잠재적 실패를 감내할 수 있는 자금을 확보하지 못하였다.

15 다음은 I기업의 시장 조사 결과 보고서이다. I기업이 마련해야 할 마케팅 전략으로 적절한 것을 〈보기〉에서 모두 고르면?

> • 조사 기간 : 2025년 8월 8일 ~ 2025년 8월 22일
> • 조사 품목 : 돌침대
> • 조사 대상 : 주부 1,000명
> • 조사 결과
>   − 소비자의 건강에 대한 관심 증대
>   − 소비자는 가격보다 제품의 기능을 우선적으로 고려
>   − 취급 점포가 너무 많아서 점포 관리가 체계적이지 못함
>   − 자사 제품의 가격이 낮아서 품질도 떨어지는 것으로 인식됨

보기

ㄱ. 유통 경로를 늘린다.　　　　　　　　ㄴ. 고급화 전략을 추진한다.
ㄷ. 박리다매 전략을 이용한다.　　　　　ㄹ. 전속적 또는 선택적 유통 전략을 도입한다.

① ㄱ, ㄴ　　　　　　　　　　　② ㄱ, ㄷ
③ ㄴ, ㄷ　　　　　　　　　　　④ ㄴ, ㄹ
⑤ ㄷ, ㄹ

| 유형분석 |

- 조직 구조 유형에 대한 특징을 물어보는 문제가 자주 출제된다.
- 기계적 조직과 유기적 조직의 차이점과 사례 등을 숙지하고 있어야 한다.
- 조직 구조 형태에 따라 기능적 조직, 사업별 조직으로 구분하여 출제되기도 한다.

다음 중 맥킨지의 7S 모형에 대한 설명으로 옳지 않은 것은?

① 기업, 부서 등 조직의 내부역량을 분석하는 도구이다.

② 전략, 공유가치, 관리기술은 경영전략의 목표와 지침이 된다.

③ 하위 4S는 상위 3S를 지원하는 하위 지원 요소를 말한다.

④ 지방자치단체, 국가와 같은 큰 조직에는 적절하지 않다.

⑤ 조직문화는 구성원, 시스템, 구조, 전략 등과 밀접한 관계를 맺는다.

> **정답** ④
> 세계적 기업인 맥킨지에 의해 개발된 7S 모형은 조직의 내부역량을 분석하는 도구로, 조직 문화를 구성하고 있는 7S는 전략·공유가치·관리기술·시스템·스태프·스타일·조직 구조를 말한다. 7S 모형은 기업, 부서나 사업뿐만 아니라 지방자치단체, 국가 등 큰 조직을 진단하고 변혁할 때도 사용된다.

7S 모형
- 3S : 경영전략의 목표와 지침이 되는 항목
  - 시스템(System) : 조직 운영의 의사 결정과 일상 운영의 틀이 되는 각종 시스템
  - 조직 구조(Structure) : 조직의 전략을 수행하는 데 필요한 틀로서 구성원의 역할과 그들 간의 상호관계를 지배하는 공식적 요소
  - 전략(Strategy) : 조직의 장기적인 목적과 계획 그리고 이를 달성하기 위한 장기적인 행동지침
- 4S : 상위 3S를 지원하는 하위 지원 요소
  - 스태프(Staff) : 조직의 인력 구성, 구성원들의 능력과 전문성·가치관과 신념·욕구와 동기·지각과 태도·행동패턴
  - 스타일(Style) : 구성원들을 이끌어 나가는 전반적인 조직관리 스타일
  - 공유가치(Shared Value) : 조직 구성원들의 행동이나 사고를 특정 방향으로 이끌어 가는 원칙이나 기준
  - 관리기술(Skill) : 하드웨어는 물론 이를 사용하는 소프트웨어 기술을 포함하는 요소

> **풀이 전략!**
> 조직 구조는 유형에 따라 기계적 조직과 유기적 조직으로 나눌 수 있다. 기계적 조직과 유기적 조직은 서로 상반된 특징을 가지고 있으며, 기계적 조직이 관료제의 특징과 비슷함을 파악하고 있다면, 이와 상반된 유기적 조직의 특징도 수월하게 파악할 수 있다.

01 다음 중 기계적 조직의 특징으로 옳은 것을 〈보기〉에서 모두 고르면?

> **보기**
>
> ㉠ 변화에 맞춰 쉽게 변할 수 있다.
> ㉡ 상하 간 의사소통이 공식적인 경로를 통해 이루어진다.
> ㉢ 대표적으로 사내 벤처팀, 프로젝트팀이 있다.
> ㉣ 구성원의 업무가 분명하게 규정되어 있다.
> ㉤ 다양한 규칙과 규제가 있다.

① ㉠, ㉡, ㉢   ② ㉠, ㉣, ㉤
③ ㉠, ㉢, ㉤   ④ ㉡, ㉢, ㉣
⑤ ㉡, ㉣, ㉤

02 다음 중 조직 목표의 기능에 대한 설명으로 옳지 않은 것은?

① 조직이 나아갈 방향을 제시해 주는 기능을 한다.
② 조직 구성원의 의사결정 기준의 기능을 한다.
③ 조직 구성원의 행동에 동기를 유발시키는 기능을 한다.
④ 조직을 운영하는 데 융통성을 제공하는 기능을 한다.
⑤ 조직 구조나 운영 과정과 같이 조직 체제를 구체화할 수 있는 기준이 된다.

03 다음 글에 해당하는 조직 체계의 구성 요소는 무엇인가?

> 조직의 목표나 전략에 따라 수립되며, 조직 구성원들의 활동 범위를 제약하고 일관성을 부여하는 기능을 한다.

① 조직 목표   ② 조직 구조
③ 조직 문화   ④ 규칙 및 규정
⑤ 경영자

04 I기업은 경영진과 직원의 자유로운 소통, 부서 간 화합 등을 통해 참여와 열린 소통의 조직 문화를 조성하고자 노력한다. 이러한 조직 문화는 조직의 방향을 결정하고 조직을 존속하게 하는 중요한 요인 중의 하나이다. 다음 중 조직 문화에 대한 설명으로 옳지 않은 것은?

① 조직 구성원들에게 일체감과 정체성을 부여하고, 결속력을 강화시킨다.

② 조직 구성원들의 조직 몰입을 높여준다.

③ 조직 구성원의 사고방식과 행동양식을 규정한다.

④ 대부분의 조직들은 서로 비슷한 조직 문화를 만들기 위해 노력한다.

⑤ 조직 구성원들의 생활양식이나 가치를 의미한다.

05 다음 중 조직 변화의 과정을 순서대로 바르게 나열한 것은?

ㄱ. 환경 변화 인지	ㄴ. 변화 결과 평가
ㄷ. 조직 변화 방향 수립	ㄹ. 조직 변화 실행

① ㄱ - ㄷ - ㄹ - ㄴ   ② ㄱ - ㄹ - ㄷ - ㄴ

③ ㄴ - ㄷ - ㄹ - ㄱ   ④ ㄹ - ㄱ - ㄷ - ㄴ

⑤ ㄹ - ㄷ - ㄱ - ㄴ

06 다음 중 조직 구조의 결정 요인에 대한 설명으로 옳지 않은 것은?

① 급변하는 환경에서는 유기적 조직보다 원칙이 확립된 기계적 조직이 더 적합하다.

② 대규모 조직은 소규모 조직에 비해 업무의 전문화 정도가 높다.

③ 조직 구조의 주요 결정 요인은 4가지로 전략, 규모, 기술, 환경이다.

④ 일반적으로 소량생산 기술을 가진 조직은 유기적 조직 구조를, 대량생산 기술을 가진 조직은 기계적 조직 구조를 가진다.

⑤ 조직 활동의 결과에 대한 만족은 조직의 문화적 특성에 따라 상이하다.

07 다음은 조직의 의사결정 단계를 보여주는 사례이다. 〈보기〉 중 개발 단계에 해당하는 것을 모두 고르면?

> L씨는 I전자회사의 부품 조립라인에 근무하는 근로자이다. 최근 부품에서 계속 불량품이 발생하여 L씨와 그의 동료들은 이에 대한 해결책을 마련하기 위하여 회의를 개최하였다. 먼저 그들은 조직 내에서 그동안 부품 불량 문제가 발생할 경우 어떻게 해결을 해왔는지 관련 자료를 살펴보았다. 그 러나 그는 뚜렷한 해결책을 발견하지 못하였고, 문제 해결을 위해 가능한 대안들을 모두 도출하고 관련 자료를 찾아보고 토의하는 과정을 통해 이들의 장단점을 분석하였다. 결론적으로 대안별 장단 점을 비교해 보았더니 부품 불량 문제가 발생하는 원인을 좀 더 과학적으로 분석할 필요가 있다고 판단되었다.

보기

ㄱ. 부품 조립 작업 시 계속적인 불량품 발생 인식
ㄴ. 기존 부품 불량 문제 발생 시 해결 방법 찾기
ㄷ. 문제 해결을 위한 새로운 대안 도출
ㄹ. 추려진 대안들의 장단점을 분석하고 해결안 도출
ㅁ. 관련 자료를 찾아 부품 조립라인 근로자 간 토의

① ㄱ, ㄴ
② ㄴ, ㄹ
③ ㄱ, ㄹ, ㅁ
④ ㄱ, ㄷ, ㅁ
⑤ ㄴ, ㄷ, ㅁ

08 다음 중 조직 문화의 특징으로 적절하지 않은 것은?

① 조직 몰입도를 향상시킨다.
② 조직의 안정성을 유지하는 데 기여한다.
③ 구성원들 개개인의 다양성을 강화해준다.
④ 조직 구성원들에게 일체감과 정체성을 준다.
⑤ 구성 요소에는 리더십 스타일, 제도 및 절차, 구성원, 구조 등이 있다.

09 다음 중 기계적 조직과 유기적 조직에 대한 설명으로 적절하지 않은 것은?

① 유기적 조직은 의사결정 권한이 조직의 하부 구성원들에게 많이 위임되어 있다.
② 기계적 조직은 소량생산 기술, 유기적 조직은 대량생산 기술에 적합하다.
③ 기계적 조직은 구성원들의 업무가 분명하게 규정되어 있다.
④ 유기적 조직은 비공식적인 상호 의사소통이 원활히 이루어진다.
⑤ 기계적 조직에는 군대·정부 등이 있고, 유기적 조직에는 권한 위임을 받은 사내 벤처팀 등이 있다.

10 다음 〈보기〉 중 조직도에 대해 바르게 설명한 사람을 모두 고르면?

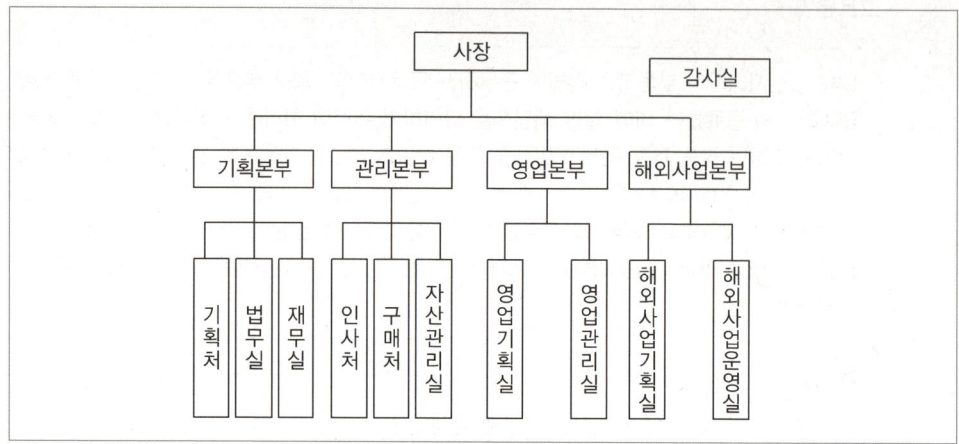

보기

A : 조직도를 보면 4개 본부, 3개의 처, 8개의 실로 구성되어 있어.
B : 사장 직속으로 4개의 본부가 있고, 그중 한 본부에서는 인사업무만을 전담하고 있네.
C : 감사실은 사장 직속이지만 별도로 분리되어 있구나.
D : 해외사업기획실과 해외사업운영실은 둘 다 해외사업과 관련이 있으니까 해외사업본부에 소속되어 있는 것이 맞아.

① A, B
② A, C
③ A, D
④ B, C
⑤ B, D

11 직업인은 조직의 구성원으로서 조직 체제의 구성요소를 이해하는 체제 이해 능력이 요구된다. 조직 체제의 구성 요소가 다음과 같을 때, 이에 대한 설명으로 적절하지 않은 것은?

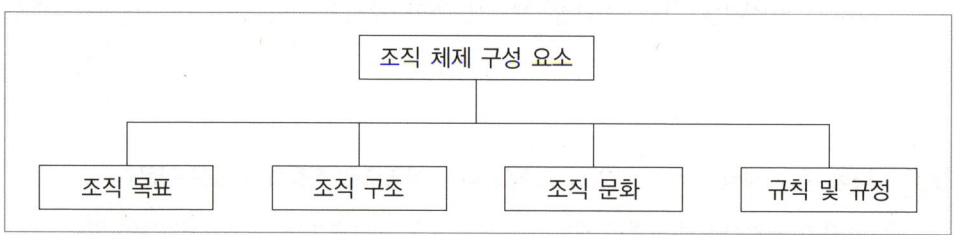

① 조직의 규칙과 규정은 조직 구성원들의 자유로운 활동 범위를 보장하는 기능을 한다.
② 조직 구조에서는 의사결정권이 하부 구성원들에게 많이 위임되는 유기적 조직도 볼 수 있다.
③ 조직의 목표는 조직이 달성하려는 장래의 상태로, 조직이 존재하는 정당성과 합법성을 제공한다.
④ 조직 문화는 조직 구성원들의 사고와 행동에 영향을 미치며, 일체감과 정체성을 부여한다.
⑤ 조직 구조는 의사결정권의 집중 정도, 명령 계통, 최고경영자의 통제 등에 따라 달라진다.

12 I공항공사의 항공교육팀은 항공보안실을 대상으로 다음과 같은 항공보안교육계획을 세웠다. 〈보기〉 중 항공보안교육을 반드시 이수해야 하는 팀을 모두 고르면?

〈2025년 항공보안교육계획〉

구분	과정명	비고
보안검색감독자	보안검색감독자 초기 / 정기	필수
보안검색요원	보안검색요원 초기 / 정기	필수
	보안검색요원 인증평가	필수
	보안검색요원 재교육	필요시
폭발물처리요원	폭발물 처리요원 직무	필요시
	폭발물 처리요원 정기	필요시
	폭발물위협분석관 초기 / 정기	필요시
장비유지보수요원	항공보안장비유지보수 초기 / 정기	필수

보기

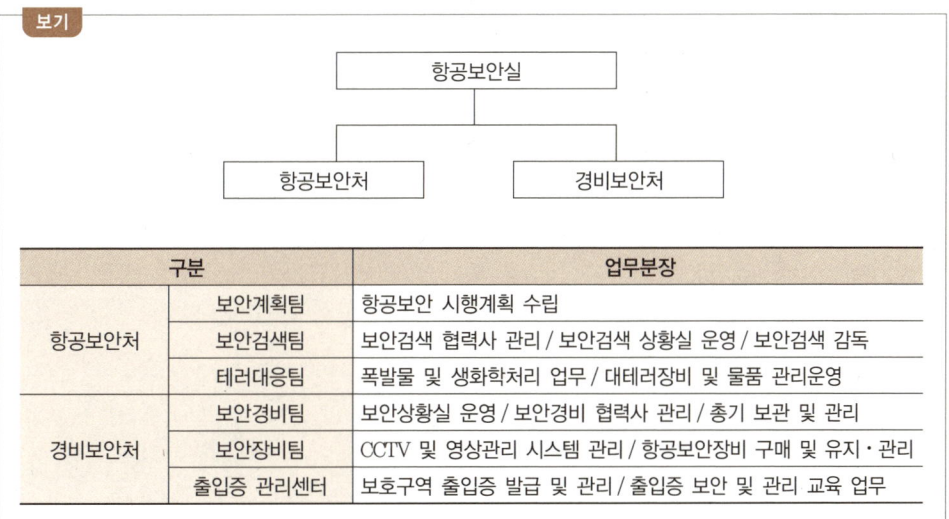

구분		업무분장
항공보안처	보안계획팀	항공보안 시행계획 수립
	보안검색팀	보안검색 협력사 관리 / 보안검색 상황실 운영 / 보안검색 감독
	테러대응팀	폭발물 및 생화학처리 업무 / 대테러장비 및 물품 관리운영
경비보안처	보안경비팀	보안상황실 운영 / 보안경비 협력사 관리 / 총기 보관 및 관리
	보안장비팀	CCTV 및 영상관리 시스템 관리 / 항공보안장비 구매 및 유지·관리
	출입증 관리센터	보호구역 출입증 발급 및 관리 / 출입증 보안 및 관리 교육 업무

① 보안계획팀, 보안검색팀

② 보안계획팀, 테러대응팀

③ 보안검색팀, 보안경비팀

④ 보안검색팀, 보안장비팀

⑤ 보안경비팀, 출입증 관리센터

13 다음 〈보기〉 중 비영리조직으로 적절한 것을 모두 고르면?

- 공식성 ─ 공식조직 ── 조직의 규모, 기능, 규정이 조직화된 조직
- 공식성 ─ 비공식조직 ── 인간관계에 따라 형성된 자발적 조직
- 조직 ─ 영리성 ─ 영리조직
- 영리성 ─ 비영리조직
- 조직 규모 ─ 소규모 조직 ── 예 가족 소유의 상점
- 조직 규모 ─ 대규모 조직 ── 예 대기업

보기
ⓐ 사기업   ⓑ 정부조직
ⓒ 병원   ⓓ 대학
ⓔ 시민단체

① ㉠, ㉢   ② ㉠, ㉢, ㉣
③ ㉡, ㉢, ㉣   ④ ㉡, ㉣, ㉤
⑤ ㉡, ㉢, ㉣, ㉤

14 다음 글에 나타난 조직의 특성으로 가장 적절한 것은?

I기업의 사내 봉사 동아리에 소속된 70여 명의 임직원이 연탄 나르기 봉사 활동을 펼쳤다. 이날 임직원들은 지역 주민들이 보다 따뜻하게 겨울을 날 수 있도록 연탄 총 3,000장과 담요를 직접 전달했다. 사내 봉사 동아리에 소속된 K대리는 "매년 진행하는 연말 연탄 나눔 봉사활동을 통해 지역사회에 도움의 손길을 전할 수 있어 기쁘다."라며 "오늘의 작은 손길이 큰 불씨가 되어 많은 분들이 따뜻한 겨울을 보내길 바란다."라고 말했다.

① 인간관계에 따라 형성된 자발적인 조직
② 이윤을 목적으로 하는 조직
③ 규모와 기능 그리고 규정이 조직화되어 있는 조직
④ 조직 구성원들의 행동을 통제할 장치가 마련되어 있는 조직
⑤ 공익을 요구하지 않는 조직

15 새로운 조직 개편 기준에 따라 다음 조직도 (가)를 조직도 (나)로 변경하려 한다. 조직도 (나)의 빈칸에 들어갈 팀으로 옳지 않은 것은?

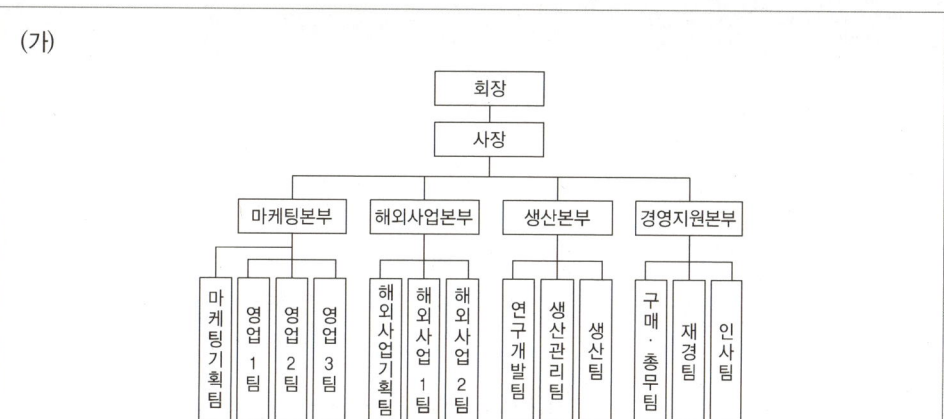

(가)

조직 개편 방향 및 기준

□ 명칭 변경 : 해외사업기획팀 → 해외마케팅기획팀
□ 본부 이동 : 해외사업 1·2팀(해외사업본부 → 마케팅본부)
□ 기능중심의 조직 개편
　○ 해외사업본부의 해외사업기획팀과 마케팅본부의 마케팅기획팀을 신설한 마케팅기획본부로 이동
　○ 마케팅본부의 영업 1·2·3팀을 두 개의 팀으로 통합
　○ 해외사업 1·2팀 통합 후 해외영업팀 신설
　○ 구매·총무팀에서 구매팀과 총무팀으로 분리
　○ 총무팀과 재경팀 통합 후 재무팀 신설

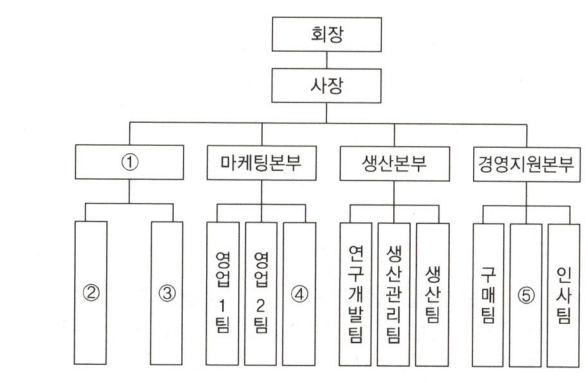

(나)

① 마케팅기획본부　　　　　　　② 해외마케팅기획팀
③ 영업 3팀　　　　　　　　　　④ 해외영업팀
⑤ 재무팀

| 유형분석 |

- 부서별 주요 업무에 대해 묻는 문제이다.
- 부서별 특징과 담당 업무에 대한 이해가 필요하다.

귀하는 I기업 인사총무팀에 근무하는 A사원이다. 귀하는 다음과 같은 업무 리스트를 작성한 뒤 우선순위에 맞게 재배열하려고 한다. 업무 리스트를 보고 귀하가 한 생각으로 옳지 않은 것은?

■ 2025년 8월 28일 인사총무팀 A사원의 업무 리스트

- 인사총무팀 회식(9월 8일) 장소 예약 확인
- 기업 창립 기념일(9월 13일) 행사 준비(9월 13일은 토요일이므로 9월 12일에 행사 개최)
- 영업1팀 비품 주문 → 월요일에 배송될 수 있도록 오늘 내 반드시 발주할 것
- 이번주 토요일(8월 30일) 당직 근무자 명단 확인 → 업무 공백 생기지 않도록 주의
- 9월 5일 신입사원 면접 날짜 유선 안내 및 면접 가능 여부 확인

① 내일 당직 근무자 명단 확인을 가장 먼저 해야겠다.
② 영업1팀 비품 주문 후 회식 장소 예약을 확인해야겠다.
③ 신입사원 면접 안내는 여러 변수가 발생할 수 있으니 서둘러 준비해야겠다.
④ 신입사원 면접 안내 통보 후 연락이 안 된 면접자들을 따로 추려서 다시 연락을 취해야겠다.
⑤ 기업 창립 기념일 행사는 전 직원이 다 참여하는 큰 행사인 만큼 가장 첫 번째 줄에 배치해야겠다.

정답 ⑤

우선순위를 파악하기 위해서는 먼저 중요도와 긴급성을 파악해야 한다. 즉, 중요도와 긴급성이 높은 일부터 처리해야 하는 것이다. 그러므로 업무 리스트 중에서 가장 먼저 해야 할 일은 이번주 토요일(8월 30일) 당직 근무자 명단 확인이다. 그다음 영업1팀의 비품 주문, 신입사원 면접 날짜 확인, 인사총무팀 회식 장소 예약 확인, 기업 창립 기념일 행사 준비 순으로 진행하면 된다.

풀이 전략!

조직은 목적의 달성을 위해 업무를 효과적으로 분배하고 처리할 수 있는 구조를 확립해야 한다. 조직의 목적이나 규모에 따라 업무의 종류는 다양하지만, 대부분의 조직에서는 총무, 인사, 기획, 회계, 영업으로 부서를 나누어 업무를 담당하고 있다. 따라서 5가지 업무 종류에 대해서는 미리 숙지해야 한다.

01 직무 전결 규정상 전무이사가 전결인 '과장의 국내출장 건'의 결재를 시행하고자 한다. 박기수 전무 이사가 해외출장으로 인해 부재중이어서 직무대행자인 최수영 상무이사가 결재하였다. 다음 〈보 기〉 중 이에 대한 설명으로 적절하지 않은 것을 모두 고르면?

> **보기**
>
> ㄱ. 최수영 상무이사가 결재한 것은 전결이다.
> ㄴ. 공문의 결재표 상에는 '과장 최경옥, 부장 김석호, 상무이사 전결, 전무이사 최수영'이라고 표시 되어 있다.
> ㄷ. 박기수 전무이사가 출장에서 돌아와서 해당 공문을 검토하는 것은 후결이다.
> ㄹ. 위임 전결받은 사항에 대해서는 원결재자인 대표이사에게 후결을 받는 것이 원칙이다.

① ㄱ, ㄴ
② ㄱ, ㄹ
③ ㄱ, ㄴ, ㄹ
④ ㄴ, ㄷ, ㄹ
⑤ ㄱ, ㄴ, ㄷ, ㄹ

02 김부장과 박대리는 I기업의 고객지원실에서 근무하고 있다. 다음 상황에서 김부장이 박대리에게 지시할 사항으로 가장 적절한 것은?

> • 부서별 업무분장
>   – 인사혁신실 : 신규 채용, 부서/직무별 교육계획 수립/시행, 인사고과 등
>   – 기획조정실 : 조직문화 개선, 예산사용계획 수립/시행, 대외협력, 법률지원 등
>   – 총무지원실 : 사무실, 사무기기, 차량 등 업무지원 등
>
> 〈상황〉
>
> 박대리 : 고객지원실에서 사용하는 A4 용지와 볼펜이 부족해서 비품을 신청해야 할 것 같습니다. 그리고 지난번에 말씀하셨던 고객 상담 관련 사내 교육 일정이 이번에 확정되었다고 합니 다. 고객지원실 직원들에게 관련 사항을 전달하려면 교육 일정 확인이 필요할 것 같습니다.

① 박대리, 기획조정실에 가서 교육 일정 확인하고, 인사혁신실에 가서 비품 신청하고 오도록 해요.
② 박대리, 총무지원실에 가서 교육 일정 확인하고, 간 김에 비품 신청도 하고 오세요.
③ 박대리, 인사혁신실에 전화해서 비품 신청하고, 전화한 김에 교육 일정도 확인해서 나한테 알려 줘요.
④ 박대리, 기획조정실에 전화해서 비품 신청하고, 총무지원실에서 교육 일정 확인해서 나한테 알려 줘요.
⑤ 박대리, 총무지원실에 전화해서 비품 신청하고, 인사혁신실에서 교육 일정 확인해서 나한테 알려 줘요.

03 다음 상황에서 팀장의 지시를 적절히 수행하기 위하여 김대리가 거쳐야 할 부서명을 순서대로 바르게 나열한 것은?

> 김대리, 내가 내일 출장 준비 때문에 무척 바빠서 그러는데 자네가 좀 도와줘야 할 것 같군. 우선 박비서한테 가서 오후 사장님 회의 자료를 좀 가져다 주게나. 오는 길에 지난주 기자단 간담회 자료 정리가 되었는지 확인해 보고 완료됐으면 한 부 챙겨 오고. 다음 주에 승진자 발표가 있을 것 같은데 우리 팀 승진 대상자 서류가 잘 전달되었는지 그것도 확인 좀 해 줘야겠어. 참, 오후에 바이어가 내방하기로 되어 있는데 공항 픽업 준비는 잘 해 두었지? 배차 예약 상황도 다시 한 번 점검해 봐야 할 거야. 그럼 수고 좀 해 주게.

① 인사팀 – 법무팀 – 총무팀 – 기획팀
② 비서실 – 홍보팀 – 인사팀 – 총무팀
③ 회계팀 – 경영관리팀 – 인사팀 – 총무팀
④ 경영관리팀 – 법무팀 – 총무팀 – 인사팀
⑤ 기획팀 – 홍보팀 – 총무팀 – 경영관리팀

04 상사로부터 다음의 업무지시를 받은 사원이 해야 할 업무를 〈보기〉에서 골라 순서대로 바르게 나열한 것은?

> 상사 : 벌써 오후 2시 50분이네. 오후 3시에 팀장 회의가 있어서 지금 업무지시를 할게요. 업무보고는 내일 오전 9시 30분에 받을게요. 업무보고 전 아침에 회의실과 마이크 체크를 한 내용을 업무보고에 반영해 주세요. 내일 오후 3시에 있을 팀장 회의도 차질 없이 준비해야 합니다. 그리고 오늘 P사원이 아파서 조퇴했으니 P사원 업무도 부탁할게요. 간단한 겁니다. 사업 브로슈어에 사장님의 개회사를 추가하는 건데, 브로슈어 인쇄는 2시간밖에 걸리지 않지만 인쇄소가 오전 10시부터 오후 6시까지 하니 비서실에 방문해 파일을 미리 받아 늦지 않게 인쇄소에 넘겨 주세요. 비서실은 본관 15층에 있으니 가는 데 15분 정도 걸릴 거예요. 브로슈어는 다음날 오전 10시까지 준비되어야 하는 거 알죠? 팀장 회의에 사용할 케이터링 서비스는 매번 시키는 A업체로 예약해 주세요. 24시간 전에는 예약해야 하니 서둘러 주세요.

보기

(가) 비서실 방문
(나) 회의실, 마이크 체크
(다) 케이터링 서비스 예약
(라) 인쇄소 방문
(마) 업무보고

① (가) – (다) – (라) – (나) – (마)
② (나) – (가) – (라) – (마) – (다)
③ (나) – (다) – (라) – (가) – (마)
④ (다) – (가) – (라) – (나) – (마)
⑤ (다) – (나) – (가) – (라) – (마)

05 현재 시각은 오전 11시이다. 오늘 중으로 마쳐야 하는 다음 네 가지의 업무가 있을 때, 업무의 우선순위를 순서대로 바르게 나열한 것은?(단, 업무시간은 오전 9시부터 오후 6시까지이며, 점심시간은 오후 12시부터 1시간이다)

업무 내용	처리 시간
ㄱ. 기한이 오늘까지인 비품 신청	1시간
ㄴ. 오늘 내에 보고해야 하는 보고서 초안을 작성해 달라는 부서장의 지시	2시간
ㄷ. 가능한 빨리 보내 달라는 인접 부서의 협조 요청	1시간
ㄹ. 오전 중으로 고객에게 보내기로 한 자료 작성	1시간

① ㄱ - ㄴ - ㄷ - ㄹ
② ㄴ - ㄱ - ㄷ - ㄹ
③ ㄴ - ㄷ - ㄹ - ㄱ
④ ㄷ - ㄴ - ㄹ - ㄱ
⑤ ㄹ - ㄴ - ㄷ - ㄱ

06 A팀장은 급하게 해외 출장을 떠나면서 B대리에게 다음과 같은 메모를 남겨두었다. B대리가 가장 먼저 처리해야 할 일은 무엇인가?

B대리, 지금 급하게 해외 출장을 가야 해서 오늘 처리해야 하는 것들 메모 남겨요.
오후 2시에 거래처와 미팅 있는 거 알고 있죠? 오전 내로 거래처에 전화해서 다음 주 중으로 다시 미팅 날짜 잡아 줘요. 그리고 오늘 신입사원들과 점심 식사하기로 한 거 난 참석하지 못하니까 다른 직원들이 참석해서 신입사원들 고충도 좀 들어 주고 해요. 식당은 지난번 갔었던 한정식집이 좋겠네요. 점심 시간에 많이 붐비니까 오전 10시까지 예약전화하는 것도 잊지 말아요. 식비는 법인카드로 처리하도록 하고. 오후 5시에 진행할 회의 PPT는 거의 다 준비되었다고 알고 있는데 바로 나한테 메일로 보내 줘요. 확인하고 피드백할게요. 아, 그 전에 내가 중요한 자료를 안 가지고 왔어요. 그것부터 메일로 보내 줘요. 고마워요.

① 거래처에 미팅일자 변경 전화를 한다.
② 점심 예약전화를 한다.
③ 회의 자료를 준비한다.
④ 메일로 회의 PPT를 보낸다.
⑤ A팀장이 요청한 중요한 자료를 메일로 보낸다.

07 조직의 목적이나 규모에 따라 업무는 다양하게 구성될 수 있다. 다음 중 조직 내 일반적인 업무의 종류에 대한 설명으로 적절하지 않은 것은?

① 영업부 : 판매계획, 판매예산의 편성, 시장조사, 광고·선전, 견적 및 계약 등
② 회계부 : 재무상태 및 경영실적 보고, 결산 관련 업무, 재무제표 분석 및 보고 등
③ 기획부 : 교육체계 수립 및 관리, 임금제도, 복리후생제도 및 지원업무, 복무 관리, 퇴직 관리 등
④ 인사부 : 조직기구의 개편 및 조정, 업무분장 및 조정, 인력수급계획 및 관리, 직무 및 정원의 조정 종합, 노사관리 등
⑤ 총무부 : 주주총회 및 이사회개최 관련 업무, 의전 및 비서업무, 집기비품 및 소모품의 구매와 관리, 사무실 임차 및 관리 등

08 김팀장은 이대리에게 다음과 같은 업무지시를 내렸고, 이대리는 김팀장의 업무지시에 따라 자신의 업무일정을 정리하였다. 다음 중 이대리의 업무에 대한 설명으로 옳지 않은 것은?

이대리, 오늘 월요일 정기회의 진행에 앞서 이번 주 업무에 대해서 미리 전달할게요. 먼저, 이번 주 금요일에 진행되는 회사 창립 기념일 행사 준비는 잘 되고 있나요? 행사 진행 전에 확인해야 할 사항들에 대해 체크리스트를 작성해서 수요일 오전까지 저에게 제출해 주세요. 그리고 행사가 끝난 후에는 총무팀 회식을 할 예정입니다. 이대리가 적당한 장소를 결정하고, 목요일 퇴근 전까지 예약이 완료될 수 있도록 해 주세요. 아! 그리고 내일 오후 3시에 진행되는 신입사원 면접과 관련해서 오늘 퇴근 전까지 면접 지원자에게 다시 한 번 유선으로 참여 여부를 확인하고, 정확한 시간과 준비사항 등의 안내를 부탁할게요. 참! 지난주 영업팀이 신청한 비품도 주문해야 합니다. 오늘 오후 2시 이전에 발주하여야 영업팀이 요청한 수요일 전에 배송 받을 수 있다는 점 기억하세요. 자, 그럼 바로 회의 진행하도록 합시다. 그리고 오늘 회의 내용은 이대리가 작성해서 회의가 끝난 후 바로 사내 인트라넷 게시판에 공유해 주세요.

〈5월 첫째 주 업무일정〉

㉠ 회의록 작성 및 사내 게시판 게시
㉡ 신입사원 면접 참여 여부 확인 및 관련사항 안내
㉢ 영업팀 신청 비품 주문
㉣ 회사 창립 기념일 행사 준비 관련 체크리스트 작성
㉤ 총무팀 회식 장소 예약

① 이대리가 가장 먼저 처리해야 할 업무는 ㉠이다.
② 이대리는 ㉡보다 ㉢을 우선 처리하는 것이 좋다.
③ ㉠, ㉡, ㉢은 월요일 내에 모두 처리해야 한다.
④ ㉤은 회사 창립 기념일 행사가 끝나기 전까지 처리해야 한다.
⑤ ㉣을 완료한 이후에는 김팀장에게 제출해야 한다.

09 I기업에서 근무하는 A씨는 팀장의 업무지시를 받고 업무스케줄을 작성하였다. 다음 중 옳지 않은 것은?

팀장 : A씨, 제가 한 시간 뒤에 출장을 가야 하니까 금일 업무에 대해서 미리 전달할게요. 우선 제가 10시에 나가기 전에 거래처에게 보여줄 샘플 상품을 준비해 주세요. 그리고 제가 출장 간 후에 작성한 업무보고서는 점심시간 전까지 부서장님께 전달해 주세요. 오후에는 3시에 있을 프로젝트 회의를 준비해 주세요. 마이크, 노트북 등 프레젠테이션을 할 수 있도록 세팅을 부탁해요. 참! 점심 때 인사부 박부장님께서 오시기로 했어요. 만약 제가 늦는다면 약속장소에 대해 안내해 드리고 저에게 연락해 줘요. 바로 약속장소로 갈 테니까요. 그리고 오늘까지 지난 출장 때 사용했던 경비에 대해 지출결의서를 총무부에 제출해야 돼요. 업무처리를 위해서 퇴근하기 1시간 전까지는 직접 전달해 주세요. 그리고 관리부에 들러서 프로젝트 회의에 사용할 노트북도 대여해 주세요.

	시간	업무	
①	09:00 ~ 10:00	• 팀장님 업무지시 수령 • 거래처 샘플 상품 준비	업무 시간
②	10:00 ~ 11:00	• 부서장님께 업무보고서 전달	
	11:00 ~ 12:00	−	
③	12:00 ~ 13:00	• 인사부 박부장님 마중 (팀장님 부재 시 연락 및 약속장소 안내)	점심 시간
	13:00 ~ 14:00	−	
④	14:00 ~ 15:00	• 노트북 대여(관리부) • 프로젝트 회의 준비(마이크, 노트북 등 세팅)	업무 시간
	15:00 ~ 16:00	−	
	16:00 ~ 17:00	−	
⑤	17:00 ~ 18:00	• 지출결의서 제출(총무부)	
	−	−	퇴근

10 다음은 I기업의 신제품 관련 회의가 끝난 후 작성된 회의록이다. 이를 이해한 내용으로 적절하지 않은 것은?

회의 일시	2025. ○. ○	부서	홍보팀, 영업팀, 기획팀
참석자	홍보팀 팀장, 영업팀 팀장, 기획팀 팀장		
회의 안건	신제품 홍보 및 판매 방안		
회의 내용	- 경쟁 업체와 차별화된 마케팅 전략 필요 - 적극적인 홍보 및 판매 전략 필요 - 대리점 실적 파악 및 소비자 반응 파악 필요 - 홍보팀 업무 증가에 따라 팀원 보충 필요		
회의 결과	- 홍보용 보도 자료 작성 및 홍보용 사은품 구매 요청 - 대리점별 신제품 판매량 조사 실시 - 마케팅 기획안 작성 및 공유 - 홍보팀 경력직 채용 공고		

① 이번 회의 안건은 여러 팀의 협업이 필요한 사안이다.

② 기획팀은 마케팅 기획안을 작성하고, 이를 다른 팀과 공유해야 한다.

③ 홍보팀 팀장은 경력직 채용 공고와 관련하여 인사팀에 업무 협조를 요청해야 한다.

④ 영업팀은 홍보용 보도 자료를 작성하고, 홍보용 사은품을 구매해야 한다.

⑤ 대리점의 신제품 판매량 조사는 소비자들의 반응을 파악하기 위한 것이다.

11 다음은 I기업 직무전결표의 일부분이다. 이에 따라 문서를 처리하였을 경우 옳지 않은 것은?

직무 내용	대표이사	위임 전결권자		
		전무	이사	부서장
정기 월례 보고				○
각 부서장급 인수인계		○		
3천만 원 초과 예산 집행	○			
3천만 원 이하 예산 집행		○		
각종 위원회 위원 위촉	○			
해외 출장			○	

① 인사부장의 인수인계에 대하여 전무에게 결재받은 후 시행하였다.

② 인사징계위원회 위원을 위촉하기 위하여 대표이사 부재중에 전무가 전결하였다.

③ 영업팀장의 해외 출장을 위하여 이사에게 사인을 받았다.

④ 3천만 원에 해당하는 물품 구매를 위하여 전무 전결로 처리하였다.

⑤ 정기 월례 보고서를 작성한 후 부서장의 결재를 받았다.

12 총무부의 S부장은 오늘까지 처리해야 할 부서업무를 다음과 같이 정리하였고, 금일 스케줄을 바탕으로 부서원들에게 해당 업무를 배정하려고 한다. 총무부의 금일 스케줄을 참고할 때, 처리해야 할 업무가 잘못 배정된 사람은?(단, 한 사람당 하나의 업무만 배정한다)

〈총무부 금일 업무〉

- 부서장 회의 참석(09:30 ~ 11:00)
- 사무용품 주문서 작성 및 주문 메일 발송
  ※ 주문서 최종 결재자 : S부장
  ※ 주문 메일은 퇴근 전에 발송할 것
- 행사 용품 오배송건 반품
  ※ 택배 접수 마감 시간 16:00
- H프로젝트 보고서 초안 작성
- 행사 참여 안내문 등기 발송
  ※ 우체국 영업시간(09:00 ~ 18:00) 내 방문

〈총무부 금일 스케줄〉

시간	S부장	G과장	J대리	L사원	O사원
09:00 ~ 10:00			오전 반차	사내 교육 프로그램 참여	
10:00 ~ 11:00		H프로젝트 회의	오전 반차	사내 교육 프로그램 참여	
11:00 ~ 12:00		H프로젝트 회의			
12:00 ~ 13:00			점심시간		
13:00 ~ 14:00			오전 반차		
14:00 ~ 15:00	외근		행사 진행 업체 사전미팅		
15:00 ~ 16:00	외근		행사 진행 업체 사전미팅		
16:00 ~ 17:00	외근				
17:00 ~ 18:00	업무 보고			비품 정리	

① S부장 : 부서장 회의 참석
② G과장 : H프로젝트 보고서 초안 작성
③ J대리 : 행사 용품 오배송건 반품
④ L사원 : 우체국 방문 및 등기 발송
⑤ O사원 : 사무용품 주문서 작성 및 주문 메일 발송

13 다음은 I기업 직무전결표의 일부분이다. 이를 토대로 결재한 기안문으로 옳은 것은?

〈직무전결표〉

직무 내용	위임 시 전결권자			대표이사
	부서장	상무이사	부사장	
주식관리 – 명의개서 및 제신고		○		
기업공시에 관한 사항				○
주식관리에 관한 위탁계약 체결				○
문서이관 접수	○			
인장의 보관 및 관리	○			
4대 보험 관리		○		
직원 국내출장			○	
임원 국내출장				○

① 주식의 명의개서를 위한 결재처리 – 주임 신은현 / 부장 전결 최병수 / 상무이사 후결 임철진

② 최병수 부장의 국내출장을 위한 결재처리 – 대리 서민우 / 부장 박경석 / 상무이사 대결 최석우 / 부사장 전결

③ 임원변경에 따른 기업공시를 위한 결재처리 – 부장 최병수 / 상무이사 임철진 / 부사장 대결 신은진 / 대표이사 전결 김진수

④ 신입직원의 고용보험 가입신청을 위한 결재처리 – 대리 김철민 / 부장 전결 박경석 / 상무이사 후결 최석우

⑤ 박경석 상무의 국내출장을 위한 결재처리 – 대리 서민우 / 부장 박경석 / 상무이사 대결 최석우 / 부사장 전결

14 다음 중 이사원이 처리해야 할 〈보기〉의 업무를 순서대로 바르게 나열한 것은?

> 현재 시각은 오전 10시 30분. 이사원은 30분 후 거래처 직원과의 미팅이 예정되어 있다. 거래처 직원에게는 회사의 제1회의실에서 미팅을 진행하기로 미리 안내하였으나, 오늘 오전 현재 제1회의실 예약이 모두 완료되어 금일 사용이 불가능하다는 연락을 받았다. 또한 이사원은 오후 2시에 김팀장과 면담 예정이었으나, 오늘까지 문서 작업을 완료해달라는 부서장의 요청을 받았다. 이사원은 면담 시간을 미뤄보려 했지만 김팀장은 이사원과의 면담 이후 부서 회의에 참여해야 하므로 면담 시간을 미룰 수 없다고 답변했다.

> **보기**
> ㉠ 거래처 직원과의 미팅
> ㉡ 오전 11시에 사용 가능한 회의실 사용 예약
> ㉢ 거래처 직원에게 미팅 장소 변경 안내
> ㉣ 김팀장과의 면담
> ㉤ 부서장이 요청한 문서 작업 완료

① ㉠ - ㉢ - ㉡ - ㉣ - ㉤
② ㉡ - ㉠ - ㉢ - ㉤ - ㉣
③ ㉡ - ㉢ - ㉠ - ㉣ - ㉤
④ ㉢ - ㉡ - ㉠ - ㉤ - ㉣
⑤ ㉢ - ㉡ - ㉤ - ㉣ - ㉠

15 다음 상황에서 G주임이 처리해야 할 업무 순서로 가장 적절한 것은?

> 안녕하세요, G주임님. 언론홍보팀 L대리입니다. 다름이 아니라 이번에 저희 공사에서 진행하는 '소셜벤처 성장지원사업'에 관한 보도 자료를 작성하려고 하는데, 디지털소통팀의 업무 협조가 필요하여 연락드렸습니다. 디지털소통팀 P팀장님께 G주임님이 협조해 주신다는 이야기를 전해 들었습니다. 자세한 요청 사항은 회의를 통해서 말씀드리도록 하겠습니다. 혹시 내일 오전 10시에 회의를 진행해도 괜찮을까요? 일정 확인하시고 오늘 내로 답변 주시면 감사하겠습니다. 일단 회의 전에 알아두시면 좋을 것 같은 자료는 메일로 발송하였습니다. 회의 전에 미리 확인하셔서 관련 사항 숙지하시고 회의에 참석해 주시면 좋을 것 같습니다. 아! 그리고 오늘 오후 2시에 홍보실 각 팀 팀장회의가 있다고 하니, P팀장님께 꼭 전해 주세요.

① 팀장회의 참석 - 익일 업무 일정 확인 - 메일 확인 - 회의 일정 답변 전달
② 팀장회의 참석 - 메일 확인 - 익일 업무 일정 확인 - 회의 일정 답변 전달
③ 팀장회의 일정 전달 - 메일 확인 - 회의 일정 답변 전달 - 익일 업무 일정 확인
④ 팀장회의 일정 전달 - 익일 업무 일정 확인 - 회의 일정 답변 전달 - 메일 확인
⑤ 팀장회의 일정 전달 - 익일 업무 일정 확인 - 메일 확인 - 회의 일정 답변 전달

| 유형분석 |

- 국제 매너에 대한 이해를 묻는 문제이다.
- 국제 공통 예절과 국가별 예절을 구분해서 알아야 하며, 특히 식사 예절은 필수로 알아 두어야 한다.

다음 〈보기〉 중 조직의 환경 적응에 대한 설명으로 적절하지 않은 것을 모두 고르면?

보기

ㄱ. 기업에 대한 세계화의 영향은 진출시장, 투자 대상 확대 등 기업의 대외적 경영 측면으로 국한된다.
ㄴ. 특정 국가에서의 업무 동향 점검 시에는 거래 기업에 대한 정보와 시장의 특성뿐 아니라 법규에 대하여
도 파악하는 것이 필수적이다.
ㄷ. 이문화 이해는 곧 상이한 문화와의 언어적 소통을 가리키므로 현지에서의 인사법 등 예절에 주의하여야
한다.
ㄹ. 이문화 이해는 특정 타 지역에 오랜 기간 형성된 문화를 이해하는 것으로, 단기간에 집중적인 학습으로
신속하게 수월한 언어적 능력을 갖추는 것이 최선이다.

① ㄱ
② ㄱ, ㄷ
③ ㄴ, ㄹ
④ ㄱ, ㄷ, ㄹ
⑤ ㄴ, ㄷ, ㄹ

정답 ④

ㄱ. 세계화는 조직 구성원들의 근무환경 등 개인의 삶에도 직·간접적으로 영향을 주기 때문에 구성원들은 의식 및 태도, 지식
습득에 있어서 적응이 필요하다. 따라서 기업의 대외적 경영 측면뿐 아니라 대내적 관리에도 영향을 준다.
ㄷ. 이문화 이해는 언어적 소통 및 비언어적 소통, 문화, 정서의 이해를 모두 포괄하는 개념이다. 따라서 이문화 이해가 곧 언어적
소통이 되는 것은 아니다.
ㄹ. 문화란 장시간에 걸쳐 무의식적으로 형성되는 영역으로 단기간에 외국 문화를 이해하는 것은 한계가 있으므로 지속적인 학습과
노력이 요구된다.

오답분석

ㄴ. 대상 국가의 법규 및 제도 역시 기업이 적응해야 할 경영 환경이다.

풀이 전략!

국제 매너가 우리나라의 예절 상식과 항상 같지는 않음에 유의하며, 문제에서 묻는 내용(적절한, 적절하지 않은)을 분명히
확인한 후 문제를 풀어야 한다.

01 다음 대화 내용 중 국제 문화에 대해 적절하지 않은 말을 한 사람은?

> 철수 : 12월에 필리핀에 흑색경보가 내려져서 안 가길 잘했어. 아직 해제 발표가 없으니 지금도 들어가지 못할 거야.
> 만수 : 요새 환율이 올라서 해외여행을 하기에 좋아.
> 영수 : 환율이 올라서 수출 사업하는 사람들이 이득을 보겠네.
> 희수 : 미국에 가고 싶었는데 ESTA 신청을 안 해서 관광을 못 할 것 같아.

① 철수
② 만수
③ 영수
④ 희수
⑤ 없음

02 다음 중 외국인을 대하는 예절에 대한 설명으로 적절하지 않은 것은?

① 미국인과는 상대의 눈을 마주보고 미소를 지으며 악수한다.
② 머리를 조아리거나 허리를 굽실거리는 수줍은 태도의 악수는 비겁하게 보일 수 있다.
③ 영문 명함이 아닐 경우에는 교환하지 않는다.
④ 여성 / 연장자에서 남성 / 연소자 순으로 소개한다.
⑤ 악수는 오른손으로 하며, 물건을 들고 있다면 왼손으로 옮기거나 바닥에 놓고 악수한다.

03 다음 대화 내용 중 경제 상식에 대해 적절하지 않은 말을 한 사람은?

> A사원 : 주식을 볼 때 미국은 나스닥, 일본은 자스닥, 한국은 코스닥을 운영하고 있던가?
> B사원 : 응, 국가마다 기준이 다른데 MSCI 지수를 통해 상호 비교할 수 있어.
> C사원 : 그렇지. 그리고 요즘 기축통화에 대해 들었어? 한국의 결제나 금융거래에서 기본이 되는 화폐인데 이제 그 가치가 더 상승한대.
> D사원 : 그래? 고도의 경제성장률을 보이는 이머징마켓에 속한 국가들 때문에 그런가?

① A사원
② B사원
③ C사원
④ D사원
⑤ 모두 옳다.

04 다음 중 국제 동향을 파악하는 방법으로 적절하지 않은 것은?

① 국제적인 상황 변화에 관심을 두도록 한다.

② 업무와 관련된 국제적 법규나 규정을 숙지한다.

③ 특정 국가의 관련 업무에 대한 동향을 점검한다.

④ 신문, 인터넷 등 각종 매체를 통해 국제적 동향을 파악한다.

⑤ 현지인의 의견보다는 국내 전문가의 의견에 따른다.

05 다음과 같은 비즈니스 에티켓 특징을 가지고 있는 국가로 가장 적절한 것은?

> • 인사 : 중국계의 경우 악수로 시작하는 일반적인 비즈니스 문화를 가지고 있으며, 말레이계의 경우 이성과 악수를 하지 않는 것이 일반적이다. 인도계 역시 이성끼리 악수를 하지 않고 목례를 한다.
> • 약속 : 약속 없이 방문하는 것은 실례이므로 업무상 필수적으로 방문해야 하는 경우에는 약속을 미리 잡아 일정 등에 대한 확답을 받은 후 방문한다. 미팅에서는 부수적인 이야기를 거의 하지 않으며 바로 업무에 대한 이야기를 한다. 이때 상대방의 말을 끝까지 경청해야 한다. 명함을 받을 때도 두 손으로 받는 것이 일반적이다.

① 미국   ② 태국

③ 필리핀   ④ 싱가포르

⑤ 인도네시아

06 언어적 커뮤니케이션과 달리 상대국의 문화적 배경의 생활양식, 행동규범, 가치관 등을 이해하여 서로 다른 문화적 배경을 지닌 사람과 소통하는 것을 비언어적 커뮤니케이션이라고 한다. 다음 중 비언어적 커뮤니케이션을 위한 행동으로 적절하지 않은 것은?

① 일본에서 칼은 관계의 단절을 의미한다. 따라서 일본인에게 선물할 때 칼은 피하는 것이 좋다.

② 키르기스스탄에서는 왼손을 더러운 것으로 여기는 풍습이 있다. 따라서 키르기스스탄인에게 명함을 건넬 경우에는 반드시 오른손으로 주도록 한다.

③ 스페인에서는 악수할 때 손을 강하게 잡을수록 반갑다는 의미를 가지고 있다. 따라서 스페인 사람과 첫 협상 시에는 강하게 악수하여 반가움을 표현하는 것이 적절하다.

④ 이탈리아에서는 연회 시 소금이나 후추 등이 다른 사람 손에 거치면 좋지 않다는 풍습이 있다. 따라서 이탈리아에서 연회 참가 시 소금과 후추가 필요할 때는 웨이터를 부르도록 한다.

⑤ 중국에서는 상대방이 선물을 권할 때 선뜻 받기보다는 세 번 정도 거절하는 것이 예의라고 생각한다. 따라서 중국인에게 선물할 때 세 번 거절당하더라도 한 번 더 받기를 권하는 것이 좋다.

07 직장생활을 하면 해외 바이어를 만날 일이 생기기도 한다. 이를 대비해 알아 두어야 할 국제 매너로 적절하지 않은 것은?

① 악수를 한 후 명함을 건네는 것이 순서이다.

② 국가에 따라 필요한 예절이 다르기 때문에 사전에 확인해야 한다.

③ 러시아, 라틴아메리카 사람들은 포옹으로 인사를 하는 경우도 많다.

④ 이라크 사람들은 상대방이 약속시간이 지나도 기다려 줄 것으로 생각한다.

⑤ 미국인들과 악수를 할 때에는 손끝만 살짝 잡아서 해야 한다.

PART 1

08 A씨는 업무상 만난 외국인 파트너와 식사를 하였다. A씨가 한 다음 행동 중 예절에 어긋나는 것은?

① 포크와 나이프를 바깥쪽에 있는 것부터 사용했다.

② 빵을 손으로 뜯어 먹었다.

③ 커피를 마실 때 손가락을 커피잔 고리에 끼지 않았다.

④ 수프를 숟가락으로 저으면 소리가 날까봐 입김을 불어 식혔다.

⑤ 스테이크를 잘라가면서 먹었다.

09 다음 중 국제 매너에 대한 설명으로 적절하지 않은 것은?

① 미국에서 택시 탑승 시에는 가급적 운전자 옆자리에 앉지 않는다.

② 라틴아메리카 사람들은 약속시간보다 조금 늦게 도착하는 것이 예의라고 생각한다.

③ 인도에서도 악수가 보편화되어 남녀 상관없이 악수를 청할 수 있다.

④ 아프리카에서 상대방의 눈을 바라보며 대화하는 것은 예의에 어긋난다.

⑤ 미국 사람들은 시간 약속을 매우 중요하게 생각한다.

10 다음 중 업무상 미국인 C씨와 만나야 하는 B대리가 알아 두어야 할 예절로 적절하지 않은 것은?

> A부장 : B대리, ○○기업 C씨를 만날 준비는 다 되었습니까?
> B대리 : 네, 부장님. 필요한 자료는 다 준비했습니다.
> A부장 : 그래요. 우리 회사는 해외 진출이 경쟁사에 비해 많이 늦었는데 ○○기업과 파트너만 된
> 다면 큰 도움이 될 겁니다. 아, 그런데 업무 관련 자료도 중요하지만 우리랑 문화가 다르니
> 까 실수하지 않도록 준비 잘하세요.
> B대리 : 네, 알겠습니다.

① 무슨 일이 있어도 시간은 꼭 지켜야 한다.
② 악수를 할 때 눈을 똑바로 보는 것은 실례이다.
③ 어떻게 부를 것인지 상대방에게 미리 물어봐야 한다.
④ 명함은 악수를 한 후 교환한다.
⑤ 인사하거나 이야기할 때 어느 정도의 거리(공간)를 두어야 한다.

PART 2

최종점검 모의고사

제1회 최종점검 모의고사

제2회 최종점검 모의고사

제3회 최종점검 모의고사

제1회
최종점검 모의고사

※ 인천공항시설관리 최종점검 모의고사는 2025년 제3차 채용공고와 최신 후기를 기준으로 구성한 것으로, 실제 시험과 다를 수 있습니다.

■ 취약영역 분석

번호	O/×	영역	번호	O/×	영역	번호	O/×	영역
01			16			31		
02			17			32		
03			18		의사소통능력	33		
04			19			34		
05			20			35		조직이해능력
06			21			36		
07			22			37		
08		의사소통능력	23			38		
09			24			39		
10			25			40		
11			26		조직이해능력			
12			27					
13			28					
14			29					
15			30					

평가문항	40문항	평가시간	50분
시작시간	:	종료시간	:
취약영역			

01 다음은 I공항공사의 야생동물 위험관리계획의 일부 내용이다. 다음 중 야생동물 위험관리계획의 내용으로 적절하지 않은 것은?

---

5. 조류 충돌 분석 및 야생동물 위험 평가

5 – 1 개요

ㄱ 조류 충돌이 발생하였을 경우 항공기에 남아 있는 충돌 조류의 잔해를 수거했을 때에는 동일 사고의 재발을 방지하기 위한 대책 마련 등에 활용할 수 있도록 충돌 조류의 종류를 확인해야 한다.

ㄴ I공항 부지 내외 지역의 야생동물의 서식 현황, 분포 및 서식지 이용 실태를 파악하고 항공기 운항에 대한 야생동물의 상대적인 위험 정도를 구분해 현장 점검 시 활용한다.

5 – 2 충돌 조류의 확인

ㄱ 조류 충돌 발생 상황을 인지하고 해당 항공기에 남은 조류 잔해(깃털, 혈흔 등)를 수거했을 경우에는 자체적으로 종류를 식별한다.

ㄴ 자체 분석이 불가능한 경우에는 수거 잔해의 종류에 따라 관련 전문기관에 분석을 의뢰한다.

ㄷ 활주로 점검 중 발견된 조류 충돌 흔적으로 의심되는 조류의 사체, 잔해 등은 점검일지에 일시, 세부 위치, 종류(가능한 경우), 개체 수를 기록한다.

5 – 3 야생동물 위험 평가

ㄱ 야생동물 위험 평가는 '조류 및 야생동물 충돌 위험 감소에 관한 기준' 제10조에서 정한 자격을 충족하는 인원이 수행한다.

ㄴ 야생동물 위험 평가는 다음 ⓐ ~ ⓒ에 해당되는 경우 시행한다.
　ⓐ 항공기의 조류 충돌 또는 조류에 의한 엔진 손상이 발생한 때
　ⓑ 항공기가 야생동물과 충돌하여 기체에 손상을 입은 때
　ⓒ 항공기 또는 그 인접 지역에서 항공기 운항 안전에 위험 요소로 작용할 수 있는 조류 등 야생동물이 지속적으로 발견되거나 발견되었다는 보고가 접수된 때

ㄷ 위험 평가
　ⓐ 야생동물 통제 활동 또는 각종 점검 결과를 이용하여 위험 평가를 시행한다.
　ⓑ 야생동물의 종류, 개체 수, 무게, 조류 충돌 기록 등을 고려하여 항공기에 대한 상대적인 위험 정도를 구분한다.
　ⓒ 야생동물의 상대적인 위험 정도는 정량화하여 수치로 표현한다.

---

5 – 4 **충돌 조류 분석 및 위험 평가 결과의 활용**
  ㉠ 조류 충돌을 일으킨 조류를 확인하였을 경우에는 해당 조류의 서식 시기와 분포, 위험 평가 결과 등을 종합하여 우선 관리 대상으로 분류하여 현장 통제 활동을 시행한다.
  ㉡ 충돌 잔해의 분석 불가능 또는 잔해가 수거되지 않을 경우에는 위험 평가 결과를 염두에 두어 통제 대상의 우선순위를 결정한다.
  ㉢ 조류 충돌 잔해 분석 결과와 활주로에서 수거한 조류 충돌 흔적에 대하여는 해당 조류의 일반 생태, I공항에서의 서식 시기와 분포, 개체 수 등에 대한 정보를 데이터베이스로 구축하여 관리한다.

5 – 5 **보고**
  야생동물 위험 평가는 수시 또는 정기적으로 분석하여 현장 야생동물 통제 활동에 반영하여 적절한 관리를 시행하고 야생동물 위험 평가 분석 결과는 관할 지방항공청에 보고한다.

① 항공기의 조류 충돌 또는 조류에 의한 엔진 손상이 발생하였을 경우 야생동물 위험 평가를 시행한다.
② I공항 부지 내부에만 서식하는 야생동물의 서식 현황과 분포 및 서식지 이용 실태를 파악하여야 한다.
③ 항공기에 대한 야생동물의 위험 정도는 야생동물의 종류, 개체 수, 무게, 조류 충돌 기록 등을 고려해 구분한다.
④ 야생동물 위험 평가는 수시 또는 정기적으로 분석하여 현장 야생동물 통제 활동에 반영하여 적절한 관리를 시행한다.
⑤ 조류 충돌이 발생하였을 경우 자체적으로 종류를 식별하되, 자체 분석이 불가능할 경우 전문기관에 분석을 의뢰한다.

02 다음 글에서 밑줄 친 ㉠ ~ ㉤의 수정 방안으로 적절하지 않은 것은?

> 어떤 연구원이 사람의 키와 몸무게는 반드시 정비례한다고 주장하였다. ㉠ 그는 키와 몸무게가 비례한다고 강조한다. 그에 따르면 키가 클수록 필연적으로 몸무게가 많이 나가고, 키카 작을수록 몸무게가 적게 나간다고 한다. 그런데 어느 날 키가 작고 뚱뚱한 사람과 키가 크고 마른 사람이 이 ㉡ 학자를 찾아왔다. ㉢ 2명은 마주 보고 있었다. 연구원은 2명을 보는 순간 ㉣ 생각다 못해 당황할 수밖에 없었다. 키와 몸무게에 대한 자신의 주장이 틀렸음을 알게 되었기 때문이다. ㉤ 오히려 충분한 사례를 검토하지 않고 일반화하는 것은 위험하다.

① ㉠ : 앞 문장과 의미가 중복되므로 삭제한다.
② ㉡ : 하나의 글 안에서 지칭을 다르게 하고 있으므로 '연구원'으로 통일한다.
③ ㉢ : 통일성을 깨뜨리는 문장이므로 삭제한다.
④ ㉣ : 문장 내에서 '당황하다'와 의미상 어울리지 않으므로 삭제한다.
⑤ ㉤ : 앞뒤 내용을 자연스럽게 이어주지 못하므로 '그런데'로 수정한다.

03 다음 문단을 논리적 순서대로 바르게 나열한 것은?

(가) 나무를 가꾸기 위해서는 처음부터 여러 가지를 고려해 보아야 한다. 심을 나무의 생육 조건, 나무의 형태, 나무가 다 자랐을 때의 크기, 꽃과 단풍의 색, 식재 지역의 기후와 토양 등을 종합적으로 생각하고 심어야 한다. 나무의 생육 조건은 저마다 다르기 때문에 지역의 환경 조건에 적합한 나무를 선별하여 환경에 적응하도록 해야 한다. 동백나무와 석류, 홍가시나무는 남부 지방에 키우기 적합한 나무로 알려져 있지만 지구온난화로 남부 수종의 생육 한계선이 많이 북상하여 중부 지방에서도 재배가 가능한 나무도 있다. 부산의 도로 중앙분리대에서 보았던 잎의 붉은 홍가시나무는 여주의 시골집 마당 양지바른 곳에서 3년째 잘 적응하고 있다.

(나) 더불어 나무의 특성을 외면하고 주관적인 해석에 따라 심었다가는 훗날 낭패를 보기 쉽다. 물을 좋아하는 수국 곁에 물을 싫어하는 소나무를 심었다면 둘 중 하나는 살기 어려운 환경이 조성된다. 나무를 심고 가꾸기 위해서는 전체적인 밑그림을 그려보고 생태적 특징을 살펴본 후에 심는 것이 바람직하다.

(다) 나무들이 밀집해 있으면 나무들끼리의 경쟁은 물론 바람길과 햇빛의 방해로 성장은 고사하고 병충해에 시달리기 쉽다. 또한 나무들은 성장 속도가 다르기 때문에 항상 다 자란 나무의 모습을 상상하며 나무들 사이의 공간 확보를 염두에 두어야 한다. 그러나 묘목을 심고 보니 듬성듬성한 공간을 메꾸기 위하여 자꾸 나무를 심게 되는 실수가 종종 일어나고는 한다.

(라) 식재 계획의 시작은 장기적인 안목으로 적재적소의 원칙을 염두에 두고 나무를 선정해야 한다. 식물은 햇빛, 물, 바람의 조화를 이루면 잘 산다고 하지 않는가. 그래서 나무의 특성 중에서 햇볕을 좋아하는지, 그늘을 좋아하는지, 물을 좋아하는지 여부를 살펴보는 것이 중요하다. 묘목을 심을 경우 실수하는 것은 나무가 자랐을 때의 생육 공간을 생각하지 않고 촘촘하게 심는 것이다.

① (가) – (다) – (라) – (나)
② (가) – (라) – (다) – (나)
③ (다) – (가) – (라) – (나)
④ (다) – (나) – (가) – (라)
⑤ (라) – (나) – (다) – (가)

04 다음은 플라세보 소비에 대한 글이다. 이에 대한 사례로 적절하지 않은 것은?

'플라세보(Placebo) 소비'란 속임약을 뜻하는 '플라세보'와 '소비'가 결합된 말로, 가격 대비 마음의 만족이란 의미의 '가심비(價心比)'를 추구하는 소비를 뜻한다. 플라세보 소비에서의 '플라세보'란 실제로는 생리 작용이 없는 물질로 만든 약을 말한다. 젖당·녹말·우유 따위로 만들어지며, 어떤 약물의 효과를 시험하거나 환자를 일시적으로 안심시키기 위한 목적으로 투여한다. 환자가 이 속임약을 진짜로 믿게 되면 실제로 좋은 반응이 생기기도 하는데, 이를 '플라세보 효과'라고 한다. 즉, 가심비를 추구하는 소비에서는 소비자가 해당 제품을 통해서 심리적으로 안심이 되고 제품에 대한 믿음을 갖게 되면, 플라세보 효과처럼 객관적인 제품의 성능과는 상관없이 긍정적인 효과를 얻게 된다. 이러한 효과는 소비자가 해당 제품을 사랑하는 대상에 지출할 때, 제품을 통해 안전에 대한 심리적 불안감과 스트레스를 해소할 때일수록 강해진다. 따라서 상품의 가격과 성능이라는 객관적인 수치에 초점을 두었던 기존의 가성비(價性比)에 따른 소비에서는 소비자들이 '싸고 품질 좋은 제품'만을 구매했다면, 가심비에 따른 소비에서는 다소 비싸더라도 '나에게 만족감을 주는 제품'을 구매하게 된다.

① A는 딸을 위해 비싸지만 천연 소재의 원단으로 제작된 유치원복을 구매했다.
② B는 무엇인가 만드는 것을 좋아해 자수틀과 실, 바늘 등의 도구를 산다.
③ C는 동전 컬렉션을 완성하기 위해 옛날 동전을 비싸게 구매했다.
④ D는 평소 좋아하는 캐릭터의 피규어를 비싸게 구매하였다.
⑤ E는 계절이 바뀔 때면 브랜드 세일 기간을 공략해 꼭 필요한 옷을 구입한다.

※ 다음 글을 읽고 이어지는 질문에 답하시오. **[5~6]**

지난 2002년 프랑스 리옹대학교 보케 교수는 물수제비 횟수는 돌의 속도가 빠를수록 증가하며, 최소 한 번 이상 튀게 하려면 시속 1km는 되어야 한다는 실험 결과를 발표하면서 수평으로 걸어준 회전 역시 중요한 변수라고 지적했다. 즉, 팽이가 쓰러지지 않고 균형을 잡는 것처럼 돌에 회전을 걸어주면 돌이 수평을 유지하여 평평한 쪽이 수면과 부딪칠 수 있다. 그러면 돌은 물의 표면장력을 효율적으로 이용해 위로 튕겨 나간다는 것이다.

물수제비 현상에서는 또 다른 물리적 원리를 생각할 수 있다. 단면(斷面)이 원형인 물체를 공기 중에 회전시켜 던지면 물체 표면 주변의 공기가 물체에 끌려 물체와 동일한 방향으로 회전하게 된다. 또한 물체 외부의 공기는 물체의 진행 방향과는 반대 방향으로 흐르게 된다. 이때 베르누이의 원리에 따르면, 물체 표면의 회전하는 공기가 물체 진행 방향과 반대편으로 흐르는 쪽은 공기의 속도가 빨라져 압력이 작아지지만, 물체 진행 방향과 동일한 방향으로 흐르는 쪽의 공기는 속도가 느려 압력이 커지게 되고, 결국 회전하는 물체는 압력이 낮은 쪽으로 휘어 날아가게 된다. 이를 '마그누스 효과'라고 하는데, 돌을 회전시켜 던지면 바로 이런 마그누스 효과로 인해 물수제비가 더 잘 일어날 수 있는 것이다. 또한 보케 교수는 공기의 저항을 줄이기 위해 돌에 구멍을 내는 것도 물수제비 발생에 도움이 될 것이라고 말했다.

프랑스 물리학자 클라네 박사와 보케 교수가 밝혀낸 바에 따르면 물수제비의 핵심은 돌이 수면을 치는 각도에 있었다. 이들은 알루미늄 원반을 자동 발사하는 장치를 만들고 100분의 1초 이하의 순간도 잡아내는 고속 비디오카메라로 원반이 수면에 부딪치는 순간을 촬영했다. 그 결과 알루미늄 원반이 물에 빠지지 않고 최대한 많이 수면을 튕겨 가게 하려면 원반과 수면의 각도를 20°에 맞춰야 한다는 사실을 알아냈다. 클라네 박사의 실험에서 20°보다 낮은 각도로 던져진 돌은 수면에서 튕겨 나가기는 하지만 그 다음엔 수면에 맞붙어 밀려가면서 운동에너지를 모두 잃어버리고 물에 빠져 버렸다. 반면에 돌이 수면과 부딪치는 각도가 45°보다 크게 되면 곧바로 물에 빠져 들어가 버렸다.

물수제비를 실제로 활용한 예도 있다. 2차 대전이 한창이던 1943년, 영국군은 독일 루르 지방의 수력 발전용 댐을 폭파해 군수 산업에 치명타를 가했다. 고공 폭격으로는 댐을 정확하게 맞추기 어렵고, 저공으로 날아가 폭격을 하자니 폭격기마저 폭발할 위험이 있었다. 그래서 영국 공군은 4t 무게의 맥주통 모양 폭탄을 제작하여 18m의 높이로 저공비행을 하다가 댐 약 800m 앞에서 폭탄을 분당 500회 정도의 역회전을 시켜 투하했다. 폭탄은 수면을 몇 번 튕겨 나간 다음 의도한 대로 정확히 댐 바로 밑에서 폭발했다.

이러한 물수제비 원리가 응용된 것이 성층권 비행기 연구다. 즉, 이륙 후 약 40km 상공의 성층권까지 비행기가 올라가서 엔진을 끄면 아래로 떨어지다가 밀도가 높은 대기층을 만나 물수제비처럼 튕겨 오르게 된다. 이때 엔진을 다시 점화해 성층권까지 올라갔다가 또 다시 아래로 떨어지면서 대기층을 튕겨 가는 방식을 되풀이한다. 과학자들은 비행기가 이런 식으로 18번의 물수제비를 뜨면 시카고에서 로마까지 72분에 갈 수 있을 것으로 기대하고 있다. 과학자들은 ㉠ 우리 주변에서 흔히 보는 물수제비를 바탕으로 초고속 비행기까지 생각해 냈다. 그 통찰력이 참으로 놀랍다.

05 다음 중 윗글의 내용으로 가장 적절한 것은?

① 돌이 무거울수록 물수제비 현상은 더 잘 일어난다.

② 돌의 표면이 거칠수록 물의 표면장력은 더 커진다.

③ 돌을 회전시켜 던지면 공기 저항을 최소화할 수 있다.

④ 돌의 중력이 크면 클수록 물수제비 현상이 잘 일어난다.

⑤ 수면에 부딪친 돌의 운동에너지가 유지되어야 물수제비가 일어난다.

06 다음 중 밑줄 친 ㉠과 유사한 사례로 볼 수 없는 것은?

① 프리즘을 통해 빛이 분리되는 것을 알고 무지개 색을 규명해냈다.

② 새가 날아갈 때 날개에 양력이 생김을 알고 비행기를 발명하게 되었다.

③ 푸른곰팡이에 세균을 죽이는 성분이 있음을 알고 페니실린을 만들어냈다.

④ 물이 넘치는 것을 통해 부력이 존재함을 알고 거대한 유조선을 바다에 띄웠다.

⑤ 수증기가 올라가는 현상을 통해 공기가 데워지면 상승한다는 것을 알고 열기구를 만들었다.

07 다음 글의 제목으로 가장 적절한 것은?

시장경제(市場經濟)는 국민 모두가 잘살기 위한 목적을 달성하기 위한 수단으로서 선택한 나라 살림의 운영 방식이다. 그러나 최근에 재계, 정계, 그리고 경제 관료 사이에 벌어지고 있는 시장경제에 대한 논쟁은 마치 시장경제 그 자체가 목적인 것처럼 왜곡되고 있다. 국민들이 잘살기 위해서는 경제가 성장해야 한다. 그러나 경제가 성장했는데도 다수의 국민들이 잘사는 결과를 가져오지 못하고 경제적 강자들의 기득권을 확대 생산하는 결과만을 가져온다면 국민들은 시장경제를 버리고 대안적(代案的) 경제 체제를 찾을 것이다. 그렇기에 시장경제를 유지하기 위해서는 성장과 분배의 균형이 중요하다.

시장경제는 경쟁을 통해서 효율성을 높이고 성장을 달성한다. 경쟁의 동기는 사적인 이익을 추구하는 인간의 이기적 속성에 기인한다. 국민 각자는 모두가 함께 잘살기 위해서가 아니라 내가 잘살기 위해서 경쟁을 한다. 모두가 함께 잘살기 위해 공동의 목적을 달성하기 위한 수단으로 시장경제를 선택한 것이지만, 개개인은 이기적인 동기로 시장에 참여하는 것이다. 이와 같이 시장경제는 개인과 공동의 목적이 서로 상반되는 모순을 갖는 것이 그 본질이다. 그래서 시장경제가 제대로 운영되기 위해서는 국가의 소임이 중요하다.

시장경제에서 국가가 할 일은 크게 세 가지로 나누어 볼 수 있다. 첫째는 경쟁을 유도하는 시장 체제를 만드는 것이고, 둘째는 공정한 경쟁이 이루어지도록 시장 질서를 세우는 것이며, 셋째는 경쟁의 결과로 얻은 성과가 모두에게 공평하게 분배되도록 조정하는 것이다. 최근에 벌어지고 있는 시장경제의 논쟁에서는 국가의 세 가지 역할 중에서 논쟁의 주체들이 자신의 이해관계에 따라 선택적으로 시장경제를 왜곡하고 있다. 경쟁에서 강자의 위치를 확보한 재벌들은 경쟁 촉진을 주장하면서 공정 경쟁이나 분배를 말하는 것은 반시장적이라고 매도한다. 정치권은 인기 영합의 수단으로, 일부 노동계는 이기적 동기로 분배를 주장하면서 분배의 전제가 되는 성장을 위해서 필요한 경쟁을 훼손하는 모순된 주장을 한다. 경제 관료들은 자신의 권력을 강화하기 위한 부처의 이기적인 관점에서 경쟁 촉진과 공정 경쟁 사이에서 줄타기 곡예를 하며 분배에 대해서 말하는 것은 금기시한다. 모두가 자신들의 기득권을 위해서 선택적으로 왜곡하고 있는 것이다.

경쟁은 원천적으로 공정성을 보장하지 못한다. 서로 다른 능력이 주어진 천부적(天賦的)인 차이는 물론이고, 물려받는 재산과 환경의 차이로 인하여 출발선에서부터 공정하지 않은 경쟁이 시작된다. 그럼에도 불구하고 경쟁은 창의력을 가지고 노력하는 사람에게 성공을 가져다주는 체제이다. 그래서 출발점이 다를지라도 노력과 능력에 따라 성공의 기회가 제공되도록 보장하기 위해서 공정 경쟁이 중요하다.

또한 경쟁은 분배의 공평성을 보장하지 못한다. 경쟁의 결과는 경쟁에 참여한 모든 사람들의 노력의 결과로 이루어진 것이지, 승자만의 노력으로 이루어진 것은 아니다. 경쟁의 결과가 승자에 의해서 독점된다면 국민들은 경쟁으로의 참여를 거부할 수밖에 없다. 그래서 경쟁에 참여한 모두에게 공평한 분배가 이루어지는 것이 중요하다.

① 시장경제에서의 개인과 경쟁의 상호 관계
② 시장경제에서의 국가의 역할
③ 시장경제에서의 개인 상호 간의 경쟁
④ 시장경제에서의 경쟁의 양면성과 그 한계
⑤ 시장경제에서의 경쟁을 통한 개개인의 관계

08 다음은 미래교통전략연구소의 '교통정책 연구 방향과 과제'에 관한 글이다. 이 글을 읽고 알 수 있는 내용으로 적절하지 않은 것은?

지금 인류 문명에 새로운 시대가 다가오고 있다. 인공지능, 사물인터넷(IoT), 증강현실(AR) 등 그간 경험하지 않은 신기술이 출현하고 있다. 인간의 역할과 삶의 방식, 사회경제 시스템, 산업구조 등을 근본적으로 바꿀 기술이다. 4차 산업혁명은 먼 미래가 아니라 이미 현실화되고 있다. 2016년 겪었던 '알파고 쇼크'는 4차 산업혁명이 가져올 변화의 위력을 보여준 사례이다.

교통 부문도 4차 산업혁명과 무관하지 않다. 교통수단·서비스·운영 등을 혁신할 신(新) 교통기술이 출현하고 있다. 자율주행 자동차와 같이 상상이 현실이 되고 있고, 하이퍼루프(Hyperloop)처럼 항공기보다 월등히 빠른 초고속 교통수단이 개발 중이다. 신 교통기술의 등장으로 교통체계, 이동 행태, 운수산업, 교통안전 등은 급속한 변화가 예상된다.

4차 산업혁명과 신 교통기술이 가진 산업적 의미와 국가 발전에 미치는 영향에 관해 연구할 것이다. 1차 산업혁명의 진행 과정에서 교통 부문이 중요한 변화를 이끌었다. 증기·가솔린 자동차, 증기 기관차, 동력비행기 등 이전 시기에 없던 신 교통기술이 등장했기 때문이다. 신 교통기술은 산업 측면에서 중요한 의미가 있다. 자동차·철도·항공기 산업 등 이전 시기에 없던 신산업이 등장하는 계기가 됐다는 것이다. 그 후 신산업은 20세기를 대표하는 주류 산업으로 발전했다. 신 교통기술이 교통 부문의 혁신에 한정되지 않고 산업구조 변화와 신산업 발전에 중요한 역할을 한 것이다.

현재 4차 산업혁명의 진행 상황은 1차 산업혁명과 유사하다. 4차 산업혁명을 대표하는 주요 신기술인 자율주행 자동차, 드론, 하이퍼루프 등이 교통 부문과 관련이 있다. 1차 산업혁명 때 증기·가솔린 자동차, 증기 기관차, 동력비행기 등 교통 부문에서 신기술이 개발된 것과 같다. 더욱이 신 교통기술이 도로·철도·항공 부문을 중심으로 등장한다는 점도 1차 산업혁명과 마찬가지다.

1차 산업혁명의 진행 과정에 비추어 볼 때, 4차 산업혁명에서도 신산업이 출현할 것으로 예상된다. 드론, 자율주행 자동차, 하이퍼루프 등은 기존에 없던 신 교통기술이기 때문이다. 신산업으로 발전할 수 있고 21세기 주류 산업으로 성장할 가능성이 크다. 그래서 자동차·철도 등과 전혀 관련이 없던 업체들이 신 교통기술 사업에 진출하여 개발을 주도하고 있다. 그만큼 신 교통기술이 가진 산업적 가치와 파급력을 주목하고 있다는 것이다. 따라서 신 교통기술의 산업적 의미와 국가 발전에 미치는 영향에 관한 연구가 필요하고 중요하다.

이처럼 파급력이 크고 폭넓기 때문에 신 교통기술이 가져올 변화에 대한 검토가 필요하다. 4차 산업 혁명의 진행과 신 교통기술의 출현에 대비하는 전략으로 마련한 것이 바로 '국가 미래교통 전략 2050' 보고서다. 국가 차원의 미래 전략을 수립하는 목적은 4차 산업혁명의 진행과 신 교통기술의 출현을 도전의 기회로 삼고, 4차 교통혁명 시대를 선도하기 위함이다. 이를 위해 한국뿐 아니라 글로벌 차원에서 사회경제·교통물류 부문의 메가트렌드를 분석할 것이며, 미래의 교통물류 미래상을 구상하고 그 영향에 관해 제시할 것이다. 또한 미래 변화에 대비한 정책 방향, 추진 과제, 관련 법·제도 정비 그리고 추진 계획도 포함한다.

① 국가 차원의 미래전략 수립의 목적
② 신 교통기술에 대비하기 위한 세부 전략
③ 1차 산업혁명과 4차 산업혁명의 유사점
④ 4차 산업혁명으로 인한 위력적인 변화 사례
⑤ '국가 미래교통 전략 2050' 보고서 작성 방향

다음 글의 빈칸에 들어갈 내용으로 가장 적절한 것은?

몰랐지만 넘겨짚어 시험의 정답을 맞힌 경우와 제대로 알고 시험의 정답을 맞힌 경우를 구별할 수 있을까? 또 무작정 외워서 쓴 경우와 제대로 이해하고 쓴 경우는 어떤가? 전자와 후자는 서로 다르게 평가받아야 할까, 아니면 동등한 평가를 받아야 할까?

선택형 시험의 평가는 오로지 답안지에 표기된 선택지가 정답과 일치하는가의 여부에만 달려 있다. 이는 위의 첫 번째 물음이 항상 긍정으로 대답되지는 않으리라는 사실을 말해준다. 그러나 만일 시험관에게 답안지를 놓고 응시자와 면담할 기회가 주어진다면, 시험관은 응시자에게 정답지를 선택한 근거를 물음으로써 그가 문제에 관해 올바른 정보와 추론 능력을 가지고 있는지 검사할 수 있을 것이다. 예를 들어 한 응시자가 '대한민국의 수도가 어디냐?'는 물음에 대해 '서울'이라고 답했다고 하자. 그렇게 답한 이유가 단지 '부모님이 사시는 도시라 이름이 익숙해서'였을 뿐, 정작 대한민국의 지리나 행정에 관해서는 아는 바 없다는 사실이 면접을 통해 드러났다. 이 경우에 시험관은 이 응시자가 대한민국의 수도에 관한 올바른 정보를 갖고 있다고 인정하기 어려울 것이다. 이 예는 응시자가 올바른 답을 제시하는 데 필요한 정보가 부족한 경우이다.

그렇다면 어떤 사람이 문제의 올바른 답을 추론해 내는 데 필요한 모든 정보를 갖고 있었고 실제로도 정답을 제시했다고 해서, 그가 문제에 대한 올바른 추론 능력을 가지고 있다고 할 수 있는가? 어느 도난 사건을 함께 조사한 홈즈와 왓슨이 사건의 모든 구체적인 세부 사항, 예컨대 범행 현장에서 발견된 흙발자국의 토양 성분뿐 아니라 올바른 결론을 내리는 데 필요한 모든 일반적 정보, 예컨대 영국의 지역별 토양의 성분에 관한 정보 등을 똑같이 갖고 있었고, 실제로 동일한 용의자를 범인으로 지목했다고 하자. 이 경우 두 사람의 추론을 동등하게 평가해야 하는가? 그렇지 않다.

만약 왓슨이 모든 정보를 완비하고 있었음에도 불구하고, 이름에 들어가는 모음의 수가 가장 적다는 엉터리 이유로 범인을 지목했다고 하자. 이런 경우에도 우리는 왓슨의 추론에 박수를 보낼 수 있을까? 아니다. 왜냐하면 _____

① 왓슨은 일반적으로 타당한 개인적 경험을 토대로 추론했기 때문이다.

② 왓슨은 올바른 추론의 방법을 알고 있음에도 불구하고 요행을 우선시했기 때문이다.

③ 왓슨은 추론에 필요한 전문적인 훈련을 받지 못해서 범인을 잘못 골랐기 때문이다.

④ 왓슨은 올바른 추론에 필요한 정보를 가지고 있긴 했지만 그 정보와 무관하게 범인을 지목했기 때문이다.

⑤ 왓슨은 올바른 추론에 필요한 논리적 능력은 갖추고 있음에도 불구하고 범인을 추론하는 데 필요한 관련 정보가 부족했기 때문이다.

10 다음은 신문 기사의 일부분이다. 이 기사에서 틀린 글자는 몇 개인가?

◆ **농업계 염원 외면한 정부**

농축산물은 법 적용에서 제외하거나 적용 기준을 완화해주길 바랐던 농축산물 유통업계는 실망감을 감추지 못했다.

특히 올 추석 경기는 김영란법 시행 이후 전개될 업계 판도를 가능해볼 수 있는 축소판이라고 입을 모은다. 법 시행 이전임에도 농축산물 소비가 크게 위축된 만큼 본격적으로 법이 시행되면 농축산업계 피해는 더욱 커질 것이라는 전망을 내놓고 있다.

서울 가락동 농수산물도매시장의 한 중도매인은 "최근 5년 동안 올해만큼 과일 선물 세트 판매가 힘들기는 처음인 것 같다."며 "김영란법 시행을 앞두고 수년 전부터 꾸준히 거래했던 기업의 발주 물량이 크게 줄었다."고 분위기를 전하며 망연자실한 표정이다.

농업계는 특히 김영란법이 고품질 농축산물 소비를 위축시키고, 농축산물 판매 가격 상승폭을 제한하는 가이드라인으로 작용할 가능성이 크다고 우려한다. 선물 기준 가액이 5만 원으로 정해진 만큼 비교적 고가로 판매되는 친환경 농산물이나 농산물 우수 관리(GAP) 인증 농산물의 판매 위축은 물론 5만 원 이하 맞춤형 저가 상품 판매 확대에 따른 가격 상승폭 제한은 불가피하다는 것이다.

◆ **사면초가에 빠진 인삼·화훼업계**

김영란법 시행의 최대 피해 품목으로 꼽히는 인삼·화훼업계는 "5만 원 이하의 저가 제품 구성을 늘릴 수밖에 없다."며 "저가 제품은 인삼 함유량이 10% 이하에 불과해 인삼 소비에 악영향을 미칠 것"이라고 우려했다.

화훼 유통업계는 경조사용 소비의 비중이 80% 이상을 차지해 타격이 더욱 클 것이란 전망이다. 화훼의 경우 시행령에서 경조사용 화환은 경조사비(10만 원), 승진 축하용 난은 선물(5만 원)에 해당한다. 화훼 유통업체인 F기업 대표는 "화환은 부주금을 포함하면 10만 원이 넘기 때문에 사실상 거래가 어렵다."며 "난도 저가의 품종은 5만 원 정도이지만 선물용으로서의 가치가 떨어진다."고 말했다. 그러면서 "법이 시행되면 꽃 선물이 금기시되면서 화훼업이 붕괴될 것"이라고 한숨을 내쉬었다.

① 1개   ② 2개
③ 3개   ④ 4개
⑤ 5개

11 다음 글의 빈칸에 들어갈 내용으로 가장 적절한 것은?

> 오늘날 유전 과학자들은 유전자의 발현에 대해 관심을 두고 있다. 캐나다 맥길 대학의 연구팀은 이 물음에 답하려고 연구를 수행하였다. 어미 쥐가 새끼를 핥아주는 성향에는 편차가 있다. 어떤 어미는 다른 어미보다 더 많이 핥아주었다.
>
> 연구팀은 어미가 누구든 많이 핥인 새끼는 그렇지 않은 새끼보다 뇌의 특정 부분, 특히 해마에서 당질 코르티코이드 수용체, 곧 GR이 더 많이 생겨났다는 것을 발견했다. 이렇게 생긴 GR의 수는 성체가 되어도 크게 바뀌지 않았다. GR의 수는 GR 유전자의 발현에 달려있다. 이 쥐들의 GR 유전자는 차이는 없지만 그 발현 정도에는 차이가 있을 수 있다. 이 발현을 촉진하는 인자 중 하나가 NGF 단백질인데, 많이 핥인 새끼는 그렇지 못한 새끼에 비해 NGF 수치가 더 높다.
>
> 스트레스 반응 정도는 코르티솔 민감성에 따라 결정되는데, GR이 많으면 코르티솔 민감성이 낮아지게 하는 되먹임회로가 강화된다. 이 때문에 _____

① 어미의 보살핌 정도에 따라 GR 유전자의 차이가 발생하는 것이다.
② GR과 관계없이 코르티솔 민감성에 따라 스트레스 반응 정도가 달리 나타난다.
③ GR 유전자가 스트레스 반응에 중요한 작용을 하는 것이다.
④ 똑같은 스트레스를 받아도 많이 핥인 새끼는 그렇지 않은 새끼보다 더 무디게 반응한다.
⑤ GR의 수는 스트레스 반응과 아무런 관련이 없다는 것이 밝혀졌다.

12 다음 문단을 논리적 순서대로 바르게 나열한 것은?

> (가) 초연결사회(Hyper Connected Society)란 사람, 사물, 공간 등 모든 것들이 인터넷으로 서로 연결돼 모든 것에 대한 정보가 생성 및 수집되고 공유·활용되는 것을 말한다. 즉, 모든 사물과 공간에 새로운 생명이 부여되고 이들의 소통으로 새로운 사회가 열리고 있는 것이다.
>
> (나) 최근 '초연결사회'란 말을 주위에서 심심치 않게 들을 수 있다. 인터넷을 통해 사람 간의 연결은 물론 사람과 사물, 심지어 사물 간의 연결 등 말 그대로 '연결의 영역 초월'로 나아가고 있다.
>
> (다) 나아가 초연결사회는 단지 기존의 인터넷과 모바일 발전의 맥락이 아닌 우리가 살아가는 방식 전체, 즉 사회의 관점에서 미래 사회의 새로운 패러다임으로 큰 변화를 가져올 전망이다.
>
> (라) 초연결사회에서는 인간 대 인간은 물론, 기기와 사물 같은 무생물 객체끼리도 네트워크를 바탕으로 상호 유기적인 소통이 가능해진다. 컴퓨터, 스마트폰으로 소통하던 과거와 달리 초연결 네트워크로 긴밀히 연결되어 오프라인과 온라인이 융합되고, 이를 통해 새로운 성장과 가치 창출의 기회가 증가할 것이다.

① (가) – (나) – (다) – (라) ② (가) – (나) – (라) – (다)
③ (나) – (가) – (다) – (라) ④ (나) – (가) – (라) – (다)
⑤ (다) – (나) – (가) – (라)

13 다음 글의 내용으로 가장 적절한 것은?

> 보름달 중에 가장 크게 보이는 보름달을 슈퍼문이라고 한다. 이때 보름달이 크게 보이는 이유는 달이 평소보다 지구에 가까이 있기 때문이다. 슈퍼문이 되려면 보름달이 되는 시점과 달이 지구에 가장 가까워지는 시점이 일치하여야 한다. 달의 공전 궤도가 완벽한 원이라면 지구에서 달까지의 거리가 항상 똑같을 것이다. 하지만 실제로는 타원 궤도여서 달이 지구에 가까워지거나 멀어지는 현상이 생긴다. 유독 달만 그런 것은 아니고 태양계의 모든 행성이 태양을 중심으로 타원 궤도로 돈다. 이것이 바로 그 유명한 케플러의 행성운동 제1법칙이다.
>
> 지구와 달의 평균 거리는 약 38만km인 반면 슈퍼문일 때는 그 거리가 35만 7,000km 정도로 가까워진다. 달의 반지름은 약 1,737km이므로 지구와 달의 거리가 평균 정도일 때 지구에서 보름달을 바라보는 시각도*는 0.52도 정도인 반면, 슈퍼문일 때는 시각도가 0.56도로 커진다. 반대로 보름달이 가장 작게 보일 때, 다시 말해 보름달이 지구에서 제일 멀 때는 그 거리가 약 40만km여서 보름달을 보는 시각도가 0.49도로 작아진다.
>
> 밀물과 썰물이 생기는 원인은 지구에 작용하는 달과 태양의 중력 때문인데, 달이 태양보다는 지구에 훨씬 더 가깝기 때문에 더 큰 영향을 미친다. 달이 지구에 가까워지면 평소 달이 지구를 당기는 힘보다 더 강하게 지구를 당긴다. 그리고 달의 중력이 더 강하게 작용하면 달을 향한 쪽의 해수면은 평상시보다 더 높아진다. 실제 우리나라에서도 슈퍼문일 때 제주도 등 해안가에 바닷물이 평소보다 더 높게 밀려 들어와서 일부 지역이 침수 피해를 겪기도 했다.
>
> 한편 달의 중력 때문에 높아진 해수면이 지구와 함께 자전을 하다보면 지구의 자전을 방해하게 된다. 일종의 브레이크가 걸리는 셈이다. 이 때문에 지구의 자전 속도가 느려지게 되고 그 결과 하루의 길이에 미세하게 차이가 생긴다. 실제 연구 결과에 따르면 100만 년에 17초 정도씩 길어지는 효과가 생긴다고 한다.
>
> *시각도 : 물체의 양끝에서 눈의 결합점을 향하여 그은 두 선이 이루는 각

① 지구에서 태양까지의 거리는 1년 동안 항상 일정하다.

② 해수면의 높이는 지구와 달의 거리와 관계가 없다.

③ 달이 지구에서 멀어지면 궤도에서 벗어나지 않기 위해 평소보다 더 강하게 지구를 잡아당긴다.

④ 지구와 달의 거리가 36만km 정도인 경우, 지구에서 보름달을 바라보는 시각도는 0.49도보다 크다.

⑤ 달의 중력 때문에 지구가 자전하는 속도는 점점 빨라지고 있다.

14 다음 글과 관련이 없는 한자성어는?

> 지난해 여름, 충청북도 청주시는 기록적인 폭우로 인해 심각한 수해를 겪었다. 특히 오송읍 궁평2지하차도에서는 갑작스러운 침수로 차량이 고립되어 다수의 인명 피해가 발생했다. 이 지하차도는 과거에 침수 이력이 있었음에도 불구하고, 근본적인 개선 조치는 이뤄지지 않았다. 지자체는 펌프 설치와 같은 일시적 대응에 그쳤고, 주민들의 반복된 우려에도 불구하고 실질적인 대책은 마련되지 않았다.
>
> 사고 발생 당시, 지하차도는 여전히 통행이 허용되고 있었으며 침수 경고나 통제 조치는 늦게 이루어졌다. 결국 차량 여러 대가 물에 잠기고, 안타까운 인명 피해로 이어졌다. 사고 후 지자체는 예기치 못한 집중호우였다고 해명했지만, 주민들과 전문가들은 반복된 경고와 과거 사례들을 무시한 채 책임 있는 조치를 미뤄온 결과라고 지적했다.
>
> 이번 사고는 단순한 자연재해가 아니라, 반복되는 위험 신호를 외면하고 상황을 넘기는 방식의 행정이 불러온 참사였다. 눈앞의 불편함만을 줄이려는 대응은 결국 더 큰 재앙으로 돌아온다는 교훈을 남겼다. 지자체와 관련 기관들은 이번 일을 계기로, 단기적 조치가 아닌 장기적이고 체계적인 해결책 마련에 나서야 할 것이다.

① 하석상대(下石上臺) ② 미봉지책(彌縫之策)
③ 견원지간(犬猿之間) ④ 고식지계(姑息之計)
⑤ 인순고식(因循姑息)

15 다음 중 맞춤법이 옳지 않은 부분이 있는 문장은?

① 과녁에 화살을 맞추다.
② 오랜만에 친구를 만났다.
③ 그는 저기에 움츠리고 있었다.
④ 단언컨대 내 말이 맞다.
⑤ 저건 정말 희한하다.

16 다음 중 기획안을 작성할 때 유의할 점에 대해 김대리가 조언할 말로 적절하지 않은 것은?

> 발신인 : 김ㅁㅁ
> 수신인 : 이ㅇㅇ
> ㅇㅇ 씨, 김ㅁㅁ 대리입니다. 기획안 잘 받아봤어요. 검토가 더 필요해서 결과는 시간이 좀 걸릴 것 같고요, 기왕 메일을 드리는 김에 기획안을 쓸 때 지켜야 할 점들에 대해서 말씀드리려고요. 문서는 내용 못지않게 형식을 지키는 것도 매우 중요하니까 다음 기획안을 쓸 때 참고하시면 도움이 될 겁니다.

① 표나 그래프를 활용하는 경우에는 내용이 잘 드러나는지 꼭 점검하세요.
② 마지막엔 반드시 '끝'을 붙여 문서의 마지막임을 확실하게 전달해야 해요.
③ 전체적으로 내용이 많은 만큼 구성에 특히 신경을 써야 합니다.
④ 완벽해야 하기 때문에 꼭 여러 번 검토를 하세요.
⑤ 내용 준비 이전에 상대가 요구하는 것이 무엇인지 고려하는 것부터 해야 합니다.

17 다음 문단을 논리적 순서대로 바르게 나열한 것은?

> (가) 동아시아의 문명 형성에 가장 큰 영향력을 끼친 책을 꼽을 때, 그중에 『논어』가 빠질 수 없다. 『논어』는 공자(B.C 551 ~ 479)가 제자와 정치인 등을 만나서 나눈 이야기를 담고 있다. 공자의 활동 기간으로 따져보면 『논어』는 지금으로부터 대략 2500년 전에 쓰인 것이다. 지금의 우리는 한나절에 지구 반대편으로 날아다니고, 여름에 겨울 과일을 먹는 그야말로 공자는 상상할 수도 없는 세상에 살고 있다.
>
> (나) 2500년 전의 공자와 그가 대화한 사람 역시 우리와 마찬가지로 '호모 사피엔스'이기 때문이다. 2500년 전의 사람도 배고프면 먹고, 졸리면 자고, 좋은 일이 있으면 기뻐하고, 나쁜 일이 있으면 화를 내는 오늘날의 사람과 다름없었다. 불의를 보면 공분하고, 전쟁보다 평화가 지속되기를 바라고, 예술을 보고 들으며 즐거워했는데, 오늘날의 사람도 마찬가지이다.
>
> (다) 물론 2500년의 시간으로 인해 달라진 점도 많고 시대와 문화에 따라 '사람다움이 무엇인가?'에 대한 답은 다를 수 있지만, 사람은 돌도 아니고 개도 아니고 사자도 아니라 여전히 사람일 뿐인 것이다. 즉, 현재의 인간이 과거보다 자연의 힘에 두려워하지 않고 자연을 합리적으로 설명할 수는 있지만, 인간적 약점을 극복하고 신적인 존재가 될 수는 없는 그저 인간일 뿐인 것이다.
>
> (라) 『논어』의 일부는 여성과 아동, 이민족에 대한 당시의 편견을 드러내고 있어 이처럼 달라진 시대의 흐름에 따라 폐기될 수밖에 없지만, 이를 제외한 부분은 '오래된 미래'로서 읽을 가치가 있는 것이다.
>
> (마) 이론의 생명 주기가 짧은 학문의 경우, 2500년 전의 책은 역사적 가치가 있을지언정 이론으로서는 폐기 처분이 당연시된다. 그런데 왜 21세기의 우리가 2500년 전의 『논어』를 지금까지도 읽고, 또 읽어야 할 책으로 간주하고 있는 것일까?

① (가) – (마) – (나) – (다) – (라) ② (가) – (마) – (나) – (라) – (다)
③ (가) – (마) – (다) – (나) – (라) ④ (나) – (다) – (가) – (마) – (라)
⑤ (마) – (가) – (나) – (다) – (라)

18 다음 글의 내용을 가장 잘 설명하는 속담은?

러시아에서는 공무원들의 근무 태만을 감시하기 위해 공무원들에게 감지기를 부착시켜 놓고 인공위성 추적 시스템을 도입하는 방안을 둘러싼 논란이 일었던 적이 있다. 전자 감시 기술은 인간의 신체 속까지 파고들어갈 만반의 준비를 하고 있다. 만약 어린아이의 몸에 감시 장치를 내장한다면 아이의 안전을 염려할 필요는 없겠지만, 그게 과연 좋기만 한 것인지, 또 그 기술이 다른 좋지 않은 목적에 사용될 위험은 없는 것인지 따져봐야 한다. 감시를 위한 것이 아니라 하더라도 전자 기술에 의한 정보의 집적은 언제든 개인의 프라이버시를 위협할 수 있기 때문이다.

① 사공이 많으면 배가 산으로 간다.
② 새가 오래 머물면 반드시 화살을 맞는다.
③ 쇠뿔은 단김에 빼랬다.
④ 일곱 번 재고 천을 째라.
⑤ 달걀에도 뼈가 있다.

19 다음 글에서 〈보기〉의 내용이 들어갈 위치로 가장 적절한 곳은?

　　ㄱ　　우리는 보통 공간을 배경으로 사물을 본다. 그리고 시간이나 사유를 비롯한 여러 개념을 공간적 용어로 표현한다. 이처럼 공간에 대한 용어가 중의적으로 쓰이는 과정에서, 일상적으로 쓰는 용법과 달라 혼란을 겪기도 한다. 　　ㄴ　　 공간에 대한 용어인 '차원' 역시 다양하게 쓰인다. 차원의 수는 공간 내에 정확하게 점을 찍기 위해 알아야 하는 수의 개수이다. 　　ㄷ　　 특정 차원의 공간은 한 점을 표시하기 위해 특정한 수가 필요한 공간을 의미한다. 　　ㄹ　　 따라서 다차원 공간은 집을 살 때 고려해야 하는 사항들의 공간처럼 추상적일 수도 있고, 실제의 물리 공간처럼 구체적일 수도 있다. 이러한 맥락에서 어떤 사람을 1차원적 인간이라고 표현했다면 그것은 그 사람의 관심사가 하나밖에 없다는 것을 의미한다. 　　ㅁ

보기

집에 틀어박혀 스포츠만 관람하는 인간은 오로지 스포츠라는 하나의 정보로 기술될 수 있고, 그 정보를 직선 위에 점을 찍은 1차원 그래프로 표시할 수 있는 것이다.

① ㄱ　　　　　　　　　　　② ㄴ
③ ㄷ　　　　　　　　　　　④ ㄹ
⑤ ㅁ

20 다음 글을 이해한 내용으로 가장 적절한 것은?

> 이슬람 사회에서 결혼은 계약관계로 간주된다. 따라서 부부관계는 계약사항이 위반될 때 해제될 수 있다. 결혼식 전 신랑 측과 신부 측이 서로 합의하에 결혼계약서를 작성하며 결혼식에서 신랑과 신부 집안의 가장(家長), 양가의 중재자, 양쪽 집안에서 정한 증인이 결혼계약서에 각각 서명해야 하는 점이 이를 반영한다. 결혼계약서에 서명이 없거나, 이슬람의 관습에 따라 결혼식이 진행되지 않았거나, 서명이 끝난 결혼계약서가 정부에 등록되지 않으면 결혼은 무효로 간주되어 법적 효력이 없다.
>
> 결혼식은 아랍어로 '시가'라고 하는 결혼서약으로 시작된다. 이는 결혼식 날 주례로서 결혼을 주관하는 '마우준'이 신랑 측과 신부 측에 결혼 의사를 묻고 동의 의사를 듣는 것으로 이루어진다. 이슬람 사회의 관습에 따르면 결혼식에서 직접 동의 의사를 공표하는 신랑과 달리, 신부는 스스로 자신의 결혼 의사를 공표할 수 없다. 신부의 후견인인 '왈리'가 신부를 대신해 신부의 결혼 의사를 밝힌다. 보통 아버지가 그 역할을 담당하지만 아버지의 부재 시 삼촌이나 오빠가 대신한다. 당사자 혹은 대리인의 동의 없는 결혼서약은 무효로 간주된다.
>
> 결혼에 대한 양가의 의사 이외에도 이슬람 사회에서 결혼이 성립되기 위한 필수조건으로 '마흐르'라고 불리는 혼납금이 있어야 한다. 이슬람 사회의 관습에 따르면 혼납금은 신부의 개인 재산으로 간주된다. 혼납금은 결혼계약서를 작성하면서 신랑이 신부에게 지급해야 한다.
>
> 증인 또한 중요하다. 결혼식의 증인으로는 믿을 만한 양가 친척이나 부모의 친구가 선택된다. 양가를 대표하는 두 명의 증인은 결혼계약서에 서명함으로써 결혼에 거짓이 없음을 증명한다. 결혼식에서 증인이 확인하는 내용은 신랑이나 신부가 친남매 간이나 수양남매 관계가 아니라는 것, 양가의 사회적 지위가 비슷하며 종교가 같다는 것, 이전에 다른 결혼관계가 있었는지 여부, 신부가 '잇다' 기간에 있지 않다는 것 등이다. '잇다' 기간이란 여성이 이전 결혼관계가 해제된 후 다음 결혼 전까지 두어야 하는 결혼 대기 기간으로, 이 기간 동안 전 결혼에서 발생했을지 모를 임신 여부를 확인한다.

① 이슬람 사회에서 남성은 전처의 잇다 기간 동안에는 재혼할 수 없다.

② 이슬람 사회에서 결혼은 계약관계로 간주되기 때문에 결혼의 당사자가 직접 결혼계약서에 서명해야 법적 효력이 있다.

③ 이슬람 사회의 결혼계약서에는 신랑과 신부의 가족관계, 양가의 사회적 배경, 양가의 결합에 대한 정부의 승인 등의 내용이 들어 있다.

④ 이슬람 사회에서 남녀의 결혼이 합법적으로 인정받기 위해서는 결혼 중재자와 결혼식 주례, 결혼계약서, 혼납금, 증인, 결혼식 하객이 필수적이다.

⑤ 이슬람 사회에서 대리인을 통하지 않고 법적으로 유효하게 결혼 동의 의사를 밝힌 결혼 당사자는 상대방에게 혼납금을 지급하였을 것이다.

21 다음은 A기관에서 공지한 교육 홍보물의 내용 중 일부를 발췌한 내용이다. A사원은 상사로부터 교육 사업을 발전시키기 위해 세울 수 있는 목표와 그에 해당하는 과제를 발표하라는 과업을 받았다. 다음 중 교육 사업과 직접적인 관련이 가장 낮은 발언은?

> ▶ 신청 자격 : 중소기업 재직자, 중소기업 관련 협회·단체 재직자
> - 성공적인 기술 연구개발을 통해 기술 경쟁력을 강화하고자 하는 중소기업
> - 정부의 중소기업 지원 정책을 파악하고 국가 연구개발 사업에 신청하고자 하는 중소기업
> ▶ 교육비용 : 100% 무료교육(교재 및 중식 제공)
> ▶ 교육일자 : 모든 교육과정은 2일 16시간 과정, 선착순 60명 마감
>
> | 과정명 | 교육내용 | 교육일자 | 교육장소 | 접수마감 |
> | --- | --- | --- | --- | --- |
> | 정규(일반) | 연구개발의 성공을 보장하는 R&D 기획서 작성 | 5.19(목) ~ 20(금) | B대학교 | 5.18(수) |
> | 정규(종합) | R&D 기획서 작성 및 사업화 연계 | 5.28(토) ~ 29(일) | ○○센터 | 5.23(월) |
>
> ※ 선착순 모집으로 접수마감일 전 정원 초과 시 조기 마감될 수 있음
> ▶ 본 교육과 관련하여 보다 자세한 정보를 원하시면 A사원(☎ 123-○○○○)에게 문의해 주시기 바랍니다.

① 중소기업의 지속적인 발전을 위한 성장 동력 강화를 목표로 잡고, 혁신과 성장을 도울 수 있는 우리 조직의 역량을 강화해야 합니다. 또한 사회적 책임을 항상 생각하고 고객에게는 신뢰를 주는 조직이 될 수 있도록 소통과 협업을 통해 창조적인 조직문화를 구축해야 합니다.

② 중소기업의 기술사업화 성과를 높이자는 목표를 바탕으로 중소기업들이 보유하고 있는 창의적 아이디어를 꾸준히 발굴해야 합니다. 또한 시장지향적인 R&D 지원 확대를 통해 중소기업이 자체적인 R&D에서 끝나지 않고 사업화에 연계할 수 있도록 하여 중소기업의 직접적인 성장을 도와야 합니다.

③ 중소기업의 혁신 수준별 기술경쟁력을 강화하자는 목표를 바탕으로 R&D를 기획하고 개발하는 역량을 강화할 수 있도록 돕고, 지속적으로 성과를 창출할 수 있는 능력을 향상시켜주어야 합니다. 또한 국내뿐만이 아닌 국외로도 진출할 수 있는 글로벌 기술혁신 역량을 제고할 수 있도록 지원해야 합니다.

④ 중소기업의 기술혁신을 위한 교육 지원 체계를 혁신화하기 위해 중소기업 R&D와 관련 있는 정책 연구를 강화하고, 중소기업을 위한 맞춤형 평가 체계도 구축해야 할 것입니다. 또한 기술혁신을 필요로 하는 대상을 중심으로 하는 기술 혁신 지원 서비스의 강화도 필요할 것입니다.

⑤ 중소기업이 R&D를 효과적으로 하기 위한 성공 사례와 이에 대한 보상 등을 조사하고 체계화하여 중소기업의 동기를 강화하고, 단발성이 아닌 지속적 연구가 이루어지기 위한 지원과 정보를 제공해야 합니다.

22 다음 대화를 읽고 조직목표의 기능과 특징으로 적절하지 않은 것은?

> 이대리 : 박부장님께서 우리 회사의 목표가 무엇인지 생각해 본 적 있냐고 하셨을 때 당황했어. 평
> 소에 딱히 생각하고 지내지 않았던 것 같아.
> 김대리 : 응, 그러기 쉽지. 개인에게 목표가 있어야 그것을 위해서 무언가를 하는 것처럼 당연히
> 조직에도 목표가 있어야 하는데, 조직에 속해 있으면 당연히 알아두어야 한다고 생각해.

① 조직이 존재하는 정당성을 제공한다.
② 의사결정을 할 때뿐만 아니라 하고 나서의 기준으로도 작용한다.
③ 공식적 목표와 실제적 목표는 다를 수 있다.
④ 동시에 여러 개를 추구하는 것보다 하나씩 순차적으로 처리해야 한다.
⑤ 목표 간에는 위계 관계와 상호 관계가 공존한다.

23 다음 〈보기〉 중 레드오션 전략을 사용한 사례로 가장 적절한 것은?

> **보기**
> ㉠ 카카오는 데이터 기반의 메신저 앱인 카카오톡을 제공하였고, 카카오톡은 대부분의 국민이 사용
> 하는 국민 앱으로 자리잡았다.
> ㉡ 위니아는 자동차와 건물의 냉방시스템 기술을 접목시킨 김치냉장고 딤채를 개발하여 국내 가전
> 제품 사상 처음으로 대성공을 거두었다.
> ㉢ 빽다방은 경쟁사에 비해 저렴한 가격 정책과 소비자들이 인정하는 맛을 개발하여 카페 시장에서
> 성공하였다.
> ㉣ 해태제과는 기존의 과자에서 맛볼 수 없었던 달콤한 버터맛의 감자칩인 허니버터칩을 개발하여
> 전국에서 제품의 품귀 현상이 일어나는 성공을 거두었다.
> ㉤ 롯데제과는 기존의 껌이 치아에 나쁘다는 인식이 강해지자 치아 건강에 좋은 자일리톨 껌을 만
> 들어 껌 시장의 새로운 패러다임을 열었다.

① ㉠   ② ㉡
③ ㉢   ④ ㉣
⑤ ㉤

※ 다음은 I공항공사 운항시설처의 업무분장표이다. 이어지는 질문에 답하시오. [24~25]

〈운항시설처 업무분장표〉

구분		업무분장
운항시설처	운항안전팀	• 이동지역 안전관리 및 지상안전사고 예방 안전 활동 • 항공기 이착륙시설 및 계류장 안전점검, 정치장 배정 및 관리 • 이동지역 차량 / 장비 등록, 말소 및 계류장 사용료 산정 • 야생동물 위험관리(용역관리 포함) • 공항안전관리시스템(SMS) 운영계획 수립·시행 및 자체검사 시행·관리
	항공등화팀	• 항공등화시설 운영계획 수립 및 시행 • 항공등화시스템(A-SMGCS) 운영 및 유지관리 • 시각주기안내시스템(VDGS) 운영 및 유지관리 • 계류장조명등 및 외곽보안등 시설 운영 및 유지관리 • 에어사이드지역 전력시설 운영 및 유지관리 • 항공등화시설 개량계획 수립 및 시행
	기반시설팀	• 활주로 등 운항기반시설 유지관리 • 지하구조물(지하차도, 공동구, 터널, 배수시설) 유지관리 • 운항기반시설 녹지 및 계측관리 • 운항기반시설 제설작업 및 장비관리 • 운항기반시설 공항운영증명 기준관리 • 전시목표(활주로 긴급 복구) 및 보안시설 관리

24 I공항공사의 운항안전팀에서는 안전회보를 발간한다. 다음 달에 발간하는 안전회보 제작을 맡게 된 A사원은 회보에 실을 내용을 고민하고 있다. 다음 중 안전회보에 실릴 내용으로 적절하지 않은 것은?

① I공항 항공안전 캠페인 시행 : 이동지역 안전문화를 효과적으로 정착시키기 위한 분기별 캠페인 및 합동 점검 실시

② 안전관리시스템 위원회 개최 : 이동지역 안전 증진을 위해 매년 안전관리시스템 위원회 개최

③ 우수 운항안전 지킴이 선정 현황 : 이동지역 내 사고 예방에 공로가 큰 안전 신고 / 제안자 선정 및 포상

④ 이동지역 운전교육용 시뮬레이터 운영 개시 : 이동지역 지형·지물에 대한 가상체험 공간 제공으로 운전교육 효과 극대화

⑤ 대테러 종합훈련 실시 : 여객터미널 출국장에서 폭발물 연쇄테러를 가정하여 이에 대응하는 훈련 진행

25 운항시설처의 업무를 참고하여 I공사와 관련된 보도 자료의 제목을 쓰려고 할 때, 다음 중 적절하지 않은 것은?

① I공항, 관계기관 합동 종합제설훈련 실시

② I공항, 전시 대비 활주로 긴급 복구훈련 실시

③ I공항공사, 항공등화 핵심장비 국산화 성공

④ 골든타임을 사수하라! I공항 항공기 화재진압훈련 실시

⑤ I공항공사, 관계기관 합동 '○○ 통제관리 협의회' 발족

PART 2

26 다음은 I기업 영업부에서 근무하는 S사원의 일일업무일지이다. 업무일지에 적힌 내용 중 영업부의 주요 업무로 적절하지 않은 것은 모두 몇 가지인가?

〈S사원의 일일업무일지〉			
부서명	영업부	작성일자	2025년 6월 30일
작성자		S	
금일 업무 내용		명일 업무 내용	
• 시장 조사 계획 수립		• 신규 거래처 견적 작성 및 제출	
• 시장 조사 진행(출장)		• 전사 소모품 관리	
• 신규 거래처 개척		• 발주서 작성 및 발주	
• 판매 방침 및 계획 회의		• 사원 급여 정산	
• 전사 공채 진행		• 매입마감	

① 2가지   ② 3가지

③ 4가지   ④ 5가지

⑤ 6가지

27 다음은 I공사의 보안업무취급 규칙에 따른 보안업무 책임자 및 담당자와 이들의 임무에 대한 자료이다. 이에 대한 설명으로 적절하지 않은 것은?

〈보안업무 책임자 및 담당자〉

구분	이사장	총무국장	비서실장	팀장
보안책임관	○			
보안담당관		○		
비밀보관책임자				○
시설방호책임자	○			
시설방호부책임자		○		
보호구역관리책임자			○ (이사장실)	○ (지정보호구역)

〈보안업무 책임자 및 담당자의 임무〉

구분	수행임무
보안책임관	• 공사의 보안업무 전반에 대한 지휘, 감독 총괄
보안담당관	• 자체 보안업무 수행에 대한 계획, 조정 및 감독 • 보안교육 및 비밀관리, 서약서 집행 • 통신보안에 관한 사항 • 비밀의 복제, 복사 및 발간에 대한 통제 및 승인 • 기타 보안업무 수행에 필요하다고 인정하는 사항 • 비밀취급인가
비밀보관책임자	• 비밀의 보관 및 안전관리 • 비밀관계부철의 기록 유지
시설방호책임자	• 자체 시설 방호계획 수립 및 안전관리 • 자위소방대 편성, 운영 • 시설방호 부책임자에 대한 지휘, 감독
시설방호부책임자	• 시설방호책임자의 보좌 • 자체 시설 방호계획 및 안전관리에 대한 실무처리 • 자위소방대 편성, 운영
보호구역관리책임자	• 지정된 보호구역의 시설안전관리 및 보안 유지 • 보호구역 내의 출입자 통제

① 비밀문서를 복제하고자 할 때에는 총무국장의 승인을 받아야 한다.
② 비밀관리기록부를 갱신할 때에는 담당부서 팀장의 확인을 받아야 한다.
③ 비서실장은 이사장실을 수시로 관리하고, 외부인의 출입을 통제해야 한다.
④ 이사장과 총무국장은 화재 예방을 위해 자위소방대를 편성·운영해야 한다.
⑤ 비밀취급인가를 신청할 때 필요한 서약서는 이사장에게 제출해야 한다.

28 같은 말이나 행동도 나라에 따라서 다르게 받아들여질 수 있기 때문에 직업인은 국제 매너를 갖춰야 한다. 다음 〈보기〉 중 국제 매너에 대한 설명으로 적절한 것을 모두 고르면?

> **보기**
>
> ㉠ 미국 바이어와 악수를 할 때는 눈이나 얼굴을 보면서 손끝만 살짝 잡거나 왼손으로 상대방의 왼손을 힘주어서 잡았다가 놓아야 한다.
> ㉡ 이라크 사람들은 시간을 돈과 같이 생각해서 시간엄수를 중요하게 생각하므로 약속 시간에 늦지 않게 주의해야 한다.
> ㉢ 러시아와 라틴아메리카 사람들은 친밀함의 표시로 포옹을 한다.
> ㉣ 명함은 받으면 구기거나 계속 만지지 않고, 한 번 보고 나서 탁자 위에 보이는 채로 대화를 하거나 명함집에 넣는다.
> ㉤ 수프는 바깥쪽에서 몸 쪽으로 숟가락을 사용한다.
> ㉥ 생선요리는 뒤집어 먹지 않는다.
> ㉦ 빵은 아무 때나 먹어도 관계없다.

① ㉠, ㉢, ㉣   ② ㉡, ㉢, ㉣
③ ㉢, ㉣, ㉥   ④ ㉢, ㉤, ㉦
⑤ ㉣, ㉥, ㉦

29 다음 중 마이클 포터의 본원적 경쟁 전략에 대한 설명으로 가장 적절한 것은?

① 차별화 전략은 특정 산업을 대상으로 한다.
② 해당 사업에서 경쟁우위를 확보하기 위한 전략이다.
③ 원가우위 전략에서는 연구개발이나 광고를 통하여 기술, 품질, 서비스 등을 개선할 필요가 있다고 본다.
④ 집중화 전략에서는 대량생산을 통해 단위 원가를 낮추거나 새로운 생산기술을 개발할 필요가 있다고 본다.
⑤ 집중화 전략은 1970년대 우리나라의 섬유산업이나 신발업체, 가발업체 등이 미국 시장에 진출할 때 취한 전략이다.

과거에는 기업 자체적으로 기업 내부의 자원을 총 동원하여 모든 문제를 해결하고 기업 혼자만의 기술과 능력으로 사업을 추진하는 것이 대세였다면, 이제는 대부분의 기업과 스타트업에 있어 ___㉠___ 이/가 거부할 수 없는 필수요소가 되었다.

개방형 혁신 또는 열린 혁신으로 불리는 ___㉠___ 은/는 일반적으로 기업들이 자체 연구개발 또는 사업화 과정에서 대학이나 타 기업 및 연구소 등의 외부 기술과 지식을 접목하고 도입하거나 이를 활용하여 사업화함으로써 성과와 효율성을 극대화하려는 경영 전략이다. 기업에 필요한 기술과 아이디어를 외부에서 조달하는 한편, 기업 내부의 자원을 외부와 공유하면서 혁신적인 새로운 제품이나 서비스를 만들어 내는 것을 ___㉠___ (이)라고 할 수 있다. 이는 기업의 사업 환경이 빠르게 변화하면서 신속하게 대응하는 기업들의 생존 방식이라고도 할 수 있다.

___㉠___ 의 추진 과정에서 ___㉡___ 은/는 빼 놓을 수 없는 필수요소이다. ___㉡___ (이)란 오스본에 의해 처음 소개되었으며, 특정한 주제에 대해 두뇌에서 폭풍이 휘몰아치듯이 생각나는 아이디어를 가능한 모두 내놓는 것이다. 짧은 시간에 많은 아이디어를 생성해 내는 것이 목적이고 주로 집단의 회의, 토의, 토론 등에서 사용할 수 있다. 업무의 추진 과정에서 접하게 될 예측 가능한 모든 사안에 대하여 가능한 모든 원인을 찾아내는 데도 ___㉡___ 처럼 유용한 것은 없다. 대부분의 다국적 기업들은 모든 문제 해결과 외부 자원을 활용하고자 할 때 ___㉡___ 을/를 통해 성과를 내고 있기도 하다.

30 다음 중 윗글의 빈칸 ㉠에 해당하는 사례로 적절하지 않은 것은?

① A사는 하드웨어 생산은 아웃소싱하지만 제품 개발은 철저히 비밀리에 내부적으로 진행하고 있다.

② B장난감은 사이트를 통해 사용자의 디자인 평가와 새로운 아이디어를 공유, 신제품 개발에 활용하고 있다.

③ 국내 C사는 직원과 외부인 5~6명으로 팀을 구성해 새로운 제품을 개발하고 있으며 크게 파트너십과 벤처, 액셀러레이터, 인수 합병(M&A)의 4가지 카테고리를 통해 전략을 운용하고 있다.

④ 일본 D맥주는 수제맥주를 직접 만들고 싶은 소비자들을 웹사이트에서 모집해 삿포로 직원과 함께 컬래버 제품을 개발하고 있다. 이미 10종류의 맥주가 탄생했으며, D맥주는 이 중 일부를 연내 출시할 예정이다.

⑤ 국내 E제약은 줄기세포를 처음부터 개발한 게 아니라 대학이나 연구소에서 개발하던 것을 발굴하여 과감히 라이선스인한 것이다. 이뿐만 아니라 하버드대학과 콜럼비아대학에서 스핀아웃된 회사의 기술도 얹어 좀 더 나은 개발을 할 수 있도록 협력하고 있다.

31 다음 중 윗글의 빈칸 ㉡과 같은 형태의 회의에 대한 특징으로 볼 수 없는 것은?

① 고정관념을 버린다.

② 자유로운 분위기를 조성한다.

③ 의사결정에 있어 양보다 질을 추구한다.

④ 다른 사람이 아이디어를 제시할 때 비판하지 않는다.

⑤ 여러 사람의 아이디어를 활용하여 더 좋은 대안을 도출한다.

32 조직 문화는 조직 구성원들에게 일체감과 정체성을 부여하고 조직 구성원들의 행동지침을 제공하는 등의 기능을 한다. 다음 중 조직 문화의 구성요소에 대한 설명으로 적절하지 않은 것은?

① 공유가치는 가치관과 이념, 조직관, 전통가치, 기본 목적 등을 포함한다.
② 조직 구성원은 인력 구성뿐만 아니라 그들의 가치관과 신념, 동기, 태도 등을 포함한다.
③ 관리기술은 조직 경영에 적용되는 목표관리, 예산관리, 갈등관리 등을 포함한다.
④ 관리시스템으로는 리더와 부하 간 상호관계를 들 수 있다.
⑤ 조직의 전략은 조직 운영에 필요한 장기적인 틀을 제공한다.

33 국제 문화를 접할 때 완전히 다른 문화환경이나 새로운 사회환경을 접함으로써 감정의 불안을 느끼거나 무엇을 어떻게 해야 하는지 모르는 판단의 부재 상태에 놓일 수 있는데, 이를 문화충격이라고 한다. 다음 중 문화충격을 예방하는 방법으로 적절하지 않은 것은?

① 다른 문화에 대한 정보를 미리 습득하도록 한다.
② 다른 문화환경에 대한 개방적인 태도를 갖도록 한다.
③ 새롭고 다른 것을 경험하는 데 적극적인 자세를 취하도록 한다.
④ 자신이 속한 문화를 기준으로 다른 문화를 평가하지 않도록 한다.
⑤ 새로운 사회환경에 적응하기 위해서 자신의 정체성은 포기하도록 한다.

34 다음 P씨의 하루에 제시된 조직 중 비영리조직을 모두 고르면?

〈P씨의 하루〉

P씨는 오늘 아침에 일어나서 부리나케 준비를 하고 회사에 출근하였다. 오전 10시쯤 총무과로부터 호적등본이 필요하니 동사무소에 가서 발급해오라는 연락을 받았다. P씨는 동사무소에 들러 호적등본을 발급받고, 은행에 들러 관련 업무를 처리하였다.

오후시간이 되자 배가 살살 아파왔다. 아마 점심시간에 이것저것 처리하기 위해 밥을 빨리 먹은 것이 원인인 것 같았다. P씨는 배가 아픈 걸 견디다가 도저히 못 참을 것 같아서 근처 병원에 가서 진료를 받았다. 스트레스성 위궤양이 있으니 조심하라면서 의사가 처방을 해주었다.

하루의 업무를 마친 P씨는 체형 교정을 위해 등록한 필라테스 수업을 들으러 갔다. 필라테스가 끝난 후에는 같은 층에 있는 중국어 학원으로 향했다. 항상 열심히 공부하는 수강생들을 보고 피곤하지만 마음을 다잡고 수업을 열심히 들었다. 중국어 수업을 마치고 저녁 9시쯤 P씨는 편의점에 들러 다음 날 아침에 먹을 사과와 요거트를 구입해서 집으로 향했다.

① 동사무소
② 동사무소, 병원
③ 병원, 은행
④ 병원, 은행, 편의점
⑤ 은행, 회사, 필라테스, 학원, 편의점

35 다음 조직문화에 대한 기사를 읽고 나눈 대화로 적절하지 않은 것은?

기업문화 분석＝올해 5개 조직문화 과제 발표 … '일상에서의 혁신' 꾀한다

"I기업 조직문화 혁신의 지향점은 핵심 업무에 집중할 수 있는 효율적 근무환경 마련과 일과 가정의 양립에 있다. 조직문화 5대 과제를 적극 실천해 1등 기업문화를 구축하고 이를 토대로 비전을 반드시 달성하겠다."

I기업 부회장은 올해 신년사에서 조직문화 혁신을 발표한 만큼 이에 관심이 많다. 가장 먼저 수평적 호칭 체계로 상호 소통을 증진시켰다. 수평적 조직문화를 통해 업무 효율성을 높이고 창의적 아이디어를 발굴하겠다는 의도이다.

직원들의 생산성 향상을 위해 원페이지(1Page) 보고도 실시 중이다. 보고서 분량을 한 쪽으로 제한하고 모양·글꼴·색상 등 외적인 형식을 모두 없앤다. 핵심 내용만 명확히 함으로써 '서술 형태(Narrative)'로만 작성한다. 양식과 절차에 들어가는 시간과 노력을 최소화하며 누구나 설명 없이 이해할 수 있도록 하는 것이 목적이다.

아울러 I기업은 월·수·금요일 회식 자리를 없애고, 구성원들이 하루 한 명에게 1회 감사 메시지를 보내는 '111 감사 플러스(1일·1회·1감사)' 캠페인으로 일상생활 속 긍정문화 확산에도 주력하고 있다.

---

① 수평적 조직문화는 유연한 분위기를 만들어 업무 효율성을 높일 수 있어.
② 1Page 보고 시 정형화된 형식에 맞춰서 글을 쓰니 일체감을 느낄 수 있겠어.
③ 이러한 조직문화 혁신은 조직몰입을 향상시켜주는 역할을 할 거야.
④ 서로에게 감사 메시지를 보내는 캠페인은 조직 내 긍정문화를 야기할 수 있어.
⑤ 월·수·금요일 회식 자리를 없애면 저녁이 있는 삶을 가질 수 있어 일과 가정의 양립에 도움이 되겠어.

36 다음 중 조직의 변화에 대한 설명으로 옳은 것은?

① 조직의 변화와 관련된 환경의 변화는 조직에 영향이 없는 변화들도 모두 포함한다.
② 조직의 변화 전략은 실현 가능할 뿐 아니라 구체적이어야 한다.
③ 조직 구성원들이 현실에 안주하고 변화를 기피하는 경향이 약할수록 환경 변화를 인지하지 못한다.
④ 변화를 실행하고자 하는 조직은 기존의 규정 내에서 환경에 대한 최적의 적응 방안을 모색해야 한다.
⑤ 조직의 변화는 '조직 변화 방향 수립 – 조직 변화 실행 – 변화 결과 평가 – 환경 변화 인지' 순으로 이루어진다.

37 다음 업무수행 시트의 특징으로 가장 적절한 것은?

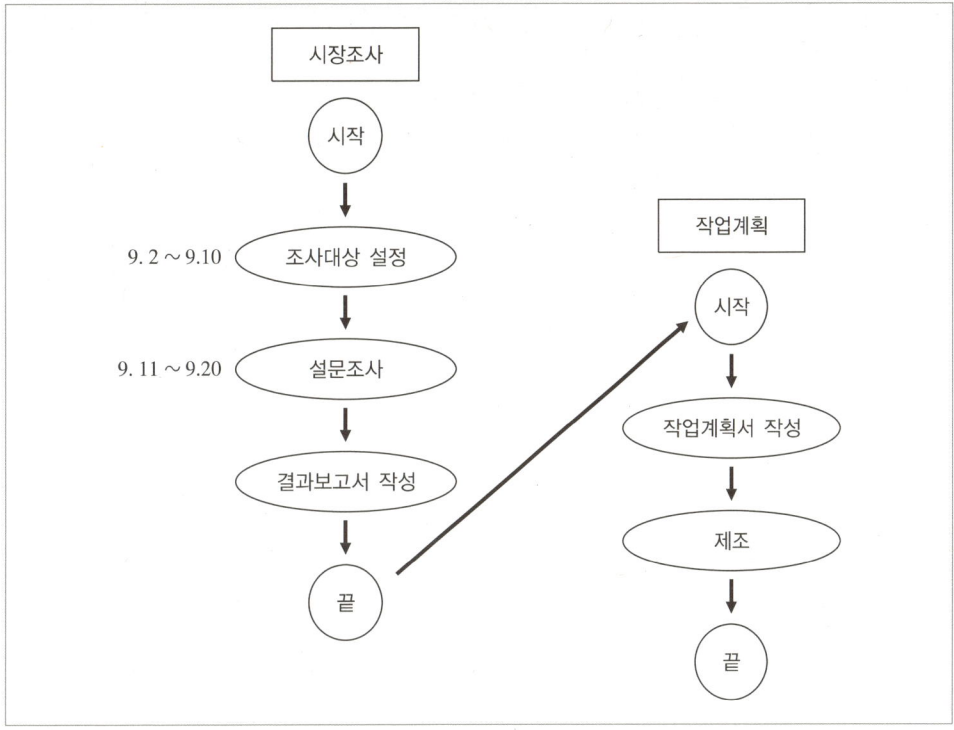

① 관찰 도구나 질문지로 활용하기 용이하다.
② 작업 목적에 부합하는 항목들로 구성되어야 한다.
③ 주된 작업과 부차적인 작업을 구분해서 표현할 수 있다.
④ 특별한 이유가 없다면 중복되는 내용이 없도록 항목을 배타적으로 구성해야 한다.
⑤ 활동별로 수행 수준을 달성했는지 확인하는 데 효과적이다.

38 I기업 해외사업팀의 조대리는 신규 해외사업을 발굴하는 업무를 담당하고 있다. 조대리는 이러한 업무와 관련하여 국제적인 감각을 키우기 위해 매일 아침 국제 동향을 파악한다. 다음 중 국제 동향을 파악하기 위한 행동으로 적절하지 않은 것은?

① 해외 사이트를 방문하여 최신 이슈를 확인한다.
② 매일 아침 신문의 국제면을 읽는다.
③ 업무와 관련된 분야의 국제잡지를 정기 구독한다.
④ 업무와 관련된 국내의 법률, 법규 등을 공부한다.
⑤ 업무와 관련된 주요 용어의 외국어를 공부한다.

39 다음 중 팔로워십(Followship)에 대한 설명으로 가장 적절하지 않은 것은?

① 리더가 조직의 이익과 팔로워들의 생각을 이해하지 못할 경우 팔로워들의 집단 저항을 받을 수 있다.

② 좋은 팔로워는 창의적인 아이디어를 갖춘 사람이다.

③ 좋은 팔로워는 조직의 목표를 추구하는 데 열정적인 사람이다.

④ 대안 제시는 팔로워십의 중요한 요소이다.

⑤ 수직적인 조직에서는 팔로워십을 중요하게 여긴다.

40 다음 중 경영참가 제도에 대한 설명으로 가장 적절하지 않은 것은?

① 경영의 민주성 제고를 목적으로 한다.

② 근로자나 노동조합이 경영 과정에 참여한다.

③ 노사 간 공동의 문제 해결 과 세력 균형을 이룰 수 있다.

④ 경영의 효율성이 높아질 수 있다.

⑤ 경영참가 제도의 유형으로는 유니온 숍과 오픈 숍이 있다.

제2회
최종점검 모의고사

※ 인천공항시설관리 최종점검 모의고사는 2025년 제3차 채용공고와 최신 후기를 기준으로 구성한 것으로, 실제 시험과 다를 수 있습니다.

■ 취약영역 분석

번호	O/×	영역	번호	O/×	영역	번호	O/×	영역
01			16			31		
02			17			32		
03			18		의사소통능력	33		
04			19			34		
05			20			35		
06			21			36		조직이해능력
07			22			37		
08		의사소통능력	23			38		
09			24			39		
10			25			40		
11			26		조직이해능력			
12			27					
13			28					
14			29					
15			30					

평가문항	40문항	평가시간	50분
시작시간	:	종료시간	:
취약영역			

모바일 OMR

📋 문항 수 : 40문항   🕐 응시시간 : 50분

정답 및 해설 p.051

01 다음 글의 내용으로 적절하지 않은 것은?

I국제공항공사는 쿠웨이트의 관문 공항인 쿠웨이트국제공항 제4터미널(T4)의 위탁운영 사업을 수주했다. 본 사업은 1,400억 원 규모(12,760만 달러)로, 사업 기간인 향후 5년간 안정적인 해외 수익을 창출하는 것은 물론, 공항 운영 핵심 분야에 국내기업의 동반진출도 가능할 것으로 기대된다. I국제공항공사는 앞으로 3개월에 걸쳐 시험운영을 포함해 쿠웨이트국제공항 제4터미널의 개장 준비를 완료하고, 올해 8월부터 향후 5년간 제4터미널 운영 및 유지·보수를 전담하게 된다. 쿠웨이트국제공항은 쿠웨이트 정부 지분 100%의 국영공항으로, 지난해 1,200만 명의 여객을 처리한 중동지역 대표 공항 중 하나이다. I국제공항공사가 운영하게 될 제4터미널은 터키의 CENGIZ사와 쿠웨이트의 FKTC사가 완공 예정인 연간 여객 450만 명 규모의 국제선 터미널로, 국적 항공사인 쿠웨이트항공이 전담해서 사용하게 된다.

쿠웨이트 정부는 올해 하반기로 계획된 제4터미널의 개장을 앞두고 위탁운영 사업자를 선정하기 위해 I국제공항공사, 프랑스 ADP, 독일 Fraport, 터키 TAV, 아일랜드 더블린 공항공사 등 세계 유수의 선진 공항운영사들을 대상으로 지명경쟁입찰을 발주했다.

I국제공항공사는 치열한 경쟁 끝에 쿠웨이트 정부로부터 운영 사업자로 최종 선정되었다. 쿠웨이트 정부는 제4터미널의 개장을 염두에 두고, I국제공항 제2여객터미널의 개장과 동북아시아 허브 도약에 성공한 I국제공항공사의 운영 노하우를 높이 평가한 것으로 알려졌다.

쿠웨이트는 중동 지역 최고의 지정학적 위치와 막대한 자본력(쿠웨이트 국부펀드 5,920억 달러 규모 자산 보유), 안정된 정치·사회체제를 바탕으로 높은 경제성장이 기대되는 곳이다. 지난해 쿠웨이트 전체 항공 수요는 1,200만 명으로, 쿠웨이트 전체 인구(434만 명)의 2.76배에 달하며, 최근 5년간 여객 증가율은 연평균 6.7%를 웃돈다.

또한 쿠웨이트 정부는 중동의 물류와 금융 중심 국가로 도약하기 위해 "New Kuwait 2035" 프로젝트를 추진하고 있어 향후 항만, 도로, 공항 등 교통 인프라에 대한 투자가 꾸준히 증가할 것으로 기대된다. 쿠웨이트공항 역시 1,300만 명 규모의 제2터미널 공사를 진행하고 있으며, I국제공항공사는 이번 성과를 바탕으로 향후 제2터미널 운영사업자 선정에서도 유리한 고지를 선점하겠다는 계획이다.

I국제공항공사는 지난 2009년 이라크 아르빌신공항 사업을 수주하면서 해외공항 사업에 처음 진출한 이후, 불과 9년 만에 해외 선진 공항들을 제치고 1억 달러 이상의 대규모 공항운영 사업을 따내는 쾌거를 달성했다.

2012년 미얀마 한따와디 신공항 개발사업, 2016년 인도 고아 신공항 운영사업, 2017년 세르비아 베오그라드공항 운영사업 등 주요 국제입찰에서 번번이 고배를 마셨던 I국제공항은 7전 8기 끝에 글로벌 공항기업들과의 진검승부에서 승리했다.

I국제공항공사는 이번 입찰 준비 과정에서 국토교통부 및 기획재정부를 비롯해 주 쿠웨이트 대사관의 적극적인 협조가 사업 수주의 밑받침이 되었다며, 관계기관들에게 깊은 감사의 뜻을 표했다.

I국제공항공사 사장은 "이번 쿠웨이트국제공항 제4터미널 위탁운영사업은 I국제공항공사의 해외사업 누적 수주액 9,344만 달러를 뛰어넘는 단일 사업 최대 규모의 해외공항 사업이라는 의미가 있다."며 "향후 쿠웨이트를 교두보로 사우디아라비아, 필리핀, 인도네시아 등 해외 사업을 지속적으로 확장해 세계 속에 제2, 제3의 I공항을 만들어가겠다."고 밝혔다.

국토교통부 관계자는 "쿠웨이트는 압둘라 스마트 도시 개발, 세계 최장 규모의 자베르 코즈웨이 해상연륙교 건설 등 우리 기업의 진출이 활발한 국가로, 교통협력 MOU 체결 등 정부 차원에서도 깊은 우호 관계를 유지하고 있다."고 밝히며, "이번 수주를 계기로 공항 개발·운영 분야의 해외 진출을 적극 모색하고, 향후 쿠웨이트공항 제2터미널 사업에서도 우리 기업이 참여할 수 있도록 정부 차원에서 적극 지원할 것"이라고 말했다.

① I국제공항공사는 쿠웨이트국제공항 제4터미널을 향후 5년간 위탁운영한다.
② 운영사업자 최종 선정 시 I국제공항 제2여객터미널의 개장이 일정 부분 영향을 미쳤다.
③ 쿠웨이트는 제2터미널 공사를 진행하고 있다.
④ I국제공항공사는 해외공항 사업에 진출한 첫해에 1억 달러 이상의 대규모 공항운영 사업을 따냈다.
⑤ 제4터미널은 국제선 터미널로, 국적 항공사인 쿠웨이트항공이 전담해서 사용한다.

02 다음 글의 제목으로 가장 적절한 것은?

영양분이 과도하게 많은 물에서는 오히려 물고기의 생존이 어렵다. 농업용 비료나 하수 등에서 배출되는 질소와 인 등으로 영양분이 많아진 하천의 수온이 상승하면 식물성 플랑크톤이 대량으로 증식하게 된다. 녹색을 띠는 플랑크톤이 수면을 뒤덮으면 물속으로 햇빛이 닿지 못하고 결국 물속의 산소가 고갈되어 물고기는 숨을 쉬기 어려워진다. 즉, 물속의 과도한 영양분이 오히려 물고기의 생존을 위협하는 것이다.

이처럼 부영양화된 물에서의 플랑크톤 증식으로 인한 녹조 현상은 경제발전과 각종 오염물질 배출량의 증가로 인해 심각한 사회문제가 되고 있다. 녹조는 냄새를 유발하는 물질과 함께 독소를 생성하여 수돗물의 수질을 저하시킨다. 특히 독성물질을 배출하는 녹조를 유해 녹조로 지정하여 관리하고 있는 현실을 고려하면 이제 녹조는 생태계뿐만 아니라 먹는 물의 안전까지도 위협한다.

하천의 생태계를 보호하고 우리가 먹는 물을 보호하기 위해서는 녹조의 발생 원인을 사전에 제거해야 한다. 이를 위해서는 무엇보다 생활 속에서의 작은 실천이 중요하다. 질소나 인이 첨가되지 않은 세제를 사용하고, 농가에서는 화학 비료 사용을 최소화하며 하천에 오염된 물이 흘러 들어가지 않도록 철저히 관리하는 노력을 기울여야 한다.

① 물고기의 생존을 위협하는 하천의 수질 오염
② 녹조를 가속화하는 이상 기온 현상
③ 물고기와 인간의 안전을 위협하는 하천의 부영양화
④ 녹조 예방을 위한 정부의 철저한 관리의 필요성
⑤ 수돗물 수질 향상을 위한 기술 개발의 필요성

03 다음 제시된 문단을 읽고, 이어질 문단을 논리적 순서대로 바르게 나열한 것은?

연금 제도의 금융 논리와 관련하여 결정적으로 중요한 원리는 중세에서 비롯된 신탁 원리다. 12세기 영국에서는 미성년 유족(遺族)에게 토지에 대한 권리를 합법적으로 이전할 수 없었다. 그럼에도 불구하고 영국인들은 유언을 통해 자식에게 토지 재산을 물려주고 싶어 했다.

(가) 이런 상황에서 귀족들이 자신의 재산을 미성년 유족이 아닌, 친구나 지인 등 제3자에게 맡기기 시작하면서 신탁 제도가 형성되기 시작했다. 여기서 재산을 맡긴 성인 귀족, 재산을 물려받은 미성년 유족, 그리고 미성년 유족을 대신해 그 재산을 관리·운용하는 제3자로 구성되는 관계, 즉 위탁자, 수익자, 그리고 수탁자로 구성되는 관계가 등장했다.

(나) 연금 제도가 이 신탁 원리에 기초해 있는 이상, 연금 가입자는 연기금 재산의 운용에 대해 영향력을 행사하기 어렵게 된다. 왜냐하면 신탁의 본질상 공·사 연금을 막론하고 신탁 원리에 기반을 둔 연금 제도에서는 수익자인 연금 가입자의 적극적인 권리 행사가 허용되지 않기 때문이다.

(다) 이 관계에서 주목해야 할 것은 미성년 유족은 성인이 될 때까지 재산권을 온전히 인정받지는 못했다는 점이다. 즉, 신탁 원리하에서 수익자는 재산에 대한 운용 권리를 모두 수탁자인 제3자에게 맡기도록 되어 있었기 때문에 수익자의 지위는 불안정했다.

(라) 결국 신탁 원리는 수익자의 연금 운용 권리를 현저히 약화시키는 것을 기본으로 한다. 그 대신 연금 운용을 수탁자에게 맡기면서 '수탁자 책임'이라는, 논란이 분분하고 불분명한 책임이 부과된다. 수탁자 책임 이행의 적절성을 어떻게 판단할 수 있는가에 대해 많은 논의가 있었지만, 수탁자 책임의 내용에 대해서 실질적인 합의가 이루어지지는 못했다.

① (가) – (다) – (나) – (라)
② (가) – (다) – (라) – (나)
③ (나) – (가) – (다) – (라)
④ (나) – (라) – (가) – (다)
⑤ (다) – (가) – (나) – (라)

04 다음 중 밑줄 친 ㉠ ~ ㉤을 고친 내용으로 적절하지 않은 것은?

업무상 자살에 대한 산재 승인율이 2024년부터 급감한 것으로 나타났다. A공단이 산재심사를 하면서 ㉠ 느슨한 기준을 제시한 탓에 피해노동자와 그 가족을 보호하지 못하고 있다는 지적이 나오고 있다.

국회 환경노동위원회에 따르면 2022년 65.3%, 2023년 70.1%로 증가하던 업무상 자살에 대한 산재 승인율이 2024년 55.7%로 15%p가량 급감했고, 2025년은 6월까지 54.3%를 기록해 2024년과 비슷한 수준을 보였다.

승인율이 낮아진 이유로는 A공단의 정신질환 산재 조사·판정의 부적절성을 꼽을 수 있다. A공단은 서울업무상질병판정위원회에서 ㉡ 일괄적으로 처리했던 정신질환 사건을 2022년 하반기부터 다른 지역의 질병판정위원회로 ㉢ 결집했고, 이로 인해 질병판정위 별로 승인 여부가 제각각이 된 것이다. 또한 대법원을 포함한 사법부는 자살에 이를 정도의 업무상 사유에 대한 판단 기준을 재해자 기준에 맞추고 있는 것과 달리, A공단은 일반인·평균인 관점에서 판단하는 점도 문제로 제기되고 있다.

A공단과 사법부의 판단이 엇갈리는 상황에서 불승인을 받은 유족들은 재판부의 문을 두드리고 있어, A공단의 산재불승인에 불복해 행정소송을 제기한 업무상 자살 건수는 매년 ㉣ 감소하고 있다. 특히 2025년 법원에 확정된 사건은 모두 7건인데, 이 중 A공단이 패소한 경우는 4건(패소율 57.1%)에 다다라 A공단의 판단 기준에 대한 문제가 절실히 드러나고 있다.

이는 A공단이 대법원보다 소극적인 방식으로 업무상 사망 ㉤ 상관관계 잣대를 적용하는 탓에 자살 산재 승인율이 낮아진 것으로 보인다. 따라서 A공단은 신속하고 공정하게 보상한다는 산업재해보상 보험법 목적에 맞게 제도를 운용하도록 대법원이 제시한 원칙에 맞게 까다로운 승인 기준을 재정비해야 할 것으로 보인다.

① ㉠ : 느슨한 → 까다로운

② ㉡ : 일괄적으로 → 개별적으로

③ ㉢ : 결집했고 → 분산했고

④ ㉣ : 감소 → 증가

⑤ ㉤ : 상관관계 → 인과관계

05 A씨는 새롭게 전세계약을 하고 이사를 하루 앞두고 있다. 이사 시 유의사항을 찾아보다가 전기 사용자가 바뀌면 명의변경 신청을 해야 한다는 사실을 알게 되어 구비서류에 대해 알아보았다. 계약전력이 3kW일 때, 다음 중 A씨가 가져가야 할 구비서류를 〈보기〉에서 모두 고르면?

매매 등으로 전기사용자가 변경되는 경우 신고객과 구고객은 그 변경 내용을 발생 후 14일 이내에 I전력에 통지하여야 합니다. 매매, 임대차 등에 의해서 고객이 변동되고 신고객이 명의변경에 따른 사용자별 요금 구분청구를 신청할 경우에는 변동일을 기준으로 신·구고객별로 각각 계산하여 청구 하게 되므로 구고객의 전기요금을 신고객이 납부하실 필요가 없습니다. 명의변경 신청은 구고객의 이사일 하루 전 I전력 근무시간까지 아래의 구비서류를 갖추시어 관할 I전력에 직접 내방 또는 우편 이나 FAX로 신청하시면 됩니다(단, 1주택 수가구 및 종합계약아파트 고객은 신청 불가).

〈구비서류〉

가. 계약전력 5kW 이하 고객(전화신청 가능)
 • 소유자로 변동된 경우
  – 전기사용변경신청서(I전력 양식)
  – 고객변동일을 입증할 수 있는 서류 : 매매계약서 또는 건물(토지)등기부 등본 등
 • 사용자로 변동된 경우
  – 전기사용변경신청서(I전력 양식)
  – 고객변동일을 입증할 수 있는 서류 : 임대차계약서(법원 확정필인 날인) 또는 사업자등록 증 사본(전기사용장소와 동일주소지 사업장)
나. 계약전력 6kW 이상 고객
 • 소유자로 변동된 경우
  – 전기사용변경신청서(I전력 양식)
  – 매매계약서 또는 건물(토지)등기부 등본 등
 • 사용자로 변경된 경우
  – 전기사용변경신청서(I전력 양식) : 소유주 동의 날인
  – 사용자 주민등록등본(또는 법인 등기부등본)
  – 고객변동을 확인할 수 있는 서류 : 임대차계약서, 건축물대장
  – 계약전력 20kW 초과 고객의 경우 전기요금 보증서류(현금 원칙, 고객희망 시 이행보증보 험, 지급보증 및 연대보증으로 가능)
  – 소유주 주민등록증 사본(또는 법인 인감증명원) – 사업자등록증 사본(필요시)
다. '나'의 경우 저압으로 공급받는 고객은 소유주 동의 날인과 소유주 관련 서류는 생략 가능
※ 변동일 이후에 사용자별 요금 구분청구를 신청할 경우에는 미납요금에 한하여 신·구고객별로 각각 계산하 여 청구함(변동일이 속한 월의 신·구고객별 사용전력량은 고객과 I전력이 협의 결정함)

보기

ⓘ 전기사용변경신청서　　　　　ⓛ 건축물대장
ⓒ 임대차계약서　　　　　　　　ⓔ 주민등록증 사본
ⓜ 전기요금 보증서류　　　　　　ⓗ 매매계약서

① ㉠, ㉢　　　　　　　　　　② ㉠, ㉢
③ ㉠, ㉧　　　　　　　　　　④ ㉡, ㉣
⑤ ㉢, ㉢

06 다음 문단을 논리적 순서대로 바르게 나열한 것은?

(가) 교통약자와 사회적 기여자 등을 위한 전용 출국장인 '패스트트랙'도 마련되었다. 유·소아는 만 7세 미만, 고령자는 만 70세 이상이 대상이다. 기존 문형 금속탐지기 대신 최신형 원형 보안 검색기를 설치함으로써 보안 검색 속도를 높였다. 짐을 가지고 터널을 통과하면 보안 검색이 이뤄지는 '터널형 보안 검색'은 국토부와의 협업 연구를 통해 5년 내에 이루어질 기술이다. 지금처럼 신체와 소지품 검색이 별도로 이뤄지는 것이 아니라 터널을 통과하면서 한 번에 자연스럽게 실시되어 이용객의 불편은 줄이되, 공항 보안은 강화할 수 있을 것으로 예상된다.

(나) 그밖에 올해 상반기에 SNS 메신저를 활용한 챗봇과 3D 프린팅, 4D VR 체험 및 조류퇴치·외곽경비 드론을 도입할 예정이며, 하반기에는 위치 기반의 푸쉬 알림 서비스, 자율주행 차량 서비스, 원스톱으로 출국이 가능한 스마트패스를 선보인다. 또한 생체인식 기법을 활용한 BT 기반 출입과 AI 기반 수하물 검색이 시범 운영에 들어간다. 이어서 빅데이터 및 IoT 기반 첨단 서비스와 자율주행 셔틀버스를 도입할 계획이다. 이로써 스마트한 서비스 창출 및 지능형 공항 운영의 두 마리 토끼를 모두 잡을 수 있을 것으로 보인다.

(다) 제2여객터미널에 들어서면 먼저 출국장 중앙의 '스마트체크인 존'이 눈길을 끈다. 여기에 무인탑승수속 기기 키오스크(KIOSK)와 자동 수하물 위탁 기기(Self Bag Drop)가 일렬로 나란히 배치되어 있다. 직접 출국 수속을 밟을 수 있는 자동화 기기로, 출국 절차에 드는 시간을 단축해 준다.

(라) I국제공항은 지난 1월 오픈한 제2여객터미널에 지능형 안내 로봇과 청소 로봇을 도입하면서 '스마트 에어포트' 기술 분야에서 세계를 선도하는 공항이 되겠다는 의지를 드러낸 바 있다. 이는 정부과제 '스마트공항 종합계획' 및 I국제공항의 4단계 건설 기한까지의 중장기 계획의 일환에 따른 것으로, 그 첫 신호탄이 되었다.

---

① (다) – (가) – (나) – (라)
② (다) – (라) – (가) – (나)
③ (라) – (가) – (나) – (다)
④ (라) – (나) – (다) – (가)
⑤ (라) – (다) – (가) – (나)

※ 다음 기사를 읽고 이어지는 질문에 답하시오. **[7~8]**

I국제공항공사는 공항행 철도 운행중지 등 비상상황이 발생했을 때 여객들이 비행기를 놓치는 일이 발생하지 않도록 하기 위해 (주)공항철도, K공사(K레일), (주)신공항하이웨이와 원활한 여객수송을 위한 업무협약을 체결했다고 밝혔다. I국제공항공사에서 체결된 이번 업무협약은 항공운송과 철도, 도로를 담당하는 네 기관이 유기적인 협력을 바탕으로 공동 비상수송 체계를 마련하고 이를 효과적으로 실행하기 위해 추진되었다. (가) 이번에 체결된 업무협약에 따라 공항철도는 만약 공항행 열차가 장시간 지연되거나 선로 중간에 정차하는 운행 장애가 발생하면 I국제공항과 신공항하이웨이에 즉시 상황을 알리고 탑승이 임박한 여객들에게 우선적으로 택시 등의 대체교통수단을 제공한다. (나) 운행 장애 열차를 인접 역으로 이동시키기 어려울 경우 I국제공항공사는 공항 내 상시 대기 중인 택시(점보택시 20대 포함 일평균 300대)를 장애발생 지점에 보낸다. 열차 운행장애 현장에서는 공항철도와 신공항하이웨이가 고속도로순찰대를 급파하여 대체 수송수단이 신속하게 현장으로 접근할 수 있도록 가드레일 제거, 회차선 확보 등의 조치를 취하고, 승객들이 대체교통수단으로 안전하게 옮겨 탈 수 있도록 정차 위치를 확보하고 추돌 방지 등의 안전조치를 취한 후 탑승시간이 임박한 승객부터 공항으로 수송한다. (다) 만약 지방발 I국제공항행 KTX 열차가 장시간 지연될 경우에는 K레일이 신속하게 대체 수송버스를 투입하여 탑승시간이 임박한 승객들을 수송할 예정이다. 승객들이 대체 교통수단을 이용해 I국제공항에 도착하면 공항에서는 하차 지점에 안내 요원이 대기하여 탑승수속 절차를 안내하고, 평소 교통약자 등의 전용 출국장인 패스트 트랙(Fast Track)의 이용권을 배부하여 신속히 출국수속을 밟을 수 있도록 지원함으로써 비행기를 놓치는 여객이 없게끔 대비하기로 했다. (라) 특히, 4개 기관은 각 기관 상황실 간 비상연락체계 구축은 물론이고 철도와 도로의 그리드맵을 상세하게 작성하여 승객을 태울 위치정보를 공유함으로써 대체 수송수단이 신속하고 정확하게 투입될 수 있도록 했다. (마) 나아가 폭설 같은 자연재해로 항공기가 지연되는 경우에도 심야시간 임시열차 운행을 지원하기로 하는 등 폭넓은 협업체계를 갖추게 되었다. I국제공항공사 여객서비스본부장은 "이번 협약을 통해 공항철도나 KTX 운행 중단 등 비상상황에도 I국제공항 이용객들에게 피해가 없도록 네 기관이 긴밀한 협업체계를 구축했다."고 밝혔다. 공항철도 영업본부장은 "여객이 공항으로 가는 과정에 불편을 겪지 않도록 유관기관들과 힘을 합쳐 세심한 부분까지 개선해나가도록 노력할 것이다."라고 말했다.

07 다음 중 윗글에서 〈보기〉의 내용이 들어갈 위치로 가장 적절한 곳은?

> **보기**
>
> 그동안 각 기관은 철도나 도로에서 비상상황이 발생했을 때 대체 교통수단을 통해 여객을 신속하게 공항으로 수송하기 위한 처리 절차와 매뉴얼을 갖추고 있었으나, 공항행 철도와 도로의 관리운영 주체가 각각 달라 실제 비상상황에 신속히 대응하기 위해서는 각 기관의 역할을 보다 명확하고 체계적으로 규정하여 협력할 필요가 있었다.

① (가)
② (나)
③ (다)
④ (라)
⑤ (마)

08 다음 중 윗글의 내용으로 적절하지 않은 것은?

① 이번 업무협약은 네 기관의 유기적인 협력 관계로 이루어졌다.

② 공항행 열차의 운행 장애가 발생하면 택시 등 대체 교통수단을 제공한다.

③ 열차 운행장애 현장에서는 대체 수송수단이 신속하게 현장으로 접근할 수 있도록 한다.

④ 지방발 I국제공항행 KTX 열차가 장시간 지연될 경우에는 K레일 측에서 대체 수송버스를 투입하여 탑승시간이 임박한 승객들을 수송해 왔다.

⑤ 자연재해로 항공기가 지연되는 경우에도 심야시간 임시열차 운행을 지원하므로 이용객의 편의가 증대될 것이다.

PART 2

09 다음 중 '그린캡 도우미'에 대한 설명으로 적절하지 않은 것은?

> I국제공항의 제1여객터미널과 제2여객터미널을 넘나들며 활약하는 I국제공항 세관 그린캡 도우미를 한마디로 표현한다면 '언어 스위치'가 아닐까. 톡하고 누르기만 해도 절로 언어가 튀어나오는 스위치처럼 외국어와 한국어를 능수능란하게 구사하는 그들은 우리 사회에서 다문화가정을 이루며 살아가고 있는 이주자 출신이다. 다년간의 한국 생활을 통해 유창한 언어 실력을 쌓았지만, 정작 충분히 발휘할 기회를 찾지 못하다가 그린캡의 일원이 되면서 비로소 그 재능을 값지게 활용하고 있다. 지난 2010년 처음 선보인 그린캡은 세관과 I국제공항의 호감도를 상승시킨 일등공신이다. 우선 친절한 통·번역을 통해 외국인들이 맞닥뜨릴 수 있는 언어적 불편을 해소하면서 우리나라 대표 관문으로서의 자부심을 드높였다. 자신이 가진 능력을 십분 활용해 당당히 자립한 도우미들의 자신감 상승 역시 긍정적인 효과라고 할 수 있을 것이다. 더불어 영어·중국어·일본어와 같이 국내에서 보편적으로 자주 쓰이는 외국어 외에 몽골, 필리핀, 베트남, 러시아, 카자흐스탄, 키르기스스탄 등 다양한 언어 서비스도 가능해졌다.
>
> I국제공항의 자부심이자 다문화가정의 안정적 정착을 성공으로 이끄는 공적 모델인 그린캡 도우미로 활동하는 인원은 총 40명으로, 앞서 소개한 바와 같이 외국인 여행자와의 의사소통을 돕고 있다. 또한 인프라 업무상 문제점 개선을 위한 글로벌 여행자 통관지원 서비스를 제공하고, 유치 물품의 보관과 인계를 담당한다.
>
> 이미 지난 2010년 창의 실용 제도 개선 우수 사례에서 국무총리상을 받은 그린캡은 친절하면서도 고도화된 서비스로 좋은 평가를 받으며, I국제공항의 세계공항서비스평가(ASQ) 12년 연속 1위 달성에 기여하기도 했다. 더불어 이주자를 위한 맞춤형 일자리 창출, 다문화가정의 안정적인 국내 정착 유도 등을 성공적으로 해낸 공적 모델로 인정받아 지속해서 운영하고 있다.

① 그린캡 도우미는 창의 실용 제도 개선 우수 사례로 인정받아 다른 공사에도 적용되었다.

② 그린캡 도우미는 이주자 출신으로 구성되어 있다.

③ 보편적으로 자주 쓰이는 외국어 외에도 카자흐스탄어, 키르기스스탄어 등 다양한 언어 서비스를 제공한다.

④ 언어 서비스뿐만 아니라 글로벌 여행자 통관지원 서비스 및 유치 물품의 보관과 인계도 담당한다.

⑤ 그린캡 도우미를 통해 이주자를 위한 맞춤형 일자리 창출과 다문화가정의 안정적인 국내 정착 유도를 이끌어 낼 수 있다.

10 다음 글을 읽고 빈칸에 들어갈 속담으로 가장 적절한 것은?

스트레스는 만병의 근원이란 말이 나돌고 있다. 스트레스는 의학적인 만병의 근원으로, 우리에게 신체적 해가 되는 일 자체보다도 이를 극복해 나가는 고통스런 과정이 더 문제인 것 같다. 하지만 살아가면서 아무리 큰 스트레스를 겪더라도 시간이 경과함에 따라 점차 망각의 세계로 흘려보내게 되는 것은 천만다행인 일이 아닐 수 없다. 개인적 차이는 있겠지만 고독한 개별 존재로 살아가면서 겪는 삶의 갈등에서 '세월이 약이다.'라는 우리 속담의 역할은 우리에게 참으로 큰 위안을 준다. 과거 기억의 집착에서 빨리 벗어나는 것은 진정으로 필요한 일이며, 이러한 자각의 과정이야말로 결국 혼자인 자신을 성찰할 좋은 기회가 된다. 그러니 이런 의미의 건망증은 하느님이 우리에게 주신 좋은 선물 가운데 하나가 아니겠는가.

이와 같은 공리적인 건망증과는 달리, 우리 속담에 '＿＿＿＿＿＿＿＿＿＿＿＿'는 말과 같이 순간적인 건망증은 우리 생활에 웃음을 주는 활력소가 된다. 주부가 손에 고무장갑을 끼고 장갑을 찾는다든가, 안경을 쓴 채 안경을 찾으러 이리저리 다니는 일은 주변에서 흔히 목격할 수 있는 일이다. 영국의 명재상이면서 끽연가인 처칠이 파이프를 물고 파이프를 찾았다든가, 혹은 18세기 영국의 문명 비평가였던 사무엘 존슨이 자신의 결혼식 날을 잊고 그 시간에 서재에서 집필하고 있었다는 일화도 우리를 웃음 짓게 하는 유쾌한 건망증이다.

의학적으로 대충 50대를 전후하여 기억 세포의 사멸로 기억력이 점차로 쇠퇴하여지기 시작한다고 한다. 이제 이순(耳順)의 나이를 넘어서다 보니, 주변 친구들을 만나면 늙는다는 타령과 함께 건망증을 소재로 한담(閑談)의 공간을 채우는 경우가 많아지게 되었다. 한 번은 건망증을 화제로 한자리에서 지우(知友)가 하도 잊어버리는 일이 많아 잊지 않으려 적어 놓은 메모까지도 잊어 못 찾게 되었노라고 한숨을 짓는 것을 보고 나는 빙그레 웃어 주었다. 그리고 이 말을 해주었다. 그 자체가 바로 자연이고 순리인 것이라고. 잊지 않으려고 억지로 노력하는 일도 하나의 집착인 것이라고.

① 우물에 가 숭늉 찾는다.
② 장님 코끼리 말하듯 한다.
③ 업은 아이 삼 년을 찾는다.
④ 소문 난 잔치에 먹을 것 없다.
⑤ 소경이 개천 나무란다.

11 다음 〈보기〉의 '노자'의 입장에서 '자산'을 비판한 내용으로 가장 적절한 것은?

거센 바람이 불고 화재가 잇따르자 정(鄭)나라의 재상 자산(子産)에게 측근 인사가 하늘에 제사를 지내라고 요청했지만, 자산은 "천도(天道)는 멀고, 인도(人道)는 가깝다."라며 거절했다. 그가 보기에 인간에게 일어나는 일은 더 이상 하늘의 뜻이 아니었고, 자연 변화 또한 인간의 화복(禍福)과는 거리가 멀었다. 인간이 자연 변화를 파악하면 얼마든지 재난을 대비할 수 있고, 인간사는 인간 스스로 해결할 문제라 생각한 것이다. 이러한 생각에 기초하여 그는 인간의 문제 해결 범위를 확대했고, 정나라의 현실 문제를 극복하고자 하였다.

그는 귀족이 독점하던 토지를 백성들도 소유할 수 있게 하였고, 이것을 문서화하여 세금을 부과하였다. 이에 따라 백성들은 개간(開墾)을 통해 경작지를 늘려 생산을 증대하였고, 국가는 경작지를 계량하고 등록함으로써 민부(民富)를 국부(國富)로 연결시켰다. 아울러 그는 중간 계급도 정치 득실을 논할 수 있도록 하여 귀족들의 정치 기반을 약화시키는 한편, 중국 역사상 처음으로 형법을 성문화하여 정(鼎, 발이 셋이고 귀가 둘 달린 솥)에 새김으로써 모든 백성이 법을 알고 법에 따라 처신하게 하는 법치의 체계를 세웠다. 성문법 도입은 귀족의 임의적인 법 제정과 집행을 막아 그들의 지배력을 약화시키는 조치였으므로 당시 귀족들은 이 개혁 조치에 반발하였다.

> **보기**
>
> 노자(老子)는 만물의 생성과 변화는 자연스럽고 무의지적이지만, 스스로의 작용에 의해 극대화된다고 보았다. 인간도 이러한 자연의 원리에 따라 삶을 영위해야 한다고 보아 통치자의 무위(無爲)를 강조했다. 또한 사회의 도덕, 법률, 제도 등은 모두 인간의 삶을 인위적으로 규정하는 허위라 파악하고, 그것의 해체를 주장했다.

① 사회 제도에 의거하는 정치 개혁은 사회 발전을 극대화할 것이다.

② 인간의 문제를 스스로 해결하려는 시도는 결국 현실 사회를 허위로 가득 차게 할 것이다.

③ 사회 규범의 법제화는 자발적인 도덕의 실현으로 이어질 것이다.

④ 현실주의적 개혁은 궁극적으로 백성들에게 안정과 혜택을 줄 것이다.

⑤ 자연이 인간의 화복을 주관하지 않는다는 생각은 사회의 도덕, 법률, 제도의 존재를 부정할 수 없다.

12 다음 글의 제목으로 가장 적절한 것은?

일반적으로 소비자들은 합리적인 경제 행위를 추구하기 때문에 최소 비용으로 최대 효과를 얻으려한다는 것이 소비의 기본 원칙이다. 그들은 '보이지 않는 손'이라고 일컬어지는 시장 원리 아래에서 생산자와 만난다. 그러나 이러한 일차적 의미의 합리적 소비가 언제나 유효한 것은 아니다. 생산보다는 소비가 화두가 된 소비 자본주의 시대에 소비는 단순히 필요한 재화, 그리고 경제학적으로 유리한 재화를 구매하는 행위에 머물지 않는다. 최대 효과 자체에 정서적이고 사회 심리학적인 요인이 개입하면서, 이제 소비는 개인이 세계와 만나는 다분히 심리적인 방법이 되어버린 것이다. 곧 인간의 기본적인 생존 욕구를 충족시켜 주는 합리적 소비 수준에 머물지 않고, 자신을 표현하는 상징적 행위가 된 것이다. 이처럼 오늘날의 소비 문화는 물질적 소비 차원이 아닌 심리적 소비 형태를 띠게 된다.

소비 자본주의의 화두는 과소비가 아니라 '과시 소비'로 넘어간 것이다. 과시 소비의 중심에는 신분의 논리가 있다. 신분의 논리는 유용성의 논리, 나아가 시장의 논리로 설명되지 않는 것들을 설명해 준다. 혈통으로 이어지던 폐쇄적 계층 사회는 소비 행위에 대해 계급에 근거한 제한을 부여했다. 먼 옛날 부족 사회에서 수장들만이 걸칠 수 있었던 장신구에서부터, 제아무리 권문세가의 정승이라도 아흔아홉 칸을 넘을 수 없던 집이 좋은 예이다. 권력을 가진 자는 힘을 통해 자기의 취향을 주위 사람들과 분리시킴으로써 경외감을 강요하고, 그렇게 자기 취향을 과시함으로써 잠재적 경쟁자들을 통제한 것이다.

가시적 신분 제도가 사라진 현대 사회에서도 이러한 신분의 논리는 여전히 유효하다. 이제 개인은 소비를 통해 자신의 물질적 부를 표현함으로써 신분을 과시하려 한다.

① '보이지 않는 손'에 의한 합리적 소비의 필요성
② 소득을 고려하지 않은 무분별한 과소비의 폐해
③ 계층별 소비 규제의 필요성
④ 신분사회에서 의복 소비와 계층의 관계
⑤ 소비가 곧 신분이 되는 과시 소비의 원리

13 다음 중 밑줄 친 ㉠의 예로 옳은 것은?

우리말에서 의미를 강조하기 위해 정도부사를 이용하는 경우가 있다. 정도부사란 용언 또는 용언형이나 다른 부사의 정도를 한정하는 부사로, 예를 들어 '철수는 키가 매우 크다.'에서 '매우', '정상은 너무 멀다.'의 '너무' 따위이다. 이를 통해 ㉠ 언어의 정도성을 나타낼 수 있다.

① 과반수 이상이 찬성하였으므로 의결되었습니다.
② 너 혼자 독차지하는 이런 경우가 어디 있니?
③ 그녀는 그를 보자 곧바로 직행했다.
④ 나는 너를 정말 정말 좋아해.
⑤ 추운 겨울 이웃을 향한 따뜻한 온정의 손길이 이어졌다.

14 다음 글을 읽고 〈보기〉와 같이 반응했을 때, 빈칸에 들어갈 단어가 바르게 연결된 것은?

> 와인을 마실 때는 와인의 종류에 따라 그에 맞는 적당한 잔을 선택하는 것이 중요하다. 와인 잔은 크게 레드 와인 잔, 화이트 와인 잔, 스파클링 와인 잔으로 나눌 수 있다. 레드 와인 잔은 화이트 와인 잔보다 둘레가 넓어 와인의 향기를 풍성하게 느낄 수 있다. 잔의 둘레가 넓어질수록 와인이 공기와 접촉하는 면적이 넓어지기 때문이다. 화이트 와인 잔은 레드 와인 잔에 비해 크기가 작다. 차게 마시는 화이트 와인의 특성상 온도가 올라가지 않도록 잔의 용량 크기를 작게 만드는 것이다. 마지막으로 스파클링 와인 잔의 길쭉한 튤립 모양은 와인의 탄산을 보존할 수 있도록 해준다. 좋은 스파클링 와인일수록 조그만 기포들이 잔 속에서 끊임없이 솟아오른다. 입구가 좁고 높이가 높은 잔을 사용하면 스파클링 와인의 기포를 감상하며 즐길 수 있다.

> **보기**
>
> 레드 와인은 와인의 ___㉠___ 을/를, 화이트 와인은 와인의 ___㉡___ 을/를 중요하게 생각하기 때문에 서로 다른 와인 잔을 사용하는군.

	㉠	㉡			㉠	㉡
①	향	탄산		②	향	온도
③	온도	향		④	온도	맛
⑤	맛	탄산				

15 다음 제시된 단어의 관계와 동일한 것은?

> 음주 – 건강 악화

① 감기 – 멀미
② 동의 – 거부
③ 추위 – 동상
④ 운동 – 수영
⑤ 빵 – 밀가루

16 B씨는 곧 있을 발표를 위해 다음 글을 바탕으로 PT용 자료를 만들고자 한다. B씨가 만든 자료 중 적절하지 않은 것은?

〈저탄소 에너지 저감형 도시 계획 요소〉

1. 토지이용 및 교통 부문

토지이용 및 교통 부문에 해당하는 저탄소 에너지 저감 도시 계획 요소로는 기능집약형 토지이용 요소, 환경친화적 공간 계획 요소, 에너지 저감형 교통 계획 요소 등이 있다. 기능집약형 토지이용은 도시 시설의 고밀 이용, 직주근접형 토지 이용과 공간 계획 등을 통하여 교통 수요를 저감시켜 에너지 소비를 줄이게 되는데, 이는 적정 규모 밀도 개발, 지역 역량을 고려한 개발지역 선정 등을 통하여 실현될 수 있다.

환경친화적 공간 계획은 충분한 오픈스페이스 확보, 바람길 활용을 위한 건물 배치, 우수한 자연 환경의 보전 등을 통하여 환경에 대한 부정적 영향을 최소화하는 동시에 에너지 및 탄소 저감을 위한 도시 형성에 기여한다. 에너지 저감형 교통 계획의 경우 대중교통 중심의 교통 네트워크를 강화하고 보행 및 자전거 이용을 촉진하여 교통 부문의 에너지 소비를 저감하는 데 그 목적이 있다. 주요 계획 요소로는 자전거 도로 설치, 대중교통 지향형 개발, 보행자 전용도로 설치 등이 있다.

2. 건축 부문

건축 부문의 에너지 저감을 위해서는 고단열 및 고기밀 자재 사용을 통해 에너지 투입이 최소화 되도록 하며, 자연 채광과 자연 환기가 되도록 건축물의 평면과 입면 계획, 배치 계획을 유도하는 것이 필요하다. 이를 통해 기존 건물의 에너지 손실이 많은 천정, 바닥, 벽개구부 등의 단열 및 기밀성을 향상하고 단열재의 성능을 개선하여 건물의 에너지 효율을 증가시키고 에너지 저감형 건축이 가능하도록 한다.

3. 녹지 부문

저탄소 에너지 저감을 위한 녹지 부문의 도시 계획 요소로는 그린네트워크 및 생태녹화 시스템 요소, 인공지반 및 건물 녹화 요소 등이 있다. 그린네트워크 시스템은 기존 녹지 보전 및 새로운 녹지 조성을 통한 그린네트워크 조성, 녹지공간 확충, 보행녹도, 생태면적률 확대 등을 통해 실현하며, 인공 지반 및 건물 녹화의 경우 입체 녹화, 투수성 주차장 조성, 사면 생태 녹화 등을 통해 이루어질 수 있다. 이는 탄소 흡수를 통한 온실가스 저감과 함께 대기 기후 온도를 낮추는 데 기여하여 도시의 쾌적한 환경을 조성하고 건물에서의 냉방 에너지 소비 수요를 줄이는 데 기여한다.

4. 에너지 부문

에너지 생산과 관련된 에너지 부문에서는 신재생 에너지 생산 및 이용 확대, 집단 에너지 이용 요소 등이 주요한 저탄소 에너지 저감 도시 계획 요소이다. 신재생 에너지 생산 및 이용 확대는 태양열 및 태양광 시스템, 풍력 에너지 이용 시스템, 지열 환경 시스템 등의 신규 설치 및 용량 확대를 통해 이루어질 수 있다. 집단 에너지의 경우 열병합 발전소, 자원 회수시설 등 1개소 이상의 에너지 생산시설에서 생산되는 복수의 에너지를 공급하는 것으로, 최근 분산형 에너지 시스템의 확대와 함께 늘어나고 있는 경향이다.

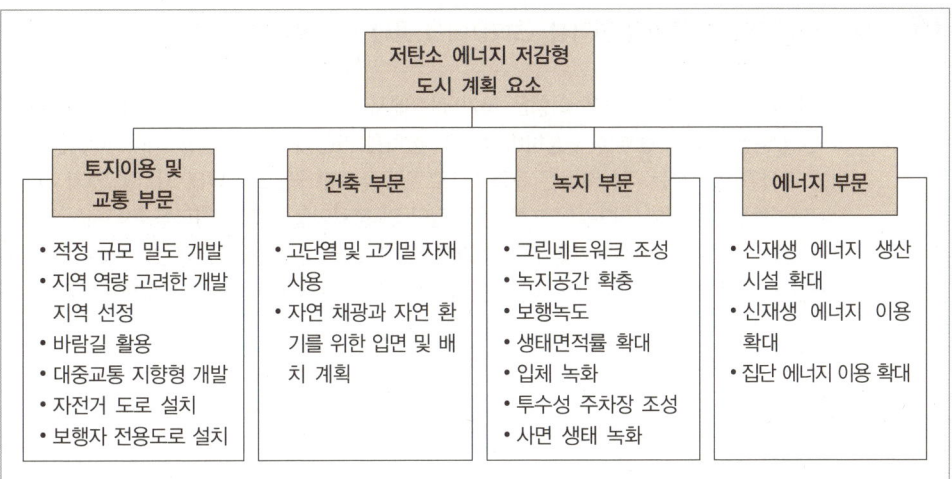

① 없음
② 토지이용 및 교통 부문
③ 건축 부문
④ 녹지 부문
⑤ 에너지 부문

17 다음은 지적 및 공간정보 용어 해설집의 일부 내용이다. ㉠~㉤의 수정 방안으로 가장 적절한 것은?

지적공부	지적공부라 함은 토지대장·지적도·임야대장·임야도 및 수치지적부로서 행정안전부령이 ㉠ 정하는 바에 의하여 작성된 대장 및 도면과 전산 정보처리조직에 의하여 처리할 수 있는 형태로 작성된 파일(이하 지적 파일이라 한다)을 말한다.
지적측량	토지에 대한 물권이 미치는 한계를 ㉡ 밝히기 위한 측량으로서 토지를 지적공부에 ㉢ 등록하거나 지적공부에 등록된 경계를 지표상에 복원할 목적으로 소관청이 직권 또는 이해관계인의 신청에 의하여 각 필지의 경계 또는 좌표와 면적을 정하는 측량을 말하며 기초측량과 세부측량으로 구분한다. 지적법에는 지적측량이라 함은 토지를 지적공부에 등록하거나 지적공부에 등록된 경계를 지표상에 복원할 목적으로 소관청이 직권 또는 이해관계인의 신청에 의하여 각 필지의 경계 또는 좌표와 면적을 정하는 측량을 말한다고 규정되어 있다.
지목	지목이라 함은 토지의 주된 사용 목적 또는 용도에 따라 토지의 종류를 구분·표시하는 명칭을 말한다.
지목변경	지목변경이라 함은 지적공부에 등록된 지목을 다른 지목으로 바꾸어 등록하는 것을 말한다.
지번설정지역	지번설정지역이라 함은 리·동 또는 이에 준하는 지역으로서 지번을 설정하는 단위 지역을 말한다.
필지	필지라 함은 하나의 지번이 ㉣ 붙는 토지의 등록단위를 말한다.
분할	분할이라 함은 지적공부에 등록된 1필지를 2필지 이상으로 나누어 등록하는 것을 말한다.
소관청	소관청이라 함은 지적공부를 ㉤ 관리하는 시장(구를 두는 시에 있어서는 구청장을 말한다)·군수를 말한다.

① ㉠ : 띄어쓰기가 잘못되었으므로 '정하는바에 의하여'로 수정한다.
② ㉡ : 문맥상 의미에 따라 '밝히기 위한'으로 수정한다.
③ ㉢ : 띄어쓰기가 잘못되었으므로 '등록 하거나'로 수정한다.
④ ㉣ : 문맥상 의미에 따라 '붙는'으로 수정한다.
⑤ ㉤ : 맥락상 적절한 단어인 '컨트롤하는'으로 수정한다.

18 다음 글의 빈칸에 들어갈 단어를 〈보기〉에서 골라 바르게 짝지은 것은?

> 권위주의로부터 민주주의로의 이행은 국가 권력에서 정통성이 없는 권위주 정치 세력을 ㉮ 하고 선거 경쟁을 통해 정부를 구성하여 민주적 절차를 마련해 가는 과정을 의미한다. 민주주의로의 이행 과정을 ㉯ 하는 주창자들은 공통적으로 민주주의란 국민으로부터 지지를 얻기 위한 자유롭고 공정한 선거 경쟁에서 다수의 표를 얻은 정당 및 정치인들이 국가 권력을 획득하는 제도적 장치라는 점을 ㉰ 한다. 민주주의를 정치적 경쟁 및 참여가 ㉱ 되는 기본적인 절차로 해석하는 것도 이러한 설명의 연장선상에 있다. 이러한 절차적 제도로는 투표권, 공무 담임권, 자유롭고 공정한 선거, 결사의 자유, 표현의 자유 등을 들 수 있다.

보기

| ㉠ 포함 | ㉡ 배제 | ㉢ 경시 | ㉣ 중시 |
| ㉤ 강조 | ㉥ 강요 | ㉦ 보장 | ㉧ 보존 |

	㉮	㉯	㉰	㉱
①	㉠	㉢	㉤	㉦
②	㉠	㉣	㉥	㉧
③	㉡	㉢	㉤	㉦
④	㉡	㉣	㉤	㉦
⑤	㉢	㉣	㉥	㉧

19 다음 상황에 가장 적절한 한자성어는?

> A씨는 업무를 정리하다가 올해 초 진행한 프로젝트에 자신의 실수가 있었음을 알게 되었다. 하지만 자신의 실수를 드러내고 싶지 않았고, 그리 큰 문제라고 생각하지 않은 A씨는 이를 무시하였다. 이후 다른 프로젝트를 진행하면서 지난번 실수와 동일한 실수를 다시 저지르면서 프로젝트에 큰 피해를 입혔다.

① 유비무환(有備無患)

② 유유상종(類類相從)

③ 회자정리(會者定離)

④ 개과불린(改過不吝)

⑤ 개세지재(蓋世之才)

20 다음 상황에 가장 잘 어울리는 속담은?

> 대규모 댐 건설 사업 공모에 I건설회사가 참여하였다. 해당 사업은 막대한 자금과 고도의 건설 기술이 필요했기에 I건설회사가 감당하기 어려운 것이었다. 많은 사람들은 무리하게 공모에 참여한 I건설회사에 대해 무모하다고 여겼다.

① 속담 강아지 똥은 똥이 아닌가.
② 대나무 그루에선 대나무가 난다.
③ 도련님은 당나귀가 제격이라.
④ 하늘로 호랑이 잡기
⑤ 미련한 송아지 백정을 모른다.

21 다음 사례를 읽고 A씨에게 피드백을 주려고 할 때, 가장 적절한 것은?

> A씨는 2년 차 직장인이다. 그러나 같은 날 입사했던 동료들과 비교하면 좋은 평가를 받지 못하고 있다. 요청받은 업무를 진행하는 데 있어 마감일을 늦추는 일이 허다하고, 주기적인 업무도 누락하는 경우가 많기 때문이다. 그 이유는 자신이 앞으로 해야 할 일에 대해서 계획을 수립하지 않고 즉흥적으로 처리하거나 혹은 주변에서 급하다고 요청이 오면 그제서야 하기 때문이다. 그로 인해 본인의 업무뿐만 아니라 주변 사람들의 업무도 늦어지거나 과중되는 결과를 낳아 업무의 효율성이 떨어지게 되었다.

① 업무를 진행할 때 계획적으로 접근한다면 좋은 평가를 받을 수 있을 거야.
② 너무 편한 방향으로 업무를 처리하면 불필요한 낭비가 발생할 수 있어.
③ 시간도 중요한 자원 중의 하나라는 인식이 필요해.
④ 자원관리에 대한 노하우를 쌓는다면 충분히 극복할 수 있어.
⑤ 업무와 관련하여 다른 사람들과 원활한 소통을 한다면 낭비를 줄일 수 있어.

22 다음은 대부분의 조직에서 활용하고 있는 부서명과 담당 업무를 나타낸 도표이다. 이를 근거로 할 때, 부서명과 담당 업무의 내용이 적절하지 않은 것은?

부서	업무 내용
총무부	주주총회 및 이사회개최 관련 업무, 의전 및 비서업무, 집기비품 및 소모품의 구매와 관리, 사무실 임차 및 관리, 차량 및 통신시설의 운영, 국내외 출장 업무 협조, 복리후생 업무, 법률자문과 소송관리, 사내외 홍보 광고업무
인사부	조직기구의 개편 및 조정, 업무분담 및 조정, 인력수급계획 및 관리, 직무 및 정원의 조정 종합, 노사관리, 평가관리, 상벌관리, 인사발령, 교육체계 수립 및 관리, 임금제도, 복리후생제도 및 지원업무, 복무관리, 퇴직관리
기획부	경영계획 및 전략 수립, 전사기획업무 종합 및 조정, 중장기 사업계획의 종합 및 조정, 경영정보 조사 및 기획보고, 경영진단업무, 종합예산수립 및 실적관리, 단기사업계획 종합 및 조정, 사업계획, 손익추정, 실적관리 및 분석
회계부	회계제도의 유지 및 관리, 재무상태 및 경영실적 보고, 결산 관련 업무, 재무제표 분석 및 보고, 법인세, 부가가치세, 국세 지방세 업무자문 및 지원, 보험가입 및 보상업무, 고정자산 관련 업무
영업부	판매 계획, 판매예산의 편성, 시장조사, 광고 선전, 견적 및 계약, 제조지시서의 발행, 외상매출금의 청구 및 회수, 제품의 재고 조절, 거래처로부터의 불만처리, 제품의 사후관리, 판매원가 및 판매가격의 조사 검토

① 지난달 퇴직자의 퇴직급여 수령액에 문제가 있어 인사부 직원은 회사 퇴직급여 규정을 찾아보고 정정 사항을 바로잡았다.

② 작년 판매분 중 일부 제품에 하자가 발생하여 고객의 클레임을 접수하고 하자보수 등의 처리를 담당하는 것은 영업부의 주도적인 역할이다.

③ 회사의 지속가능경영보고서 상에 수록되어 주주들에게 배포될 경영실적 관련 자료를 준비하느라 회계부 직원들은 연일 야근 중이다.

④ 사무실 이전 계획에 따라 새로운 사무실의 층간 배치와 해당 위치별 공용 사무용기 분배 관련 작업은 총무부에서 실시한다.

⑤ 사옥 이전에 따르는 이전 비용 산출과 신사옥 입주를 대내외에 홍보해야 할 업무는 기획부 소관 업무이다.

23 I은행 △△지점 직원들은 이번 달 금융상품 홍보 방안을 모색하기 위해 한자리에 모여서 회의를 하고 있다. 다음 중 회의에 임하는 태도로 적절하지 않은 직원은?

> O계장 : 이번 달 실적을 향상시키기 위한 홍보 방안으로는 뭐가 있을까요? 의견이 있으면 주저하지 말고 뭐든지 말씀해 주세요.
>
> J사원 : 저는 조금은 파격적인 이벤트 같은 게 있었으면 좋겠어요. 예를 들면 곧 할로윈이니까, 지점 내부를 할로윈 분위기로 꾸민 다음에 가면이나 가발 같은 걸 비치해 두고, 고객들이 인증샷을 찍으면 예금이나 환전 추가 혜택을 주는 건 어떨까 싶어요.
>
> D주임 : 그건 좀 실현 가능성이 없을 것 같습니다. 그보다는 SNS로 이벤트 응모를 받아서 기프티콘 사은품을 쏘는 이벤트가 현실적이겠어요.
>
> C과장 : 가능성 여부를 떠나서 아이디어는 많을수록 좋으니 반박하지 말고 이야기하세요.
>
> H사원 : 의견 주시면 제가 전부 받아 적었다가 한꺼번에 정리하도록 하겠습니다.

① J사원　　　　　　　　　　② D주임

③ C과장　　　　　　　　　　④ H사원

⑤ 모두 적절하다.

24 김팀장은 박대리에게 다음과 같은 업무지시를 내렸다. 다음 중 박대리가 가장 먼저 처리해야 할 일은?

> 김팀장 : 박대리, 지난주에 요청했던 사업계획서는 문제없이 진행되고 있나요? 이번 주 금요일까지 완료해서 부장님께 제출해 주세요. 그리고 오늘 오후 5시에는 본사에서 진행되는 금년도 사업현황보고 회의에 함께 참석해야 합니다. 따라서 금일 업무 보고는 오후 6시가 아닌 오후 4시에 받도록 하겠습니다. 오후 4시까지 금일 업무 보고서를 작성해서 전달해 주세요. 참! 이틀 전 박대리가 예약한 회의실이 본사 2층의 대회의실이었나요? 혹시 모를 상황에 대비하여 적어도 회의 시작 3시간 전에 사내 인트라넷의 회의실 예약 현황을 확인하고, 변동사항이 있다면 저에게 알려 주세요.

① 금일 업무 보고서 작성

② 본사 사업현황보고 회의 참석

③ 본사 대회의실 사용 신청

④ 부장님께 사업계획서 제출

⑤ 회의실 예약 현황 확인

25 다음 중 업무수행 성과를 높이기 위한 행동전략을 잘못 사용하고 있는 사람은?

> A사원 : 저는 해야 할 일이 생기면 미루지 않고, 그 즉시 바로 처리하려고 노력합니다.
> B사원 : 저는 여러 가지 일이 생기면 비슷한 업무끼리 묶어서 한 번에 처리하곤 합니다.
> C대리 : 저는 다른 사람이 일하는 방식과 다른 방식으로 생각하여 더 좋은 해결책을 발견하기도 합니다.
> D대리 : 저도 C대리님의 의견과 비슷합니다. 저는 우리 팀의 업무 지침이 마음에 들지 않아 저만의 방식을 찾고자 합니다.
> E인턴 : 저는 저희 팀에서 가장 일을 잘한다고 평가받는 김부장님을 제 역할모델로 삼았습니다.

① A사원   ② B사원
③ C대리   ④ D대리
⑤ E인턴

26 다음은 I제품 출시를 위한 대화 내용이다. 빈칸 ㉠, ㉡에 들어갈 단어가 바르게 짝지어진 것은?

> 김부장 : 이번 I제품 출시는 ___㉠___ 으로 추진하는 게 좋을 것 같아요. 지금은 제품 단위당 비용이 너무 많이 듭니다.
> 이차장 : 그럼 연구개발실에 새로운 생산기술을 개발하도록 전달하겠습니다.
> 김부장 : 시간이 많지 않으니 새 기술을 개발해서 적용하기보다는 생산을 ___㉡___ 시키는 게 좋을 것 같아요.
> 이차장 : 네, 알겠습니다. 그럼 생산계획을 조정해 보겠습니다.

	㉠	㉡
①	차별화 전략	유지
②	차별화 전략	증대
③	원가우위 전략	증대
④	원가우위 전략	감소
⑤	집중화 전략	감소

※ 다음은 I기업의 주요 사업별 연락처이다. 이어지는 질문에 답하시오. [27~28]

〈주요 사업별 연락처〉

주요 사업	담당부서	연락처
고객지원	고객지원팀	012-410-7001
감사, 부패방지 및 지도점검	감사실	012-410-7011
국제협력, 경영평가, 예산기획, 규정, 이사회	전략기획팀	012-410-7023
인재개발, 성과평가, 교육, 인사, ODA사업	인재개발팀	012-410-7031
복무노무, 회계관리, 계약 및 시설	경영지원팀	012-410-7048
품질평가 관리, 품질평가 관련 민원	평가관리팀	012-410-7062
가공품 유통 전반(실태조사, 유통정보), 컨설팅	유통정보팀	012-410-7072
기관 마케팅, 홍보관리, CS, 브랜드인증	고객홍보팀	012-410-7082
이력관리, 역학조사지원	이력관리팀	012-410-7102
유전자분석, 동일성검사	유전자분석팀	012-410-7111
연구사업 관리, 기준개발 및 보완, 시장조사	연구개발팀	012-410-7133
홈페이지 운영, 대외자료제공, 정보보호	정보사업팀	012-410-7000

27 다음 중 I기업의 주요 사업별 연락처를 본 직원의 반응으로 적절하지 않은 것은?

① 부패방지를 위해 부서를 따로 두었구나.
② 1개의 실과 11개의 팀으로 이루어져 있구나.
③ 홈페이지 운영은 고객홍보팀에서 마케팅과 함께 하는구나.
④ 예산기획과 경영평가는 같은 팀에서 종합적으로 관리하는구나.
⑤ 평가업무라 하더라도 평가 특성에 따라 담당하는 팀이 달라지는구나.

28 다음 민원인의 요청을 듣고 민원을 해결하기 위해 연결해야 할 부서로 가장 적절한 것은?

민원인 : 얼마 전 신제품 관련 평가 신청을 했습니다. 신제품 품질에 대한 등급에 대해 이의가 있습니다. 관련 건으로 담당자분과 통화하고 싶습니다.
상담원 : 불편을 드려서 죄송합니다. _____ 연결해 드리겠습니다. 잠시만 기다려 주십시오.

① 품질평가를 관리하는 평가관리팀으로
② 지도점검 업무를 담당하고 있는 감사실로
③ 연구사업을 관리하고 있는 연구개발팀으로
④ 이력관리 업무를 담당하고 있는 이력관리팀으로
⑤ 기관의 홈페이지 운영을 전담하고 있는 정보사업팀으로

※ 다음은 마이클 포터(Michael E. Porter)의 본원적 경쟁 전략과 관련된 사례이다. 이어지는 질문에 답하시오. [29~30]

〈본원적 경쟁 전략〉

마이클 포터는 산업 내에서 효과적으로 경쟁할 수 있는 일반적인 형태의 전략을 제시한다.

구분	저원가	차별화
광범위한 시장	비용우위 전략	차별화 전략
좁은 시장	집화 전략	

〈사례 1〉

포트 하워드 페이퍼(Fort Howard Paper)는 광고 경쟁이나 계속적인 신제품 공급으로 타격을 받기 쉬운 일반 용품을 파는 대신, 몇 종류의 한정된 산업용지 생산에만 노력을 기울였으며, 포터 포인트(Porter Point)는 손수 집을 칠하는 아마추어용 페인트 대신 직업적인 페인트공을 대상으로 한 페인트나 서비스를 제공하는 데 주력했다. 서비스 형태는 적합한 페인트 선택을 위한 전문적 조언이나 아무리 적은 양이라도 작업장까지 배달해주는 일, 또는 직접 판매장에서 접대실을 갖추어 커피를 무료로 대접하는 일 등이 있다.

〈사례 2〉

토요타는 재고로 쌓이는 부품량을 최소화하기 위해 1990년대 초 'JIT'라는 혁신적인 생산시스템을 도입했다. 그 결과 부품을 필요한 시기에 필요한 수량만큼 공급받아 재고비용을 대폭 줄일 수 있었다. 하지만 일본 대지진으로 위기를 겪고 이 시스템을 모든 공장에 적용하기에는 무리가 있다고 판단하여 기존 강점이라고 믿던 JIT 시스템을 개혁하여 재고를 필요에 따라 유동적으로 조절하는 방식을 채택했다. 그 결과 부품 공급 사슬과 관련한 정보 습득 능력이 높은 수준으로 개선되어 빈번한 자연재해에도 공장의 가동에 전혀 지장을 주지 않았고, 빠른 대응이 가능하게 되었다.

---

29 다음 중 사례 1에서 알 수 있는 내용으로 적절하지 않은 것은?

① 특정 목표에 대해 차별화될 수 있는 결과를 얻거나 낮은 원가를 실현할 수 있다.

② 특화된 제품을 사용하기를 원하는 소비자에 초점을 맞춘다면 경쟁력을 갖출 수 있다.

③ 특정 시장을 공략할 경우, 수익성이 크게 떨어져 의도와는 다른 결과가 나타날 수도 있다.

④ 특정 지역에 집중적으로 자원을 투입하면 그 지역에 적합한 제품이나 서비스를 제공함으로써 차별화할 수 있다.

⑤ 대체품과의 경쟁 가능성이 희박한 부문이나 경쟁기업들의 가장 취약한 부문을 선택해서 집중적인 노력을 기울여 그 산업 내에서 평균 이상의 수익을 달성할 잠재력을 지닐 수 있다.

30 다음 〈보기〉 중 사례 2와 관련 있는 것을 모두 고르면?

> **보기**
>
> ㉠ MP3 플레이어는 급격한 기술 변화에 의해 무용지물이 되어 스마트폰이 MP3를 대신하게 되었다.
> ㉡ A자동차 회사는 승용차 부문은 포기하고 상용차 부문만 집중적으로 공략하고 있다.
> ㉢ B전자회사는 저가 전략뿐만 아니라 공격적인 투자를 통해 기술적인 차별화 전략을 함께 병행하고 있다.
> ㉣ C전자회사는 부품의 규격화와 여러 가지 형태 변화, 원자재 투입량의 감소 등을 통해 제작과 조작이 용이하게 크레인 설계를 변형했다.

① ㉠, ㉡   ② ㉠, ㉣
③ ㉡, ㉣   ④ ㉢, ㉣
⑤ ㉠, ㉡, ㉢

31 다음은 조직 구조에 대한 설명이다. 이에 해당되는 조직 유형은?

> 의사결정 권한이 조직의 상층부에 집중되어 있다. 조직의 규모가 작거나 신설 조직이며 조직의 활동에 많은 예산이 필요할 때, 조직이 위기에 처하거나 직원들의 능력이 부족할 때 장점을 가지게 되는 구조로 행정의 통일성, 빠른 결정 등이 가능하다.

① 분권화   ② 집권화
③ 수평적   ④ 공식성
⑤ 유기적

32 I기업 관리팀에 근무하는 B팀장은 최근 부하직원 A대리 때문에 고민 중이다. B팀장이 보기에 A대리의 업무 방법은 업무의 성과를 내기에 부적절해 보이지만, 자존감이 강하고 자기결정권을 중시하는 A대리는 자기 자신이 스스로 잘하고 있다고 생각하며 B팀장의 조언이나 충고에 대해 반발심을 표현하고 있기 때문이다. 이와 같은 상황에서 B팀장이 A대리에게 할 수 있는 가장 효과적인 코칭 방법은?

① 징계를 통해 B팀장의 조언을 듣도록 유도한다.
② 대화를 통해 스스로 자신의 잘못을 인식하도록 유도한다.
③ A대리에 대한 칭찬을 통해 업무 성과를 극대화시킨다.
④ A대리를 더 강하게 질책하여 업무 방법을 개선시키도록 한다.
⑤ 스스로 업무 방법을 고칠 때까지 믿어 주고 기다려 준다.

33 다음은 조직의 정의를 나타내는 글이다. 이를 보고 알 수 있는 조직의 사례로 적절하지 않은 것은?

> 조직은 두 사람 이상이 공동의 목표를 달성하기 위해 의식적으로 구성된 상호작용과 조정을 행하는 행동의 집합체이다. 그러나 단순히 사람들이 모였다고 해서 조직이라고 하지는 않는다. 조직은 목적을 가지고 있고, 구조가 있으며, 목적을 달성하기 위해 구성원들은 서로 협동적인 노력을 하고, 외부 환경과도 긴밀한 관계를 이루고 있다. 조직은 일반적으로 재화나 서비스의 생산이라는 경제적 기능과 조직 구성원들에게 만족감을 주고 협동을 지속시키는 사회적 기능을 갖는다.

① 병원에서 일하고 있는 의사와 간호사
② 유기견을 구조하고 보호하는 시민단체
③ 백화점에 모여 있는 직원과 고객
④ 편의점을 운영 중인 가족
⑤ 다문화 가정을 돕고 있는 종교단체

34 다음 밑줄 친 ㉠, ㉡에 대한 설명으로 옳은 것은?

> 조직 구조는 조직마다 다양하게 이루어지며, 조직 목표의 효과적 달성에 영향을 미친다. 조직 구조에 대한 많은 연구를 통해 조직 구조에 영향을 미치는 요인으로는 조직의 전략, 규모, 기술, 환경 등이 있음이 확인되었다. 이에 따라 ㉠ 기계적 조직 혹은 ㉡ 유기적 조직으로 설계된다.

① ㉠은 의사결정 권한이 조직의 하부 구성원들에게 많이 위임되어 있다.
② ㉡은 상하 간의 의사소통이 공식적인 경로를 통해 이루어진다.
③ ㉠은 규제나 통제의 정도가 낮아, 의사소통 결정이 쉽게 변할 수 있다.
④ ㉡은 구성원들의 업무가 분명하게 정의된다.
⑤ 안정적이고 확실한 환경에서는 ㉠이, 급변하는 환경에서는 ㉡이 적합하다.

35 다음 중 세계화에 대한 설명으로 가장 옳은 것은?

① 세계화란 개인 및 조직의 활동 범위가 도시로 제한되지 않는 것을 의미한다.
② 세계화 시장에서 지위를 유지하기 위해서 조직은 더 강한 경쟁력을 갖추어야 한다.
③ 초국적 기업의 등장에 따라 각 기업들의 내수 파악 및 국내 경영의 중요성이 높아지고 있다.
④ 다국적 기업의 증가는 국가 간 경제 통합의 필요성을 저하시킨다.
⑤ 세계화로 인해 경제 국경이 개방되는 환경 하에서, 각국의 무역 이익을 지키기 위하여 FTA를 체결하기도 한다.

36 다음 중 대학생인 지수의 일과를 통해 알 수 있는 사실로 가장 적절한 것은?

> 지수는 화요일에 학교 수업, 아르바이트, 스터디, 봉사활동 등을 한다.
> 다음은 지수의 화요일 일과이다.
> • 지수는 오전 11시부터 오후 4시까지 수업이 있다.
> • 수업이 끝나고 학교 앞 프랜차이즈 카페에서 아르바이트를 3시간 동안 한다.
> • 아르바이트를 마친 후 NCS 공부를 하기 위해 스터디를 2시간 동안 한다.

① 비공식적이면서 소규모조직에서 3시간 있었다.
② 하루 중 공식조직에서 9시간 있었다.
③ 비영리조직이면서 대규모조직에서 5시간 있었다.
④ 영리조직에서 2시간 있었다.
⑤ 비공식적이면서 비영리조직에서 3시간 있었다.

37 다음 중 빈칸 ㉠~㉢에 들어갈 단어를 바르게 짝지은 것은?

> • ___㉠___ : 이미 잘 알려져 있어서 경쟁이 매우 치열한 시장을 말한다. 같은 목표와 같은 고객을 가지고 치열하게 경쟁한다.
> • ___㉡___ : 현재 존재하지 않거나 잘 알려져 있지 않아 경쟁자가 없는 유망한 시장을 말한다. 높은 수익과 빠른 성장을 가능하게 하는 엄청난 기회가 존재한다.
> • ___㉢___ : 기존의 ㉠에서 발상의 전환을 통하여 새로운 가치의 시장을 만드는 경영 전략을 말한다.

	㉠	㉡	㉢
①	퍼플오션	블루오션	레드오션
②	퍼플오션	레드오션	블루오션
③	레드오션	퍼플오션	블루오션
④	레드오션	블루오션	퍼플오션
⑤	블루오션	레드오션	퍼플오션

38 해외공항이나 국제기구 및 정부당국 등과 교육협약(MOU)을 맺고 이를 관리하는 업무를 담당하는 글로벌교육팀의 G팀장은 업무와 관련하여 팀원들이 글로벌 경쟁력을 갖출 수 있도록 글로벌 매너에 대해 교육하고자 한다. 다음 중 팀원들에게 교육해야 할 글로벌 매너로 적절하지 않은 것은?

① 미국 사람들은 시간엄수를 중요하게 생각한다.
② 아랍 국가 사람들은 약속한 시간이 지나도 상대방이 당연히 기다려 줄 것으로 생각한다.
③ 아프리카 사람들과 이야기할 때는 눈을 바라보며 대화하는 것이 예의이다.
④ 미국 사람들과 인사를 하거나 이야기할 때는 적당한 거리를 유지하는 것이 좋다.
⑤ 러시아 사람들은 포옹으로 인사를 하는 경우가 많다.

39 다음은 조직의 문화를 기준에 따라 4가지로 구분한 자료이다. (가) ~ (라)에 대한 설명으로 옳지 않은 것은?

	유연성, 자율성 강조 (Flexibility & Discretion)		
내부지향성, 통합 강조 (Internal Focus & Integration)	(가)	(나)	외부지향성, 차별 강조 (External Focus & Differentiation)
	(다)	(라)	
	안정, 통제 강조 (Stability & Control)		

① (가)는 구성원 간 인화단결, 협동, 팀워크, 공유가치, 사기, 의사결정 과정에 참여 등을 중요시한다.
② (가)는 개인의 능력개발에 대한 관심이 높고, 구성원에 대한 인간적 배려와 가족적인 분위기를 만들어낸다.
③ (나)는 규칙과 법을 준수하고, 관행과 안정, 문서와 형식, 명확한 책임소재 등을 강조하는 관리적 문화의 특징을 가진다.
④ (다)는 조직 내부의 통합과 안정성을 확보하고, 현상 유지 차원에서 계층화되는 조직 문화이다.
⑤ (라)는 실적을 중시하고, 직무에 몰입하며, 미래를 위한 계획을 수립하는 것을 강조한다.

40 다음은 문화적 커뮤니케이션에 대한 설명이다. 다음 빈칸 ㉠ ~ ㉡에 들어갈 단어로 옳은 것을 바르게 연결한 것은?

직업인이 외국인과 함께 일하는 국제 비즈니스에서는 커뮤니케이션이 매우 중요하다. 직업인은 자신이 속한 조직의 목적을 달성하기 위해 외국인을 설득하거나 이해시켜야 한다. 이와 같이 서로 상이한 문화 간 커뮤니케이션을 (㉠)이라고 한다. 반면에 (㉡)은 국가 간의 커뮤니케이션으로 직업인이 자신의 일을 수행하는 가운데 문화 배경이 다른 사람과 커뮤니케이션을 하는 것은 (㉠)에 해당된다.

(㉠)은 언어적과 비언어적으로 구분된다. 언어적 커뮤니케이션은 의사를 전달할 때 직접적으로 이용되는 것으로 이는 외국어 사용 능력과 직결된다. 그러나 국제관계에서는 이러한 언어적 커뮤니케이션 외에 비언어적 커뮤니케이션 때문에 여러 가지 문제를 겪는 경우가 많다. 즉, 아무리 외국어를 유창하게 하는 사람이라고 하더라도 문화적 배경을 잘 모르면 언어에 내포된 의미를 잘못 해석하거나 수용하지 않을 수도 있다. 또한 대접을 잘 하겠다고 한 행동이 오히려 모욕감이나 당혹감을 주는 행동으로 비춰질 수도 있다. 따라서 국제 사회에서 성공적인 업무 성과를 내기 위해서는 외국어 활용 능력을 키우는 것뿐만 아니라 상대국의 문화적 배경에 입각한 생활양식, 행동규범, 가치관 등을 사전에 이해하기 위한 노력을 지속적으로 기울여야 한다.

	㉠	㉡
①	비공식적 커뮤니케이션	공식적 커뮤니케이션
②	다문화 커뮤니케이션	국제 커뮤니케이션
③	다문화 커뮤니케이션	공식적 커뮤니케이션
④	이문화 커뮤니케이션	국가 커뮤니케이션
⑤	이문화 커뮤니케이션	국제 커뮤니케이션

제3회
최종점검 모의고사

※ 인천공항시설관리 최종점검 모의고사는 2025년 제3차 채용공고와 최신 후기를 기준으로 구성한 것으로, 실제 시험과 다를 수 있습니다.

■ 취약영역 분석

번호	O/×	영역		번호	O/×	영역		번호	O/×	영역
01				16				31		
02				17				32		
03				18		의사소통능력		33		
04				19				34		
05				20				35		
06				21				36		조직이해능력
07				22				37		
08		의사소통능력		23				38		
09				24				39		
10				25		조직이해능력		40		
11				26						
12				27						
13				28						
14				29						
15				30						

평가문항	40문항	평가시간	50분
시작시간	:	종료시간	:
취약영역			

문항 수 : 40문항   응시시간 : 50분

정답 및 해설 p.059

01 다음 글의 제목으로 가장 적절한 것은?

우리는 처음 만난 사람의 외모를 보고, 그를 어떤 방식으로 대우해야 할지를 결정할 때가 많다. 그가 여자인지 남자인지, 피부색이 밝은지 어두운지, 나이가 많은지 적은지 혹은 그의 스타일이 조금은 상류층의 모습을 띠고 있는지 아니면 너무나 흔해서 별 특징이 드러나 보이지 않는 외모를 하고 있는지 등을 통해 그들과 나의 차이를 재빨리 감지한다. 일단 감지가 되면 우리는 둘 사이의 지위 차이를 인식하고 우리가 알고 있는 방식으로 그를 대하게 된다. 한 개인이 특정 집단에 속한다는 것은 단순히 다른 집단의 사람과 다르다는 것뿐만 아니라, 그 집단이 다른 집단보다는 지위가 높거나 우월하다는 믿음을 갖게 한다. 모든 인간은 평등하다는 우리의 신념에도 불구하고 왜 인간들 사이의 이러한 위계화(位階化)를 당연한 것으로 받아들일까? 위계화란 특정 부류의 사람들이 자원과 권력을 소유하고 다른 부류의 사람들은 낮은 사회적 지위를 갖게 되는, 사회적이며 문화적인 체계이다. 다음에서 우리는 이러한 불평등이 어떠한 방식으로 경험되고 조직화되는지를 살펴보기로 하자.

인간이 불평등을 경험하게 되는 방식은 여러 측면으로 나눌 수 있다. 산업 사회에서의 불평등은 계층과 계급의 차이를 통해서 정당화되는데, 이는 재산, 생산 수단의 소유 여부, 학력, 집안 배경 등등의 요소들의 결합에 의해 사람들 사이의 위계를 만들어 낸다. 또한 모든 사회에서 인간은 태어날 때부터 얻게 되는 인종, 성, 종족 등의 생득적 특성과 나이를 통해 불평등을 경험한다. 이러한 특성들은 단순히 생물학적인 차이를 지칭하는 것이 아니라, 개인의 열등성과 우등성을 가늠하게 만드는 사회적 개념이 되곤 한다.

한편 불평등이 재생산되는 다양한 사회적 기제들이 때로는 관습이나 전통이라는 이름 아래 특정 사회의 본질적인 문화적 특성으로 간주되고 당연시되는 경우가 많다. 불평등은 체계적으로 조직되고 개인에 의해 경험됨으로써 문화의 주요 부분이 되었고, 그 결과 같은 문화권 내의 구성원들 사이에 권력 차이와 그에 따른 폭력이나 비인간적인 행위들이 자연스럽게 수용되었다.

문화 인류학자들은 사회 집단의 차이와 불평등, 사회의 관습 또는 전통이라고 얘기되는 문화 현상에 대해 어떤 입장을 취해야 할지 고민한다. 문화 인류학자가 이러한 문화 현상은 고유한 역사적 산물이므로 나름대로 가치를 지닌다는 입장만을 반복하거나 단순히 관찰자로서의 입장에 안주한다면, 이러한 차별의 형태를 제거하는 데 도움을 줄 수 없다. 실제로 문화 인류학 연구는 기존의 권력관계를 유지시키는 다양한 문화적 이데올로기를 분석하고, 인간 간의 차이가 우등성과 열등성을 구분하는 지표가 아니라 동등한 다름일 뿐이라는 것을 일깨우는 데 기여해 왔다.

① 차이와 불평등
② 차이의 감지 능력
③ 문화 인류학의 역사
④ 위계화의 개념과 구조
⑤ 관습과 전통의 계승과 창조

02 다음 글을 통해 알 수 있는 내용으로 적절하지 않은 것은?

한국 고유의 전통 무술인 택견은 유연하고 율동적인 춤과 같은 동작으로 다리를 걸어 넘어뜨리거나 상대를 공격한다. 택견 전수자는 우아한 몸놀림으로 움직이며 부드러운 곡선을 만들어내지만, 이를 통해 유연성뿐 아니라 힘도 보여준다. 택견에서는 발동작이 손만큼이나 중요한 역할을 한다. 택견은 부드러워 보이지만, 모든 가능한 전투 방법을 이용하며 다양한 공격과 방어 기술을 강조하는 효과적인 무술이다.

택견은 또한 배려의 무술이다. 숙련된 택견 전수자는 짧은 시간 내에 상대를 제압할 수 있지만, 진정한 고수는 상대를 다치게 하지 않으면서도 물러나게 하는 법을 안다. 우리 민족의 역사 속에서 택견은 계절에 따른 농업과 관련된 전통의 한 부분으로서 공동체의 통합을 이루어 왔고, 대중적인 스포츠로서 공중보건을 증진하는 역할까지 맡아왔다. 택견의 동작은 유연하고 율동적인 춤과 같으며, 이러한 동작으로 상대를 공격하거나 다리를 걸어 넘어뜨린다. 천천히 꿈틀거리고 비트는 유연하고 곡선적인 동작은 때로 웃음을 자아내기도 하지만, 전수자에게 내재된 에너지는 엄청난 유연성과 힘으로 나타난다. 수천 년의 역사를 지닌 이 한국의 토착 무술은 보기에는 정적이고 품위 있으나 근본적으로는 활력이 있으며 심지어 치명적이다.

택견은 주도권을 장악하는 바로 그 순간까지도 상대를 배려해야 한다고 가르친다. 또한 공격보다는 수비 기술을 더 많이 가르치는데, 바로 이러한 점에서 여타의 무술과는 다르다. 이는 전투 스포츠에서는 상상도 할 수 없는 개념이나 택견에서는 이 모든 것이 가능하다.

택견은 자신보다 상대를, 개인보다 집단을 배려하도록 가르친다. 택견의 동작은 유연하고 부드럽지만 전수자를 강력하게 유도하는 힘이 있다. 한 마리의 학과 같이 우아하기만 한 숙련된 택견 전수자의 몸놀림도 공격할 때만은 매와 같이 빠르고 강력하다.

택견에는 몇 가지 독특한 특징이 있다. 첫째, 곡선을 그리는 듯한 움직임 때문에 외적으로는 부드러우나 내적으로는 강한 무술이다. 둘째, 우아함과 품위를 강조하는 자연스럽고 자발적인 무술이다. 셋째, 걸고 차는 다양한 기술을 통해 공격과 방어가 조화를 이루는 실질적이고 통합된 무술이다. 부드러운 인상을 풍기지만, 택견은 모든 가능한 전투 방법을 이용하며 다양한 공격과 방어 기술을 강조하는 효과적인 무술이다. 한국의 전통 무술의 뿌리라 할 수 있는 택견은 한국 문화의 특징인 합일과 온전함을 대표한다.

① 택견은 상대방을 다치지 않게 하기 위해 수비 기술을 더 많이 가르친다.
② 택견은 공격과 수비가 조화를 이루는 무술이다.
③ 택견은 부드러운 동작 때문에 유연성만 강조된 무술 같으나 실은 강력한 힘이 내재하여 있다.
④ 택견은 자연스러움의 무술이다.
⑤ 택견은 내면의 아름다움을 중시하는 스포츠이다.

03 다음 글의 주제로 가장 적절한 것은?

동양 사상이라 해서 언어와 개념을 무조건 무시하는 것은 결코 아니다. 만약 그렇다면 동양 사상은 경전이나 저술을 통해 언어화되지 않고 순전히 침묵 속에서 전수되어 왔을 것이다. 물론 이것은 사실이 아니다. 동양 사상도 끊임없이 언어적으로 다듬어져 왔으며 논리적으로 전개되어 왔다. 흔히 동양 사상은 신비주의적이라고 말하지만, 이것은 동양 사상의 한 면만을 특정 지우는 것이지 결코 동양의 철인(哲人)들이 사상을 전개함에 있어 논리를 무시했다거나 항시 어떤 신비적인 체험에 호소해서 자신의 주장들을 폈다는 것을 뜻하지는 않는다. 그러나 역시 동양 사상은 신비주의적임에 틀림없다. 거기서는 지고(至高)의 진리란 언제나 언어화될 수 없는 어떤 신비한 체험의 경지임이 늘 강조되어 왔기 때문이다. 최고의 진리는 언어 이전, 혹은 언어 이후의 무언(無言)의 진리이다. 엉뚱하게 들리겠지만, 동양 사상의 정수(精髓)는 말로써 말이 필요 없는 경지를 가리키려는 데에 있다고 해도 과언이 아니다. 말이 스스로를 부정하고 초월하는 경지를 나타내도록 사용된 것이다. 언어로써 언어를 초월하는 경지를 나타내고자 하는 것이야말로 동양 철학이 지닌 가장 특징적인 정신이다. 동양에서는 인식의 주체를 심(心)이라는 매우 애매하면서도 포괄적인 말로 이해해 왔다. 심(心)은 물(物)과 항시 자연스러운 교류를 하고 있으며, 이성은 단지 심(心)의 일면일 뿐인 것이다. 동양은 이성의 오만이라는 것을 모른다. 지고의 진리, 인간을 살리고 자유롭게 하는 생동적 진리는 언어적 지성을 넘어선다는 의식이 있었기 때문일 것이다. 언어는 언제나 마음을 못 따르며, 둘 사이에는 항시 괴리가 있다는 생각이 동양인들의 의식 저변에 깔려 있는 것이다.

① 동양 사상은 신비주의적인 요소가 많다.
② 언어와 개념을 무시하면 동양 사상을 이해할 수 없다.
③ 동양 사상은 언어적 지식을 초월하는 진리를 추구한다.
④ 인식의 주체를 심(心)으로 표현하는 동양 사상은 이성적이라 할 수 없다.
⑤ 동양 사상에서는 언어는 마음을 따르므로 진리는 마음속에 있다고 주장한다.

04 다음 문단을 논리적 순서대로 바르게 나열한 것은?

(가) 여름에는 찬 음식을 많이 먹거나 냉방기를 과도하게 사용하는 경우가 많은데, 그렇게 되면 체온이 떨어져 면역력이 약해지기 때문이다.
(나) 만약 감기에 걸렸다면 탈수로 인한 탈진을 방지하기 위해 수분을 충분히 섭취해야 한다.
(다) 특히 감기로 인해 열이 나거나 기침을 할 때에는 따뜻한 물을 여러 번에 나누어 먹는 것이 좋다.
(라) 여름철 감기를 예방하기 위해서는 찬 음식을 적당히 먹어야 하고 냉방기에 장시간 노출되는 것을 피해야 하며, 충분한 휴식을 취하고, 집에 돌아온 후에는 손발을 꼭 씻어야 한다.
(마) 일반적으로 감기는 겨울에 걸린다고 생각하지만 의외로 여름에도 감기에 걸린다.

① (가) – (다) – (나) – (라) – (마)
② (가) – (다) – (라) – (나) – (마)
③ (가) – (라) – (다) – (마) – (나)
④ (마) – (가) – (라) – (나) – (다)
⑤ (마) – (라) – (가) – (나) – (다)

05 다음 글 뒤에 이어질 내용으로 가장 적절한 것은?

태초의 자연은 인간과 동등한 위치에서 상호 소통할 수 있는 균형적인 관계였다. 그러나 기술의 획기적인 발달로 인해 자연과 인간사회 사이에 힘의 불균형이 초래되었다. 자연과 인간의 공생은 힘의 균형을 전제로 한다. 균형적 상태에서 자연과 인간은 긴장감을 유지하지만 한쪽에 의한 폭력적 관계가 아니기에 소통이 원활히 발생한다. 또한 일방적인 관계에서는 한쪽의 희생이 필수적이지만 균형적 관계에서는 상호 호혜적인 거래가 발생한다. 이때의 거래란 단순히 경제적인 효율을 의미하는 것이 아니다. 대자연의 환경에서 각 개체와 그 후손들의 생존은 상호 관련성을 지닌다. 이에 따라 자연은 인간에게 먹거리를 제공하고 인간은 자연을 위한 의식을 행함으로써 상호 이해와 화해를 도모하게 된다. 인간에게 자연이란 정복의 대상이 아닌 존중받아야 할 거래 대상인 것이다. 결국 대칭적인 관계로의 회복을 위해서는 힘의 균형이 전제되어야 한다.

① 인간과 자연이 힘의 균형을 회복하기 위한 방법
② 인간과 자연이 거래하는 방법
③ 태초의 자연이 인간을 억압해온 사례
④ 인간 사회에서 소통의 중요성
⑤ 경제적인 효율을 극대화하기 위한 방법

06 다음 글의 빈칸 ㉠, ㉡에 들어갈 접속어를 바르게 연결한 것은?

평화로운 시대에 시인의 존재는 문화의 비싼 장식일 수 있다. ___㉠___ 시인의 조국이 비운에 빠졌거나 통일을 잃었을 때 시인은 장식의 의미를 떠나 민족의 예언가가 될 수 있고, 민족혼을 불러일으키는 선구자적 지위에 놓일 수도 있다. 예를 들면 스스로 군대를 가지지 못한 채 제정 러시아의 가혹한 탄압 아래 있던 폴란드 사람들은 시인의 존재를 민족의 재생을 예언하고 굴욕스러운 현실을 탈피하도록 격려하는 예언자로 여겼다. ___㉡___ 통일된 국가를 가지지 못하고 이산되어 있던 이탈리아 사람들은 시성(詩聖) 단테를 유일한 '이탈리아'로 숭앙했고, 제1차 세계대전 때 독일군의 잔혹한 압제에 있었던 벨기에 사람들은 베르하렌을 조국을 상징하는 시인으로 추앙하였다.

	㉠	㉡
①	따라서	또한
②	즉	그럼에도 불구하고
③	그러나	또한
④	그래도	그래서
⑤	그래서	그러나

논리는 증명하지 않고도 참이라고 인정하는 명제, 즉 공리를 내세우면서 출발한다. 따라서 모든 공리는 그로부터 파생되는 수많은 논리 체계의 기초를 이루고, 이들로부터 끌어낸 정리는 논리 체계의 상부 구조를 이룬다. 이때, 각각의 공리는 서로 모순이 없어야만 존재할 수 있다.

공리라는 개념은 고대 그리스의 수학자 유클리드로부터 출발한다. 유클리드는 그의 저서 『원론』에서 다음과 같은 5개의 공리를 세웠다. 첫째, 동일한 것의 같은 것은 서로 같다(A=B, B=C이면 A=C). 둘째, 서로 같은 것에 같은 것을 각각 더하면 그 결과는 같다(A=B이면 A+C=B+C). 셋째, 서로 같은 것에서 같은 것을 각각 빼면 그 결과는 같다(A=B이면 A−C=B−C). 넷째, 서로 일치하는 것은 서로 같다. 다섯째, 전체는 부분보다 더 크다. 수학이란 진실만을 다루는 가장 논리적인 학문이라고 생각했던 유클리드는 공리를 기반으로 명제들이 왜 성립될 수 있는가를 증명하였다.

공리를 정하고 이로부터 끌어낸 명제가 참이라는 믿음은 이후로도 2천 년이 넘게 이어졌다. 19세기 말 수학자 힐베르트는 유클리드의 이론을 보완하여 기하학의 5개 공리를 재구성하고 현대 유클리드 기하학의 체계를 완성하였다. 나아가 힐베르트는 모든 수학적 명제는 모순이 없고 독립적인 공리 위에 세워진 논리 체계 안에 있으며, 이러한 공리의 무모순성과 독립성을 실제로 증명할 수 있다고 예상했다. 직관을 버리고 오로지 연역 논리에 의한 체계의 완성을 추구했던 것이다.

그러나 그로부터 30여 년 후, 괴델은 '수학은 자신의 무모순성을 스스로 증명할 수 없다.'라는 사실을 수학적으로 증명하기에 이르렀다. 그는 '참이지만 증명할 수 없는 명제가 존재한다.'와 '주어진 공리와 규칙만으로 일관성과 무모순성을 증명할 수 없다.'라는 형식 체계를 명시하였다. 괴델의 이러한 주장은 힐베르트의 무모순성과 완전성의 공리주의를 부정하는 것이었기에 수학계를 발칵 뒤집어놓았다. 기계적인 방식으로는 수학의 모든 사실을 만들어낼 수 없다는 괴델의 불완전성의 정리는 가장 객관적인 학문으로 인식됐던 수학의 체면을 구기는 오점처럼 보이기도 한다. 그러나 한편으로는 수학의 응용이 가능해지면서 다른 학문과의 융합이 이루어졌고, 이후 물리학·논리학을 포함한 각계의 수많은 학자들에게 영감을 주었다.

① 공리의 증명 가능성을 인정하였다는 점에서 유클리드와 힐베르트는 공통점이 있다.

② 힐베르트는 유클리드와 달리 공리 체계의 불완전성을 인정하였다.

③ 유클리드가 정리한 명제들은 괴델에 의해 참이 아닌 것으로 판명되었다.

④ 괴델은 공리의 존재를 인정했지만, 자체 체계만으로는 무모순성을 증명할 수 없다고 주장하였다.

⑤ 괴델 이후로 증명할 수 없는 수학적 공리는 참이 아닌 것으로 간주되었다.

08 다음 제시된 문단의 앞뒤 문맥을 고려할 때, 이어질 내용을 논리적 순서대로 바르게 나열한 것은?

전쟁 소설 중에는 실제로 일어났던 전쟁을 배경으로 한 작품들이 있다. 이런 작품들은 허구를 매개로 실제 전쟁을 새롭게 조명하고 있다.

(가) 가령, 작자 미상의 조선 후기 소설 『박씨전』의 후반부는 조선이 패전했던 병자호란에 등장하는 실존 인물 '용골대'와 그의 군대를 허구의 여성인 '박씨'가 물리치는 허구의 내용인데, 이는 패전의 치욕을 극복하고 싶은 수많은 조선인의 바람을 반영한 것이다.

(나) 한편, 1964년 박경리가 발표한 『시장과 전장』은 극심한 이념 갈등 사이에서 생존을 위해 몸부림치는 인물을 통해 6·25 전쟁이 남긴 상흔을 직시하고 이에 좌절하지 않으려는 작가의 의지를 드러낸다.

(다) 또한 『시장과 전장』에서는 전쟁터를 재현하여 전쟁의 폭력과 맞닥뜨린 개인의 연약함을 강조하고, 무고한 희생을 목격한 인물의 내면을 드러냄으로써 개인의 존엄을 탐색한다.

(라) 박씨와 용골대 사이의 대립 구도 아래 전개되는 허구의 이야기는 조선인들의 슬픔을 위로하고 희생자를 추모함으로써 공동체로서의 연대감을 강화하였다.

우리는 이러한 작품들을 통해 전쟁의 성격을 탐색할 수 있다. 전쟁이 폭력적인 것은 공동체 사이의 갈등 과정에서 사람들이 죽기 때문만은 아니다. 전쟁의 명분은 폭력을 정당화하기 때문에 적군의 죽음은 불가피한 것으로, 아군의 죽음은 불의한 적군에 의한 희생으로 간주한다. 전쟁은 냉혹하게도 피아(彼我)를 막론하고 민간인의 죽음조차 외면하거나 자신의 명분에 따라 이를 이용하게 한다는 점에서 폭력성을 띠는 것이다.

두 작품에서 사람들이 죽는 장소가 군사들이 대치하는 전선만이 아니라는 점도 주목할 수 있다. 전쟁터란 전장과 후방, 가해자와 피해자가 구분하기 힘든 혼돈의 현장이다. 이 혼돈 속에서 사람들은 고통을 받으면서도 생의 의지를 추구해야 한다는 점에서 전쟁의 비극성은 극대화된다. 이처럼 전쟁의 허구화를 통해 우리는 전쟁에 대한 인식을 새롭게 할 수 있다.

① (가) – (다) – (나) – (라)
② (가) – (다) – (라) – (나)
③ (가) – (라) – (나) – (다)
④ (나) – (가) – (다) – (라)
⑤ (나) – (가) – (라) – (다)

09 다음 중 제시된 문장의 빈칸에 들어갈 단어로 적절하지 않은 것은?

• 곤충이란 것은 모두 그렇게 ____을/를 거쳐서 자란다.
• 그 기관이 예산을 ____(으)로 운영한 것이 알려졌다.
• 밀봉은 외부로부터 공기와 미생물의 침입을 차단하여 용기 내 식품의 ____을/를 방지한다.
• 충신으로 알려진 그의 ____은/는 뜻밖이었다.

① 변칙
② 변절
③ 변고
④ 변태
⑤ 변질

10 다음 글과 가장 관련 있는 한자성어는?

패스트푸드점 매장에서 새벽에 종업원을 폭행한 여성이 경찰에 붙잡혔다. 부산의 한 경찰서는 폭행 혐의로 30대 A씨를 현행범으로 체포해 조사 중이라고 밝혔다. 경찰에 따르면 A씨는 새벽 3시 반쯤 부산의 한 패스트푸드점 매장에서 술에 취해 "내가 2층에 있는데 왜 부르지 않았냐."라며 여성 종업원을 수차례 밀치고 뺨을 7~8차례 때리는 등 폭행한 혐의를 받고 있다. 보다 못한 매장 매니저가 경찰에 신고해 A씨는 현행범으로 체포되었다. A씨는 경찰에서 "기분이 나빠서 때렸다."라고 진술한 것으로 알려졌다. 경찰은 A씨를 상대로 폭행 경위를 조사한 뒤 신병을 처리할 예정이다. 지난해 11월 울산의 다른 패스트푸드점 매장에서도 손님이 햄버거를 직원에게 던지는 등 손님의 갑질 행태가 끊이지 않고 있다.

① 견마지심(犬馬之心)　　　　　② 빙청옥결(氷淸玉潔)
③ 소탐대실(小貪大失)　　　　　④ 호승지벽(好勝之癖)
⑤ 방약무인(傍若無人)

11 다음 글의 내용으로 적절하지 않은 것은?

흔히 우리 춤을 손으로 추는 선(線)의 예술이라 한다. 서양 춤은 몸의 선이 잘 드러나는 옷을 입고 추는 것에 반해 우리 춤은 옷으로 몸을 가린 채 손만 드러내놓고 추는 경우가 많기 때문이다. 한마디로 말해서 손이 춤을 구성하는 중심축이 되고, 손 이외의 얼굴과 목과 발 등은 손을 보조하며 춤을 완성하는 역할을 한다.

손이 중심이 되어 만들어 내는 우리 춤의 선은 내내 곡선을 유지한다. 예컨대 승무에서 장삼을 휘저으며 그에 맞추어 발을 내딛는 역동적인 움직임도 곡선이요, 살풀이춤에서 수건의 간드러진 선이 만들어 내는 것도 곡선이다. 해서 지방의 탈춤과 처용무에서도 S자형의 곡선이 연속적으로 이어지면서 춤을 완성해 낸다.

호흡의 조절을 통해 다양하게 구현되는 곡선들 사이에는 우리 춤의 빼놓을 수 없는 구성 요소인 '정지'가 숨어 있다. 정지는 곡선의 흐름과 어울리며 우리 춤을 더욱 아름답고 의미 있게 만들어 주는 역할을 한다. 그러나 이때의 정지는 말 그대로의 정지라기보다 '움직임의 없음'이며, 그런 점에서 동작의 연장선상에서 이해해야 한다.

우리 춤에서 정지를 동작의 연장으로 보는 것, 이것은 바로 우리 춤에 담겨 있는 '마음의 몰입'이 발현된 결과이다. 춤추는 이가 호흡을 가다듬으며 다양한 곡선들을 연출하는 과정을 보면 한 순간 움직임을 통해 선을 만들어 내지 않고 멈춰 있는 듯한 장면이 있다. 이런 동작의 정지 상태에서도 멈춤 그 자체로 머무는 것이 아니며, 여백의 그 순간에도 상상의 선을 만들어 춤을 이어가는 것이 몰입 현상이다. 이것이 바로 우리 춤을 가장 우리 춤답게 만들어 주는 특성이라고 할 수 있다.

① 우리 춤의 복장 중 대다수는 몸의 선을 가리는 구조로 되어 있다.
② 우리 춤의 동작은 처음부터 끝까지 쉬지 않고 곡선을 만들어낸다.
③ 승무, 살풀이춤, 탈춤, 처용무 등은 손동작을 중심으로 한 춤의 대표적인 예이다.
④ 우리 춤에서 정지는 하나의 동작과 동등한 것으로 볼 수 있다.
⑤ 몰입 현상이란 춤을 멈추고 상상을 통해 춤을 이어가는 과정을 말한다.

12 다음 글을 바탕으로 추론한 내용으로 가장 적절한 것은?

> 조선 시대 들어 유교적 혈통률의 영향을 받아 삶의 모습은 처거제 – 부계제로 변화하였다. 이러한 체제는 조선 전기까지 대부분 유지되었다. 친척관계 자료를 수집하기 위해 마을을 방문하던 중, '처가로 장가를 든 선조가 이 마을의 입향조(入鄕組)가 되었다.'는 얘기를 듣곤 하는데, 이것이 바로 처거제 – 부계제의 원리가 작동한 결과라고 말할 수 있다. 거주율과 혈통률을 결합할 경우, 혼인에서는 남자의 뿌리를 뽑아서 여자의 거주지로 이전하고, 집안 계승의 측면에서는 남자 쪽을 선택하도록 한 것이다. 이를 통해 거주율에서는 여자의 입장을 유리하게 하고, 혈통률에서는 남자의 입장이 유리하도록 하는 균형적인 모습을 띠고 있음을 알 수 있다.

① 처거제는 '시집가다'와 일맥상통한다.
② 처거제 – 부계제는 조선 후기까지 대부분 유지되었다.
③ 조선 전기에 이르러 가족관계에서 남녀 간 힘의 균형이 무너졌다.
④ 조선 시대 이전부터 처거제 – 부계제가 존재하였다.
⑤ 고려 시대에는 조선 시대에 비해 유교적 혈통률의 영향을 덜 받았다.

13 다음 중 문서의 종류에 대한 설명으로 적절하지 않은 것은?

① 기획서 : 제품의 특징과 활용도에 대해 세부적으로 언급하는 문서이다.
② 기안서 : 회사의 업무에 대한 협조를 구하거나 의견을 전달할 때 작성하는 문서이다.
③ 보도자료 : 각종 단체 등이 언론을 상대로 자신들의 정보가 기사로 보도되도록 하기 위해 보내는 문서이다.
④ 보고서 : 특정한 일에 대한 현황이나 그 진행 상황 또는 연구·검토 결과 등을 보고하고자 할 때 작성하는 문서이다.
⑤ 설명서 : 상품의 특성이나 사물의 가치, 작동 방법이나 과정에 대해 소비자에게 설명하는 것을 목적으로 작성한 문서이다.

14 다음 글의 빈칸에 들어갈 내용으로 가장 적절한 것은?

어느 시대든 사람들은 원인이 무엇인지 알고 있다고 믿었다. 사람들은 그런 앎을 어디서 얻는가? 원인을 안다고 믿는 사람들의 믿음은 어디서 생기는 것일까?

새로운 것, 체험되지 않은 것, 낯선 것은 원인이 될 수 없다. 알려지지 않은 것에서는 위험, 불안정, 걱정, 공포감이 뒤따르기 때문이다. 우리 마음의 불안한 상태를 없애고자 한다면, 우리는 알려지지 않은 것을 알려진 것으로 환원해야 한다. 이러한 환원은 우리 마음을 편하게 해주고 안심시키며 만족을 느끼게 한다. 이 때문에 우리는 이미 알려진 것, 체험된 것, 기억에 각인된 것을 원인으로 설정하게 된다. '왜?'라는 물음의 답으로 나온 것은 그것이 진짜 원인이기 때문에 우리에게 떠오른 것이 아니다. 그것이 우리에게 떠오른 것은 그것이 우리를 안정시켜주고, 성가신 것을 없애주며, 무겁고 불편한 마음을 가볍게 해주기 때문이다. 따라서 원인을 찾으려는 우리의 본능은 위험, 불안정, 걱정, 공포감 등에 의해 촉발되고 자극받는다.

우리는 '설명이 없는 것보다 설명이 있는 것이 언제나 더 낫다.'고 믿는다. 우리는 특별한 유형의 원인만을 써서 설명을 만들어 낸다. _____ 그래서 특정 유형의 설명만이 점점 더 우세해지고, 그러한 설명들이 하나의 체계로 모아져 결국 그런 설명이 우리의 사고 방식을 지배하게 된다. 기업인은 즉시 이윤을 생각하고, 기독교인은 즉시 원죄를 생각하며, 소녀는 즉시 사랑을 생각한다.

① 이것은 우리의 호기심과 모험심을 자극한다.
② 이것은 인과관계에 대한 우리의 지식을 확장시킨다.
③ 이것은 우리가 왜 불안한 심리 상태에 있는지를 설명해 준다.
④ 이것은 낯설고 체험하지 않았다는 느낌을 가장 빠르고 가장 쉽게 제거해 버린다.
⑤ 이것은 새롭고 낯선 것에서 원인을 발견하려는 우리의 본래 태도를 점차 약화시키고 오히려 그 반대의 태도를 우리의 습관으로 굳어지게 한다.

15 다음 중 밑줄 친 부분과 같은 의미로 쓰인 것은?

고통을 <u>나누면</u> 반이 되고, 즐거움을 <u>나누면</u> 배가 된다.

① 일이 마무리되면 수익금을 공정하게 <u>나누기</u>로 하였다.
② 이번에 마련한 자리를 통해 매장을 운영하면서 겪은 어려움을 함께 <u>나누었다</u>.
③ 감독님, 이렇게 팀을 <u>나눈</u> 기준이 무엇인가요?
④ 나는 피를 <u>나눈</u> 가족을 지구 반대편에 두고 이민을 왔다.
⑤ 자, 그럼 서로 인사를 <u>나누기</u> 바랍니다.

16 D씨는 치유농업 지도사로 근무 중인데, 최근 치유농업에 대한 관심이 높아지면서 많은 문의가 들어오고 있다. 다음 중 고객의 문의에 대한 D씨의 대답으로 적절하지 않은 것은?

치유농업이란 농업·농촌의 자원을 활용해 사람들의 신체적·정서적 건강을 도모하는 활동을 말한다. 쉽게 말해 주기적으로 작물을 기르는 등의 과정을 통해 마음을 치유하는 농업 서비스이다. 국내에서는 다소 생소한 개념이지만 유럽에서는 이미 학습장애 청소년, 정신질환자, 마약중독자, 치매 노인 등을 대상으로 널리 활용되고 있다. 유럽 전역에 치유농업 형태의 사회적 농장 수가 2010년 기준으로 노르웨이가 600개소, 네덜란드 1천 개소, 이탈리아와 독일이 각각 400개소 등 3천 개소 이상 운영되고 있다.

인류가 치유의 목적으로 농업을 이용하기 시작한 역사는 중세로 거슬러 올라갈 만큼 오래되었다. 하지만 전문화된 것은 1950년대부터이다. 이후 2000년대에 이르러 유럽에서 사회적 이슈로 급부상했다. 치유농업은 약물치료만으로는 해결하기 어려운 정신적인 부분까지 치료가 가능하다는 사실이 알려지면서 세계적으로 주목받고 있다.

농촌에서 자주 볼 수 있는 녹색이 사람의 눈에 가장 편안한 색상으로, 안정감과 신뢰감을 증가시키는 효과가 있다는 것은 이미 잘 알려진 사실이다. 이뿐만 아니라 농업 활동이 단순 동작을 반복한다는 점에서 재활치료의 과정과 유사해 근육을 강화하고 관절의 움직임을 부드럽게 하는 데 도움을 준다. 생명을 다루고 관찰하면서 생명에 대한 소중함, 내가 가꾼 것이라는 소유 의식, 돌보는 주체가 된다는 자존감 등 심리적 효과를 얻을 수 있다.

하지만 농업을 통한 치유는 효과가 금방 나타나지 않고 오랜 시간에 걸쳐 이뤄진다는 점에 유의해야 한다. 또한 수동적으로 자연을 경험하는 것이 아니라 적극적으로 자연 안에서의 활동에 참여해야 더욱 원활한 치유가 가능하다.

반면 국내 치유농업은 아직 초보적인 단계에 머물러 있는 실정이다. 최근 도시농업과 재활승마 등으로 분야가 확대되는 추세긴 하나, 대부분이 원예치료와 산림치유에 국한되어 있다. 특히 농·산촌 지역 자치단체는 자연치유에 많은 관심을 갖고 휴양 및 치유시설을 갖춘 서비스를 제공하지만 농업과 직접적인 관련이 적고 자연을 활용하는 수준이다. '치유'라는 기능에 초점을 맞춰 이용 대상에 따라 세밀하고 조직적으로 계획을 세우고, 관련 전문가와 적극 협력해 일반적인 체험, 관광의 수준을 넘어설 필요가 있다.

Q. 안녕하세요? 우연히 치유농업에 대한 글을 읽고 관심이 생겼는데요. 농업이 어떻게 치유의 역할을 할 수 있는지 궁금합니다.

① 네, 치유농업이란 쉽게 말씀드리면 작물을 기르는 과정을 통해 마음을 치유하는 농업 서비스라고 할 수 있습니다.

② 농촌에서 자주 볼 수 있는 녹색은 안정감과 신뢰감을 심어줄 수 있고, 생명을 돌보는 과정에서 생명에 대한 소중함, 소유 의식, 자존감을 얻을 수 있습니다.

③ 또한 농업은 단순 동작을 반복한다는 점에서 재활치료와 유사한 효과를 기대할 수 있습니다.

④ 무엇보다 수동적으로 참여할 때보다 적극적으로 참여할 때, 더욱 원활한 치료 효과를 기대할 수 있습니다.

⑤ 우리나라의 경우에도 체험과 관광 수준을 넘어 직접적으로 농업을 활용하고 있으므로 많은 이용 부탁드립니다.

(가) 피타고라스학파는 사실 학파라기보다는 오르페우스(Orpheus)교라는 신비주의 신앙을 가진 하나의 종교 집단이었다고 한다. 피타고라스가 살던 당시 그리스에서는 막 철학적 사유가 싹트고 있었다. 당시 철학계에서는 이 세상의 다양한 사물과 변화무쌍한 현상 속에서 변하지 않는 어떤 '근본적인 것(Arkhe)'을 찾는 것이 유행이었다. 어떤 사람은 그것을 '물'이라 하고, 어떤 사람은 '불'이라 했다. 그런데 피타고라스는 특이하게도 그런 눈에 보이는 물질이 아니라 추상적인 것, 곧 '수(數)'가 만물의 근원이라고 생각했다.

(나) 피타고라스학파가 신봉하던 오르페우스는 인류 최초의 음악가였다. 이 때문에 그들은 음악에서도 수적 비례를 찾아냈다. 음의 높이는 현(絃)의 길이와의 비례 관계로 설명된다. 현의 길이를 1/3만 줄이면 음은 정확하게 5도 올라가고 반으로 줄이면 한 옥타브 올라간다. 여러 음 사이의 수적 비례는 아름다운 화음을 만들어 낸다.

(다) 이 신비주의자들이 밤하늘에 빛나는 별의 신비를 그냥 지나쳤을 리 없다. 하늘에도 수의 조화가 지배하고 있다. 별은 예정된 궤도를 따라 움직이고 일정한 시간에 나타나 일정한 시간에 사라진다. 그래서 그들에게 별의 움직임은 리드미컬한 춤이었다. 재미있게도 그들은 별들이 현악기 속에 각자의 음을 갖고 있다고 믿었다. 그렇다면 천체의 운행 자체가 거대한 교향곡이 아닌가.

(라) 아득한 옛날 사람들은 우리와는 다른 태도로 자연과 세계를 대했다. 그들은 세상의 모든 것에 생명이 있다고 믿었고, 그 생명과 언제든지 교감할 수 있었다. 무정한 밤하늘에서조차 그들은 별들이 그려내는 아름다운 그림을 보고, 별들이 연주하는 장엄한 곡을 들었다.

(마) 언제부터인가 우리는 불행하게도 세계를 이렇게 느끼길 그만두었다. 다시 그 시절로 되돌아갈 수는 없을까? 물론 그럴 수는 없다. 하지만 놀랍게도 우리 삶의 한구석엔 고대인들의 심성이 여전히 남아 있다. 여기서는 아직도 그들처럼 세계를 보고 느낄 수 있다. 바로 예술의 세계이다.

보기

세상의 모든 것은 수로 표시된다. 수를 갖지 않는 사물은 없다. 그러면 모든 것에 앞서 존재하는 것이 바로 수가 아닌가. 수는 모든 것에 앞서 존재하며 혼돈의 세계에 질서를 주고 형체 없는 것에 형상을 준다. 따라서 수를 연구하는 것이 바로 존재의 가장 깊은 비밀을 탐구하는 것이었다. 그러므로 수학 연구는 피타고라스 교단에서 지켜야 할 계율 가운데 가장 중요한 것으로 여겨졌다.

① (가) 문단의 뒤 ② (나) 문단의 뒤
③ (다) 문단의 뒤 ④ (라) 문단의 뒤
⑤ (마) 문단의 뒤

18 다음 글을 읽고 추론할 수 있는 내용으로 적절하지 않은 것은?

최근 레저 열기의 확산과 모바일 기기의 대중화로 휴대용 전원의 수요가 늘면서 전기를 공급할 수 있는 소형 자가 발전기에 대한 특허출원이 증가하고 있다. 특허청에 따르면 최근 5년간 휴대용 장비에 전원을 공급할 수 있는 소형 태양광 발전기의 특허출원이 총 97건으로 2018년 10건에서 지난해 33건으로 4년 만에 3배 이상 급증한 것으로 나타났다.

휴대용 태양광 발전기는 빛에너지를 전기에너지로 변환할 수 있는 태양전지 셀을 조립이 간편한 독립형의 모듈로 구성하거나 이동성 물체의 외장에 부착해 전기를 생산하는 장치이다. 이는 휴대용 장치에 전기를 공급할 뿐만 아니라, 웨어러블 기기나 사물인터넷(IoT) 센서에도 전원 공급이 가능하기 때문에 4차 산업혁명에 크게 기여할 기술로 주목받고 있다.

적용 분야별 출원 동향을 살펴보면, 휴대용 조명 등 캠핑용품 전원에 대한 출원이 38%로 가장 많았고, 휴대폰 등 모바일 기기의 케이스에 부착해 전기를 생산할 수 있는 기술의 출원은 19%를 차지했다. 특히 캠핑용품과 모바일 기기 충전기의 출원이 57%에 달해 전체 특허출원의 증가세를 주도하고 있는 모습이다. 이밖에도 자체 콘센트를 내장해 원하는 기기에 전기를 공급할 수 있는 포터블 독립 전원 기술의 출원이 24%에 달했다. 출원 비중이 가장 큰 캠핑용품 전원의 경우 휴대용 조명기기의 출원이 35%로 다수를 차지했으며, 코펠 등 휴대용 조리기가 14%, 휴대용 정수기·가습기·공기정화기는 14%, 휴대용 냉난방장치와 보온용기가 각각 8%의 출원 비중을 보였다. 출원 주체를 살펴보면 내국인 출원(94%)이 대부분이었으며, 내국인 출원 중 개인(40%)과 중소기업(40%)의 출원 비중이 80%에 달하는 것으로 조사됐다. 이는 태양으로부터 전기를 생성하는 태양전지 셀 기술 자체는 성숙 단계에 있어, 태양전지 셀을 다양한 휴대용 장비에 접목하는 기술은 개인이나 중소기업에서 접근하기가 어렵지 않기 때문으로 풀이된다.

특허청 전력기술심사과장은 "웨어러블 기기와 사물인터넷(IoT)으로 대표되는 4차 산업의 발달과 여가문화의 확산에 따라 휴대용 장비에 독립적으로 전원을 공급할 수 있는 요구는 더욱 커질 것으로 예상된다."며 휴대용 태양광 발전장치에 대한 특허출원 증가세는 향후에도 지속될 것이라고 전망했다.

① 휴대용 태양광 발전기는 4차 산업혁명에 크게 기여할 것으로 전망된다.
② 4차 산업의 발달과 여가문화의 확산으로 인해 소형 자가 발전기의 특허출원 증가세는 향후에도 지속될 것이다.
③ 출원 주체의 내국인 출원 중 개인과 중소기업의 비중이 비등하다.
④ 태양전지 셀 기술은 초기 단계이지만 무한한 발전 가능성을 가지고 있다.
⑤ 캠핑족이 계속 증가한다면 적용 분야별 출원 동향의 1위는 계속 유지될 것이다.

19 다음 글의 밑줄 친 부분과 뜻이 같은 한자성어는?

> 노작(勞作)의 결정체인 서적을 읽으면, 저자의 장구한 기간의 체험이나 연구를 독자는 극히 짧은 시일에 자기 것으로 만들 수 있게 된다. 그뿐만 아니라 서적에서 얻은 지식이나 암시에 의하여 <u>그 저자보다 한 걸음 더 나아가는</u> 새로운 지식을 터득하게 되는 일이 많다. 그렇기 때문에 서적은 어두운 거리에 등불이 되는 것이며 험한 나루에 훌륭한 배가 된다.

① 갑남을녀(甲男乙女)
② 청출어람(靑出於藍)
③ 온고지신(溫故知新)
④ 타산지석(他山之石)
⑤ 오월동주(吳越同舟)

20 다음 글에서 밑줄 친 ㉠ ~ ㉤의 수정 방안으로 적절하지 않은 것은?

> 문화 융성 시대가 도래함에 따라 공공도서관의 ㉠역할이 증대되고 있다. 지식 정보 인프라 구축의 중요성, ㉡지역주민 문화 복지 관심 증가 및 정부의 공공도서관 건립 지원 확대로 최근 4 ~ 5년간 공공도서관 건립이 꾸준하게 증가하고 있다. ㉢그래서 국가도서관통계시스템에 따르면 우리나라 공공도서관의 1관당 인구는 64,547명(2011년)으로, 주요 국가들의 공공도서관 1관당 인구보다 많은 인구를 서비스 대상으로 하고 있다. 이는 우리나라 도서관 인프라가 여전히 열악한 상황이라는 것을 알려준다. ㉣이런 상황을 개선되기 위해 정부는 '도서관발전종합계획(2009 ~ 2013년)'을 마련하여 진행하였다. 종합계획에 따르면 도서관 접근성 향상과 서비스 환경 개선을 위해 1인당 장서 보유량을 2013년까지 1.6권으로 높여 국제 기준에 맞도록 장서를 확충한다. 또한 도서관을 통한 창의적인 인재양성을 위해 정보 활용 교육과 도서관 활용 수업을 제도화하고 학교 도서관 전담 인력을 학생 1,500명당 1명으로 증원한다. ㉤<u>정보 활용 교육과 도서관 활용 수업과 학교 도서관 전담 인력을 학생 1,500명당 1명으로 증원한다.</u> 이와 함께 지식 정도 격차 해소를 위해 병영 도서관, 교도소 도서관 환경을 전면적으로 개선하고 장애인, 고령자, 다문화 가정을 위한 도서관 프로그램도 확대한다. 한편, 국가지식 정보 활용을 위해 세계의 최신 정보를 집약한 과학기술·농학·의학·국립도서관 설립을 추진하고 국가 대표 도서관인 국립중앙도서관은 장서를 1,100만 권으로 확충할 예정이다. 이를 통해 국립중앙도서관이 세계 8위 수준의 장서 소장 국가 도서관이 될 것을 기대하고 있다고 도서관정보정책위원회는 밝혔다.

① ㉠ : '자기가 마땅히 하여야 할 맡은 바 직책이나 임무'를 의미하는 '역활'로 수정한다.
② ㉡ : 명사를 지나치게 많이 나열했으므로 '지역주민의 문화 복지에 대한 관심 증가'로 수정한다.
③ ㉢ : 앞뒤 문장 간의 관계로 볼 때 뒤의 문장이 앞 문장의 결과가 아니므로 '그럼에도 불구하고'로 수정한다.
④ ㉣ : 문장성분 사이의 호응이 어색하므로 '이런 상황을 개선하기 위해'로 수정한다.
⑤ ㉤ : 서술어가 잘못 생략되었으므로 '정보 활용 교육과 도서관 활용 수업을 제도화하고 학교 도서관 전담 인력을 학생 1,500명당 1명으로 증원한다.'로 수정한다.

21 I기업의 연구용역 업무를 담당하는 정대리는 연구비 총액 6,000만 원이 책정된 용역업체와의 계약을 체결하였다. 상사 최부장은 계약 체결건에 대해 확인하기 위해 정대리에게 전화를 걸었다. 밑줄 친 ⑦ ~ ⑩ 중 적절하지 않은 것은?

〈규정〉

용역발주의 방식(제1조)
연구비 총액 5,000만 원 이상의 연구용역은 경쟁입찰 방식을 따르되, 그 외의 연구용역은 담당자에 의한 수의계약 방식으로 발주한다.

용역방침결정서(제2조)
용역 발주 전에 담당자는 용역방침결정서를 작성하여 부서장의 결재를 받아야 한다.

임연구원의 자격(제3조)
연구용역의 연구원 중에 책임연구원은 대학교수 또는 박사학위 소지자이어야 한다.

계약실시요청 공문작성(제4조)
연구자가 결정된 경우, 담당자는 연구용역 계약실시를 위해 용역수행계획서와 예산계획서를 작성하여 부서장의 결재를 받아야 한다.

보안성 검토(제5조)
담당자는 연구용역에 참가하는 모든 연구자에게 보안서약서를 받아야 하며, 총액 3,000만 원을 초과하는 연구용역에 대해서는 감사원에 보안성 검토를 의뢰해야 한다.

계약실시요청제(제6조)
담당자는 용역방침결정서, 용역수행계획서, 예산계획서, 보안성 검토결과를 첨부하여 운영지원과에 연구용역 계약실시요청 공문을 발송해야 한다.

계약의 실시(제7조)
운영지원과는 연구용역 계약실시를 요청받은 경우 지체 없이 계약업무를 개시하여야 하며, 계약과정에서 연구자와의 협의를 통해 예산계획서상 예산을 10% 이내의 범위에서 감액할 수 있다.

정대리 : 네, ××과 정○○ 대리입니다.

최부장 : 이번에 연구용역 계약 체결은 다 완료되었나?

정대리 : ① 경쟁입찰 방식으로 용역 발주하였습니다. 용역방침결정서도 부서장님께 결재받았습니다.

최부장 : 연구원들은 모두 몇 명이나 되나?

정대리 : ② ××대학교 교수님이 책임연구원으로 계시고, 밑에 석사과정생 3명이 있습니다.

최부장 : 예산은 어느 정도로 책정되었나?

정대리 : ③ 처음에 6,000만 원으로 책정되었는데 계약과정에서 연구자와 협의해 보니 5,000만 원까지 감액할 수 있을 것 같습니다.

최부장 : 운영지원과에 공문은 발송했나?

정대리 : ④ 아직 감사원으로부터 보안성 검토결과가 오지 않아 발송하지 못했고, 오는 대로 공문 발송하겠습니다.

최부장 : 그럼 업무는 언제부터 시작하나?

정대리 : ⑤ 운영지원과에 연구용역 계약실시요청 공문을 발송한 즉시 바로 업무 개시될 예정입니다.

22 다음 회의록을 참고할 때, 고객지원팀의 강대리가 해야 할 일로 적절하지 않은 것은?

〈회의록〉			
회의일시	2025년 ○○월 ○○일	부서	기획팀, 시스템개발팀, 고객지원팀
참석자	기획팀 김팀장, 박대리 / 시스템개발팀 이팀장, 김대리 / 고객지원팀 유팀장, 강대리		
회의안건	홈페이지 내 이벤트 신청 시 발생하는 오류로 인한 고객 불만에 따른 대처방안		
회의내용	• 홈페이지 고객센터 게시판 내 이벤트 신청 오류 관련 불만 글 확인 • 이벤트 페이지 내 오류 발생 원인에 대한 확인 필요 • 상담원의 미숙한 대응으로 고객들의 불만 증가(대응 매뉴얼 부재) • 홈페이지 고객센터 게시판에 사과문 게시 • 고객 불만 대응 매뉴얼 작성 및 이벤트 신청 시스템 개선 • 추후 유사한 이벤트 기획 시 기획안 공유 필요		

① 홈페이지 내 사과문 게시
② 고객센터 게시판 모니터링
③ 상담원 대상으로 CS 교육 실시
④ 민원 처리 및 대응 매뉴얼 작성
⑤ 오류 발생 원인 확인 및 신청 시스템 개선

23 티베트에서는 손님이 찻잔을 비우면 주인이 계속 첨잔을 하는 것이 기본예절이며, 손님의 입장에서 주인이 권하는 차를 거절하면 실례가 된다. 티베트에 출장 중인 G사원은 이를 숙지하고 티베트인 집에서 차 대접을 받게 되었다. G사원이 찻잔을 비울 때마다 주인이 계속 첨잔을 하여 곤혹을 겪고 있을 때, G사원의 행동으로 가장 적절한 것은?

① 주인에게 그만 마시고 싶다며 단호하게 말한다.
② 잠시 자리를 피하도록 한다.
③ 자신의 찻잔이 보이지 않도록 숨긴다.
④ 힘들지만 계속 마시도록 한다.
⑤ 차를 다 비우지 말고 입에 살짝 댄다.

24 다음 빈칸에 공통으로 들어갈 용어로 적절한 것은?

( )은/는 문제가 발생된 근본 모순을 찾아내 이를 해결할 수 있는 방안을 모색하는 방법론을 말한다. 1940년대 옛 소련의 과학자 겐리흐 알트슐레르 박사가 20여 만 건에 이르는 전 세계의 창의적인 특허를 뽑아 분석한 결과로 얻은 40가지 원리를 응용한 것이다.

( )은/는 주어진 문제에 대하여 얻을 수 있는 가장 이상적인 결과를 정의하고, 그 결과를 얻기 위해 관건이 되는 모순을 찾아내어 그 모순을 극복할 수 있는 해결책을 생각해 내도록 하는 방법에 대한 이론이다. 예를 들어 전사품질관리(TQM)나 6시그마와 같은 기존 혁신 기법은 주로 품질 개선과 원가 절감에 초점을 맞추고 있는 반면 ( )은/는 제품 구성이나 생산라인, 작업 시스템 등을 통째로 바꾸는 창조적 혁신을 추구한다.

① 트리즈
② SWOT 분석
③ 마인드맵
④ 브레인라이팅
⑤ 델파이 기법

25 다음은 개인화 마케팅에 대한 글이다. 개인화 마케팅의 사례로 적절하지 않은 것은?

소비자들의 요구가 점차 다양해지고 복잡해짐에 따라 개인별로 맞춤형 제품과 서비스를 제공하며 '개인화 마케팅'을 펼치는 기업이 늘어나고 있다. 개인화 마케팅이란 각 소비자의 이름, 관심사, 구매 이력 등의 데이터를 기반으로 특정 고객에 대한 개인화 서비스를 제공하는 활동을 의미한다. 이러한 개인화 마케팅은 개별적 커뮤니케이션 실현을 통한 효율성 증대 및 기업 이윤 창출을 목적으로 하고 있다.

이러한 개인화 마케팅은 기업들의 지속적인 투자를 통해 다양한 방식으로 계속되고 있다. 빠르게 변화하고 있는 마케팅 시장에서 개인화된 서비스 제공을 통해 소비자 만족도를 높일 수 있다는 점은 충분히 매력적일 수 있기 때문이다.

① 고객들의 사연을 받아 지하철역 에스컬레이터 벽면에 광고판을 만든 A배달업체는 고객들로 하여금 자신의 사연이 뽑히지 않았는지 관심을 갖도록 유도하여 광고 효과를 톡톡히 보고 있다.

② 커피전문점 B사는 고객이 자사 홈페이지에서 회원 가입 후 이름을 등록한 경우, 음료 주문 시 "○○○ 고객님, 주문하신 아메리카노 나왔습니다."와 같이 고객의 이름을 불러주는 서비스를 제공하고 있다.

③ C위생용품회사는 자사의 인기 상품에 대한 단종으로 사과의 뜻을 담은 뮤직비디오를 제작했다. 고객들은 뮤직비디오를 보기 전에 자신의 이름을 입력하면, 뮤직비디오에 자신의 이름이 노출되어 자신이 직접 사과를 받는 듯한 효과를 느낄 수 있다.

④ 참치캔을 생산하는 D사는 최근 소외계층에게 힘이 되는 응원 메시지를 댓글로 받아 77명을 추첨하여 댓글 작성자의 이름으로 소외계층에게 참치캔을 전달하는 이벤트를 진행하였다.

⑤ 최근 E전시관은 시각적인 시원한 민트색 벽지와 그에 어울리는 시원한 음향, 상쾌한 민트 향기, 민트맛 사탕을 나눠주며 민트에 대한 다섯 가지 감각을 이용한 미술관 전시로 화제가 되었다.

※ 다음은 I기업 조직도의 일부이다. 이어지는 질문에 답하시오. [26~27]

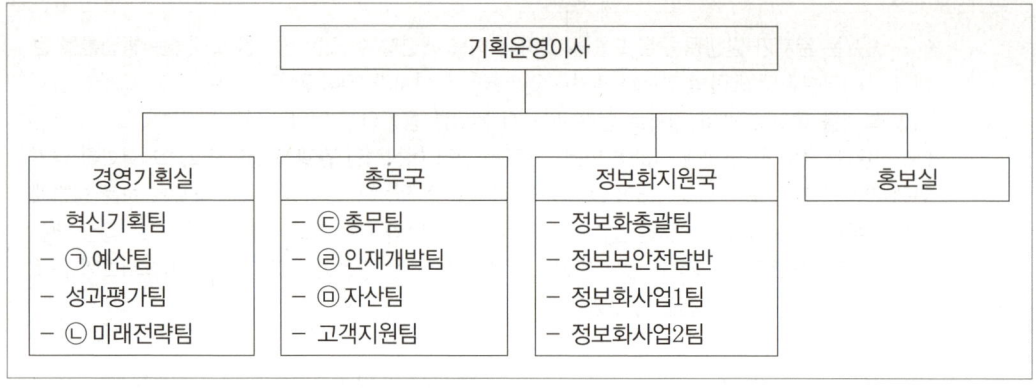

26 다음 중 I기업의 부서와 업무의 연결이 적절하지 않은 것은?

① ㉠ : 수입·지출 예산 편성 및 배정 관리
② ㉡ : 기관사업 관련 연구과제 개발 및 추진
③ ㉢ : 복무관리 및 보건·복리 후생
④ ㉣ : 임직원 인사, 상훈, 징계
⑤ ㉤ : 예산집행 조정, 통제 및 결산 총괄

27 다음 중 정보보안전담반의 업무로 적절하지 않은 것은?

① 직원 개인정보보호 의식 향상 교육
② 개인정보종합관리시스템 구축·운영
③ 정보보안 및 개인정보보호 계획 수립
④ 전문자격 시험 출제정보 관리시스템 구축·운영
⑤ 정보보안기본지침 및 개인정보보호지침 제·개정 관리

28 귀하는 인사팀 팀장으로 신입사원 공채의 면접관으로 참가하게 되었다. 귀하의 기업은 조직 내 팀워크를 무엇보다도 중요하게 생각하기 때문에 귀하는 이 점을 고려하여 직원을 채용해야 한다. 다음 지원자 중 귀하의 기업에 채용되기에 적절하지 않은 지원자는?

① A지원자 : 기업의 가치관과 제 생각이 다르다고 할지라도 수긍하는 자세로 일하겠습니다.
② B지원자 : 조직 내에서 반드시 필요한 일원이 되겠습니다.
③ C지원자 : 동료와 함께 부족한 부분을 채워나간다는 생각으로 일하겠습니다.
④ D지원자 : 기업의 목표가 곧 제 목표라는 생각으로 모든 업무에 참여하겠습니다.
⑤ E지원자 : 모든 업무에 능동적으로 참여하는 적극적인 사원이 되겠습니다.

29 11월 11일부터 11월 15일까지 미국 지점 방문을 위해 출장을 가는 박차장은 총무부 이사원으로부터 출장 일정과 함께 국제매너가 정리되어 있는 메일을 받았다. 다음 밑줄 친 내용 중 적절하지 않은 것은?

24-11-07-목 13:30
제목 : 해외 출장일정 및 기타사항
수신 : 박○○(park@abc.co.kr)
발신 : 이○○(lee@abc.co.kr)

안녕하십니까. 저는 총무부 이○○입니다. 11월 15일부터 19일까지 있을 출장 일정과 알아두면 좋을 내용까지 함께 정리해서 보냅니다.

◆출장일정 및 장소 : 미국, 2024년 11월 11일(월) ~ 11월 15일(금)

일시	장소 및 내용
11월 11일(월) ~ 11월 12일(화)	• 뉴욕(N은행) – 현지영업 수행상태 점검 • 뉴욕(N증권) – 현지영업 수행상태 점검 및 시장조사
11월 13일(수) ~ 11월 14일(목)	• LA(중앙회) – 2023년 상·하반기 농산물 시장개척 활동 지원 확인 – 2023년 상·하반기 정부조사 보고
11월 15일(금)	• 샌프란시스코 – LA(중앙회)·뉴욕(N은행·N증권) 지점장과 함께 만찬

◆알아두면 좋은 국제매너
[인사예절]
• 악수 방법 : ① 상대방의 눈이나 얼굴을 보면서 오른손으로 상대방의 오른손을 잠시 힘주어서 잡았다가 놓는다.
• 대화법 : 이름이나 호칭을 어떻게 부를지 먼저 물어보는 것의 예의이다.
[시간약속]
• ② 미국은 시간엄수를 매우 중요하게 생각한다.
[식사예절]
• 수프는 소리 내면서 먹지 않는다.
• ③ 포크와 나이프는 몸에서 가장 안쪽에 있는 것부터 사용한다.
• ④ 뜨거운 수프는 입으로 불어서 식히지 않고 숟가락으로 저어서 식혀야 한다.
• 빵은 수프를 먹고 난 후부터 먹으며, 디저트 직전 식사가 끝날 때까지 먹을 수 있다.
• 스테이크는 잘라가면서 먹는 것이 좋다.
• ⑤ 생선요리는 뒤집어 먹지 않는다.

30 다음은 조직목표의 요소에 대한 설명이다. 다음 빈칸 ㉠, ㉡에 각각 들어갈 말이 바르게 연결된 것은?

조직설계 학자인 Richard L. Daft는 조직이 일차적으로 수행해야 할 과업인 운영목표에는 조직 전체의 성과, 자원, 시장, ___㉠___, 혁신과 변화, ___㉡___ 에 관한 목표가 포함된다고 하였다.
전체성과란 영리조직은 수익성, 사회복지기관은 서비스 제공과 같은 조직의 성장목표이다. 자원은 조직에 필요한 재료와 재무자원을 획득하는 것이며, 시장과 관련된 조직목표는 시장점유율이나 시장에서의 지위 향상과 같은 목표이다. ___㉠___ 은/는 조직 구성원에 대한 교육 · 훈련, 승진, 성장 등과 관련된 목표이며, 혁신과 변화는 불확실한 환경 변화에 대한 적응 가능성을 높이고 내부의 유연성을 향상시키고자 수립하는 것이다. ___㉡___ 은 투입된 자원에 대비한 산출량을 높이기 위한 목표로 단위생산비용, 조직 구성원 1인당 생산량 및 투입비용 등으로 산출할 수 있다.

	㉠	㉡
①	조직 개편	생산성
②	인력 개발	생산성
③	R&D	생산성
④	조직 개편	지속 가능성
⑤	인력 개발	지속 가능성

31 다음 체크리스트의 성격을 볼 때, (A)에 추가적으로 들어갈 내용으로 가장 적절한 것은?

No	항목	현재 능력				
		매우 낮음	낮음	보통	높음	매우 높음
1	경쟁국 업체의 주요 현황을 알고 있다.	①	②	③	④	⑤
2	다른 나라의 문화적 차이를 인정하고 이에 대해 개방적인 태도를 견지하고 있다.	①	②	③	④	⑤
3	현재 세계의 정치적 이슈가 무엇인지 잘 알고 있다.	①	②	③	④	⑤
4	업무와 관련된 최근 국제이슈를 잘 알고 있다.	①	②	③	④	⑤
5	(A)	①	②	③	④	⑤

① 분기별로 고객 구매 데이터를 분석하고 있다.
② 업무와 관련된 국제적인 법규를 이해하고 있다.
③ 인사 관련 경영 자료의 내용을 파악하고 있다.
④ 자신의 연봉과 연차수당을 계산할 수 있다.
⑤ 구성원들의 제증명서를 관리하고 발급할 수 있다.

32 다음 중 경영 전략 추진 단계에 따른 사례가 잘못 연결된 것은?

	경영 전략 추진 단계	사례
①	전략목표 설정	A기업은 수도권의 새 수주를 확보하기 위해 경쟁력을 확보하고자 한다.
②	환경 분석	B기업은 중동 분쟁으로 인한 유가 상승이 생산비 증가에 미치는 영향을 분석하였다.
③	환경 분석	C기업은 원자재 가격이 더 낮은 곳으로 공급처를 변경하기로 하였다.
④	경영 전략 도출	D기업은 단기간 내 직원들의 생산성 증대를 위해 분기 인센티브를 추가로 지급하기로 하였다.
⑤	경영 전략 도출	E기업은 코로나 사태로 인해 수출이 급감한 만큼, 수출부문 인력을 내수 부문으로 일시적으로 이동시키기로 하였다.

33 다음은 I기업 직무전결표의 일부분이다. 이에 따라 문서를 처리한 내용 중 옳지 않은 것을 〈보기〉에서 모두 고르면?

〈I기업 직무전결표〉

직무내용	대표이사	위임전결권자		
		전무	이사	부서장
직원 채용 승인	○			
직원 채용 결과 통보				○
교육훈련 대상자 선정			○	
교육훈련 프로그램 승인		○		
직원 국내 출장 승인			○	
직원 해외 출장 승인		○		
임원 국내 출장 승인		○		
임원 해외 출장 승인	○			

보기

ㄱ. 전무가 출장 중이어서 교육훈련 프로그램 승인을 위해서 일단 이사 전결로 처리하였다.
ㄴ. 인사부장 명의로 영업부 직원 채용 결과서를 통보하였다.
ㄷ. 영업부 대리의 국내 출장을 승인받기 위해서 이사의 결재를 받았다.
ㄹ. 기획부의 교육훈련 대상자를 선정하기 위해서 기획부장의 결재를 받아 처리하였다.

---

① ㄱ, ㄴ   ② ㄱ, ㄴ, ㄷ
③ ㄱ, ㄴ, ㄹ   ④ ㄱ, ㄷ, ㄹ
⑤ ㄴ, ㄷ, ㄹ

34 다음과 같은 I기업의 상황을 고려할 때, 경영활동과 활동의 사례가 적절하지 않은 것은?

〈상황〉

- I기업은 국내 자동차 제조업체이다.
- I기업은 최근 인도네시아의 자동차 판매업체와 계약을 하여, 내년부터 인도네시아로 차량을 수출할 계획이다.
- I기업은 중국의 자동차 부품 제조업체와 협력하고 있는데, 최근 중국 내 전염병 확산으로 현지 업체들의 가동률이 급락하였다.
- I기업이 최근 내부 설문조사를 실시한 결과, 사내 유연근무제 도입을 희망하는 직원의 비율은 72%, 희망하지 않는 직원의 비율이 20%, 무응답이 8%였다.
- I기업의 1분기 생산라인 피드백 결과, 엔진 조립 공정에서 진행속도를 20% 개선할 경우 생산성이 12% 증가하는 것으로 나타났다.

	경영활동	사례
①	외부경영활동	인도네시아 시장의 자동차 구매성향 파악
②	내부경영활동	국내 자동차 부품 제조업체와의 협력안 검토
③	내부경영활동	인도네시아 현지 자동차 법규 및 제도 조사
④	내부경영활동	엔진 조립 공정 개선을 위한 공정 기술 연구개발
⑤	내부경영활동	생산라인에 부분적 탄력근무제 도입

35 다음은 집단(조직)에 대한 자료이다. 이에 대한 설명으로 적절하지 않은 것은?

	구분	공식집단	비공식집단
①	개념	공식적인 목표를 추구하기 위해 조직에서 만든 집단	구성원들의 요구에 따라 자발적으로 형성된 집단
②	집단 간 경쟁의 원인	자원의 유한성, 목표 간의 충돌	
③	집단 간 경쟁의 장점	각 집단 내부의 응집성 강화, 활동 조직화 강화	
④	집단 간 경쟁의 단점	자원 낭비, 비능률	
⑤	예시	상설 위원회, 업무 수행을 위한 팀, 동아리	친목회, 스터디 모임, 임시 위원회

36 조직체제 구성 요소에 대한 설명으로 가장 적절하지 않은 것은?

① 조직의 목표는 조직이 존재하는 정당성과 합법성을 제공한다.

② 조직 구조 중 유기적 조직은 업무가 고정적이며 구성원들의 업무나 권한이 분명하게 정의되고 통제된 조직 구조이다.

③ 업무 프로세스는 구성원 간의 업무 흐름의 연결을 보여준다.

④ 조직 문화는 조직 구성원들에게 일체감과 정체성을 부여한다.

⑤ 조직의 규칙과 규정은 조직 구성원들의 활동 범위를 제약한다.

PART 2

37 다음 A공사 국제인력본부의 조직도를 참고할 때, 외국인력국의 업무로 적절하지 않은 것은?

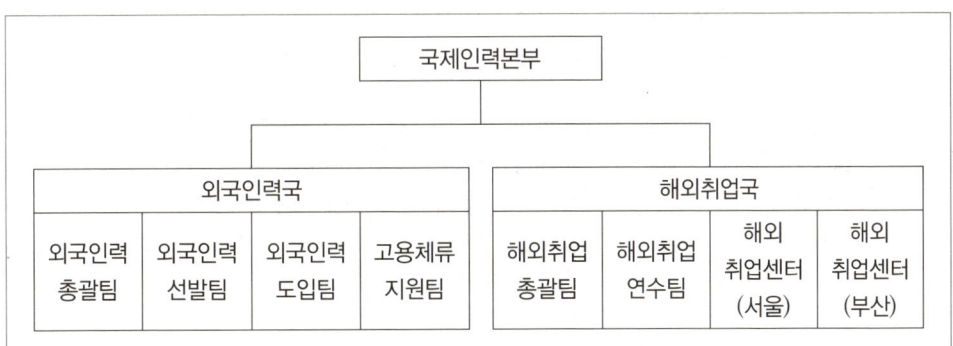

① 근로자 입국지원

② 근로자 고용·체류 지원

③ 한국어능력시험 시행

④ K-Move 취업센터 운영

⑤ 근로자 입국 초기 모니터링

38 다음 중 아래와 같은 제품 개발 프로세스에 대한 설명으로 적절하지 않은 것은?

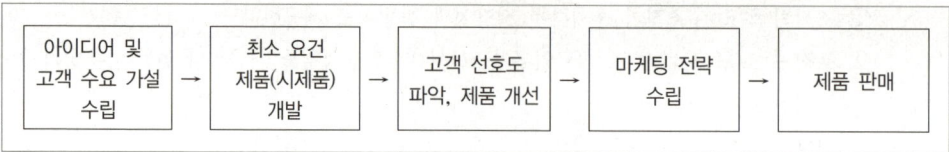

| 아이디어 및 고객 수요 가설 수립 | → | 최소 요건 제품(시제품) 개발 | → | 고객 선호도 파악, 제품 개선 | → | 마케팅 전략 수립 | → | 제품 판매 |

① 일본 토요타 자동차의 린 제조 방식에서 차용한 전략이다.
② 만들기, 측정, 학습의 과정을 반복하면서 꾸준히 혁신한다.
③ 제품 생산의 전 프로세스에서 낭비를 줄이고 최대 효율을 내는 방식이다.
④ 제품 개발이 끝날 때까지 전 과정을 비밀로 한다.
⑤ 고객의 생애 가치나 획득 비용 등을 측정한다.

39 다음 중 글로벌화에 대한 설명으로 옳지 않은 것은?

① 범지구적 시스템과 네트워크 안에서 기업 활동이 이루어지는 국제경영이 중요시된다.
② 글로벌화가 이루어지면 시장이 확대되므로 상대적으로 기업 경쟁이 완화된다.
③ 경제나 산업에서 벗어나 문화, 정치 등 다른 영역까지 확대되고 있다.
④ 활동 범위가 세계로 확대되는 것을 의미한다.
⑤ 다국적 기업의 증가에 따라 국가 간 경제 통합이 강화되었다.

40 P대리는 오늘 C과장에게 다음과 같은 지시 사항을 전달받았다. 다음 중 P대리가 가장 먼저 처리해야 하는 일은?(단, 오늘은 월요일이다)

P대리, 지난주 본사에서 보내준 2025년 개정 규정집은 받았나요? 다음 주부터 3일 동안 직원들 대상으로 교육해야 하니까 이번 주까지 내용을 잘 숙지하세요. 점심시간에는 K본부장님이 방문하신다고 하니 점심시간 시작하면 안내 좀 부탁해요. 그리고 다음 달에 신입사원 교육 있으니까 신입사원 교육 참여자 명단을 오늘 오전 중으로 추려서 내 자리에 올려놓도록 해요. 점심시간 끝나기 전까지 우체국에 가서 본사로 보낼 서류 부치는 것 잊지 말고요. 참, 이번 달에 연차 사용한다고 했죠? 오늘 퇴근 전에 연차계획서 작성해서 제출해 주세요.

① 2025년 개정 규정집 내용을 숙지한다.
② K본부장님 방문 시 안내해드린다.
③ 신입사원 교육 참여자 명단을 작성한다.
④ 우체국에 방문해 본사로 서류를 보낸다.
⑤ 연차계획서를 작성하여 제출한다.

PART 3

채용가이드

CHAPTER 01   블라인드 채용 소개

CHAPTER 02   서류전형 가이드

CHAPTER 03   인성검사 소개 및 모의테스트

CHAPTER 04   면접전형 가이드

CHAPTER 05   인천공항시설관리 면접 기출질문

블라인드 채용 소개

1. 블라인드 채용이란?

채용 과정에서 편견이 개입되어 불합리한 차별을 야기할 수 있는 출신지, 가족관계, 학력, 외모 등의 편견요인은 제외하고, 직무능력만을 평가하여 인재를 채용하는 방식입니다.

2. 블라인드 채용의 필요성

- 채용의 공정성에 대한 사회적 요구
  - 누구에게나 직무능력만으로 경쟁할 수 있는 균등한 고용기회를 제공해야 하나, 아직도 채용의 공정성에 대한 불신이 존재
  - 채용상 차별금지에 대한 법적 요건이 권고적 성격에서 처벌을 동반한 의무적 성격으로 강화되는 추세
  - 시민의식과 지원자의 권리의식 성숙으로 차별에 대한 법적 대응 가능성 증가
- 우수인재 채용을 통한 기업의 경쟁력 강화 필요
  - 직무능력과 무관한 학벌, 외모 위주의 선발로 우수인재 선발기회 상실 및 기업경쟁력 약화
  - 채용 과정에서 차별 없이 직무능력중심으로 선발한 우수인재 확보 필요
- 공정한 채용을 통한 사회적 비용 감소 필요
  - 편견에 의한 차별적 채용은 우수인재 선발을 저해하고 외모·학벌 지상주의 등의 심화로 불필요한 사회적 비용 증가
  - 채용에서의 공정성을 높여 사회의 신뢰수준 제고

3. 블라인드 채용의 특징

편견요인을 요구하지 않는 대신 직무능력을 평가합니다.

※ 직무능력중심 채용이란?
  기업의 역량기반 채용, NCS기반 능력중심 채용과 같이 직무수행에 필요한 능력과 역량을 평가하여 선발하는 채용방식을 통칭합니다.

4. 블라인드 채용의 평가요소

직무수행에 필요한 지식, 기술, 태도 등을 과학적인 선발기법을 통해 평가합니다.

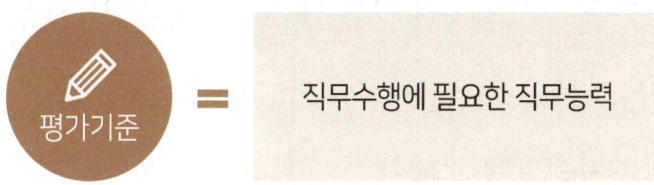

※ 과학적 선발기법이란?
직무분석을 통해 도출된 평가요소를 서류, 필기, 면접 등을 통해 체계적으로 평가하는 방법으로 입사지원서, 자기소개서, 직무수행능력평가, 구조화 면접 등이 해당됩니다.

5. 블라인드 채용 주요 도입 내용

- 입사지원서에 인적사항 요구 금지
  - 인적사항에는 출신지역, 가족관계, 결혼여부, 재산, 취미 및 특기, 종교, 생년월일(연령), 성별, 신장 및 체중, 사진, 전공, 학교명, 학점, 외국어 점수, 추천인 등이 해당
  - 채용 직무를 수행하는 데 있어 반드시 필요하다고 인정될 경우는 제외
    예 특수경비직 채용 시 : 시력, 건강한 신체 요구
    　　연구직 채용 시 : 논문, 학위 요구 등
- 블라인드 면접 실시
  - 면접관에게 응시자의 출신지역, 가족관계, 학교명 등 인적사항 정보 제공 금지
  - 면접관은 응시자의 인적사항에 대한 질문 금지

6. 블라인드 채용 도입의 효과성

- 구성원의 다양성과 창의성이 높아져 기업 경쟁력 강화
  - 편견을 없애고 직무능력 중심으로 선발하므로 다양한 직원 구성 가능
  - 다양한 생각과 의견을 통하여 기업의 창의성이 높아져 기업경쟁력 강화
- 직무에 적합한 인재선발을 통한 이직률 감소 및 만족도 제고
  - 사전에 지원자들에게 구체적이고 상세한 직무요건을 제시함으로써 허수 지원이 낮아지고, 직무에 적합한 지원자 모집 가능
  - 직무에 적합한 인재가 선발되어 직무이해도가 높아져 업무효율 증대 및 만족도 제고
- 채용의 공정성과 기업이미지 제고
  - 블라인드 채용은 사회적 편견을 줄인 선발 방법으로 기업에 대한 사회적 인식 제고
  - 채용과정에서 불합리한 차별을 받지 않고 실력에 의해 공정하게 평가를 받을 것이라는 믿음을 제공하고, 지원자들은 평등한 기회와 공정한 선발과정 경험

1. 채용공고문의 변화

기존 채용공고문	변화된 채용공고문
• 취업준비생에게 불충분하고 불친절한 측면 존재 • 모집분야에 대한 명확한 직무관련 정보 및 평가기준 부재 • 해당분야에 지원하기 위한 취업준비생의 무분별한 스펙 쌓기 현상 발생	• NCS 직무분석에 기반한 채용공고를 토대로 채용전형 진행 • 지원자가 입사 후 수행하게 될 업무에 대한 자세한 정보 공지 • 직무수행내용, 직무수행 시 필요한 능력, 관련된 자격, 직업기초능력 제시 • 지원자가 해당 직무에 필요한 스펙만을 준비할 수 있도록 안내
• 모집부문 및 응시자격 • 지원서 접수 • 전형절차 • 채용조건 및 처우 • 기타사항	• 채용절차 • 채용유형별 선발분야 및 예정인원 • 전형방법 • 선발분야별 직무기술서 • 우대사항

2. 지원 유의사항 및 지원요건 확인

채용 직무에 따른 세부사항을 공고문에 명시하여 지원자에게 적격한 지원 기회를 부여함과 동시에 채용과정에서의 공정성과 신뢰성을 확보합니다.

구성	내용	확인사항
모집분야 및 규모	고용형태(인턴 계약직 등), 모집분야, 인원, 근무지역 등	채용직무가 여러 개일 경우 본인이 해당되는 직무의 채용규모 확인
응시자격	기본 자격사항, 지원조건	지원을 위한 최소자격요건을 확인하여 불필요한 지원을 예방
우대조건	법정·특별·자격증 가점	본인의 가점 여부를 검토하여 가점 획득을 위한 사항을 사실대로 기재
근무조건 및 보수	고용형태 및 고용기간, 보수, 근무지	본인이 생각하는 기대수준에 부합하는지 확인하여 불필요한 지원을 예방
시험방법	서류·필기·면접전형 등의 활용방안	전형방법 및 세부 평가기법 등을 확인하여 지원전략 준비
전형일정	접수기간, 각 전형 단계별 심사 및 합격자 발표일 등	본인의 지원 스케줄을 검토하여 차질이 없도록 준비
제출서류	입사지원서(경력·경험기술서 등), 각종 증명서 및 자격증 사본 등	지원요건 부합 여부 및 자격 증빙서류 사전에 준비
유의사항	임용취소 등의 규정	임용취소 관련 법적 또는 기관 내부 규정을 검토하여 해당여부 확인

직무기술서란 직무수행의 내용과 필요한 능력, 관련 자격, 직업기초능력 등을 상세히 기재한 것으로 입사 후 수행하게 될 업무에 대한 정보가 수록되어 있는 자료입니다.

1. 채용분야

설명

NCS 직무분류 체계에 따라 직무에 대한 「대분류 – 중분류 – 소분류 – 세분류」 체계를 확인할 수 있습니다. 채용 직무에 대한 모든 직무기술서를 첨부하게 되며 실제 수행 업무를 기준으로 세부적인 분류정보를 제공합니다.

채용분야	분류체계			
사무행정	대분류	중분류	소분류	세분류
분류코드	02. 경영 · 회계 · 사무	03. 재무 · 회계	01. 재무	01. 예산
				02. 자금
			02. 회계	01. 회계감사
				02. 세무

2. 능력단위

설명

직무분류 체계의 세분류 하위능력단위 중 실질적으로 수행할 업무의 능력만 구체적으로 파악할 수 있습니다.

능력단위	(예산)	03. 연간종합예산수립	04. 추정재무제표 작성
		05. 확정예산 운영	06. 예산실적 관리
	(자금)	04. 자금운용	
	(회계감사)	02. 자금관리	04. 결산관리
		05. 회계정보시스템 운용	06. 재무분석
		07. 회계감사	
	(세무)	02. 결산관리	05. 부가가치세 신고
		07. 법인세 신고	

3. 직무수행내용

설명

세분류 영역의 기본정의를 통해 직무수행내용을 확인할 수 있습니다. 입사 후 수행할 직무내용을 구체적으로 확인할 수 있으며, 이를 통해 입사서류 작성부터 면접까지 직무에 대한 명확한 이해를 바탕으로 자신의 희망직무 인지 아닌지, 해당 직무가 자신이 알고 있던 직무가 맞는지 확인할 수 있습니다.

직무수행내용	(예산) 일정기간 예상되는 수익과 비용을 편성, 집행하며 통제하는 일
	(자금) 자금의 계획 수립, 조달, 운용을 하고 발생 가능한 위험 관리 및 성과평가
	(회계감사) 기업 및 조직 내 · 외부에 있는 의사결정자들이 효율적인 의사결정을 할 수 있도록 유용한 정보를 제공, 제공된 회계정보의 적정성을 파악하는 일
	(세무) 세무는 기업의 활동을 위하여 주어진 세법범위 내에서 조세부담을 최소화시키는 조세전략을 포함하고 정확한 과세소득과 과세표준 및 세액을 산출하여 과세당국에 신고 · 납부하는 일

4. 직무기술서 예시

태도	(예산) 정확성, 분석적 태도, 논리적 태도, 타 부서와의 협조적 태도, 설득력
	(자금) 분석적 사고력
	(회계 감사) 합리적 태도, 전략적 사고, 정확성, 적극적 협업 태도, 법률준수 태도, 분석적 태도, 신속성, 책임감, 정확한 판단력
	(세무) 규정 준수 의지, 수리적 정확성, 주의 깊은 태도
우대 자격증	공인회계사, 세무사, 컴퓨터활용능력, 변호사, 워드프로세서, 전산회계운용사, 사회조사분석사, 재경관리사, 회계관리 등
직업기초능력	의사소통능력, 문제해결능력, 자원관리능력, 대인관계능력, 정보능력, 조직이해능력

5. 직무기술서 내용별 확인사항

항목	확인사항
모집부문	해당 채용에서 선발하는 부문(분야)명 확인 예 사무행정, 전산, 전기
분류체계	지원하려는 분야의 세부직무군 확인
주요기능 및 역할	지원하려는 기업의 전사적인 기능과 역할, 산업군 확인
능력단위	지원분야의 직무수행에 관련되는 세부업무사항 확인
직무수행내용	지원분야의 직무군에 대한 상세사항 확인
전형방법	지원하려는 기업의 신입사원 선발전형 절차 확인
일반요건	교육사항을 제외한 지원 요건 확인(자격요건, 특수한 경우 연령)
교육요건	교육사항에 대한 지원요건 확인(대졸 / 초대졸 / 고졸 / 전공 요건)
필요지식	지원분야의 업무수행을 위해 요구되는 지식 관련 세부항목 확인
필요기술	지원분야의 업무수행을 위해 요구되는 기술 관련 세부항목 확인
직무수행태도	지원분야의 업무수행을 위해 요구되는 태도 관련 세부항목 확인
직업기초능력	지원분야 또는 지원기업의 조직원으로서 근무하기 위해 필요한 일반적인 능력사항 확인

1. 입사지원서의 변화

기존지원서
직무와 관련 없는 학점, 개인신상, 어학점수, 자격, 수상경력 등을 나열하도록 구성

VS

능력중심 채용 입사지원서
해당 직무수행에 꼭 필요한 정보들을 제시할 수 있도록 구성

직무기술서	

인적사항	성명, 연락처, 지원분야 등 작성 (평가 미반영)

직무수행내용	

교육사항	직무지식과 관련된 학교교육 및 직업교육 작성

요구지식 / 기술	

자격사항	직무관련 국가공인 또는 민간자격 작성

관련 자격증	

경력 및 경험사항	조직에 소속되어 일정한 임금을 받거나(경력) 임금 없이(경험) 직무와 관련된 활동 내용 작성

사전직무경험	

2. 교육사항

• 지원분야 직무와 관련된 학교 교육이나 직업교육 혹은 기타교육 등 직무에 대한 지원자의 학습 여부를 평가하기 위한 항목입니다.

• 지원하고자 하는 직무의 학교 전공교육 이외에 직업교육, 기타교육 등을 기입할 수 있기 때문에 전공 제한 없이 직업교육과 기타교육을 이수하여 지원이 가능하도록 기회를 제공합니다.

(기타교육 : 학교 이외의 기관에서 개인이 이수한 교육과정 중 지원직무와 관련이 있다고 생각되는 교육내용)

구분	교육과정(과목)명	교육내용	과업(능력단위)

3. 자격사항

- 채용공고 및 직무기술서에 제시되어 있는 자격 현황을 토대로 지원자가 해당 직무를 수행하는 데 필요한 능력을 가지고 있는지를 평가하기 위한 항목입니다.
- 채용공고 및 직무기술서에 기재된 직무관련 필수 또는 우대자격 항목을 확인하여 본인이 보유하고 있는 자격사항을 기재합니다.

자격유형	자격증명	발급기관	취득일자	자격증번호

4. 경력 및 경험사항

- 직무와 관련된 경력이나 경험 여부를 표현하도록 하여 직무와 관련한 능력을 갖추었는지를 평가하기 위한 항목입니다.
- 해당 기업에서 직무를 수행함에 있어 필요한 사항만을 기록하게 되어 있기 때문에 직무와 무관한 스펙을 갖추지 않아도 됩니다.
- 경력 : 금전적 보수를 받고 일정기간 동안 일했던 경우
- 경험 : 금전적 보수를 받지 않고 수행한 활동
※ 기업에 따라 경력 / 경험 관련 증빙자료 요구 가능

구분	조직명	직위 / 역할	활동기간(년 / 월)	주요과업 / 활동내용

Tip

입사지원서 작성 방법
○ 경력 및 경험사항 작성
- 직무기술서에 제시된 지식, 기술, 태도와 지원자의 교육사항, 경력(경험)사항, 자격사항과 연계하여 개인의 직무역량에 대해 스스로 판단 가능
○ 인적사항 최소화
- 개인의 인적사항, 학교명, 가족관계 등을 노출하지 않도록 유의

부적절한 입사지원서 작성 사례
- 학교 이메일을 기입하여 학교명 노출
- 거주지 주소에 학교 기숙사 주소를 기입하여 학교명 노출
- 자기소개서에 부모님이 재직 중인 기업명, 직위, 직업을 기입하여 가족관계 노출
- 자기소개서에 석 · 박사 과정에 대한 이야기를 언급하여 학력 노출
- 동아리 활동에 대한 내용을 학교명과 더불어 언급하여 학교명 노출

1. 자기소개서의 변화

- 기존의 자기소개서는 지원자의 일대기나 관심 분야, 성격의 장·단점 등 개괄적인 사항을 묻는 질문으로 구성되어 지원자가 자신의 직무능력을 제대로 표출하지 못합니다.
- 능력중심 채용의 자기소개서는 직무기술서에 제시된 직업기초능력(또는 직무수행능력)에 대한 지원자의 과거 경험을 기술하게 함으로써 평가 타당도의 확보가 가능합니다.

1. 우리 회사와 해당 지원 직무분야에 지원한 동기에 대해 기술해 주세요.

2. 자신이 경험한 다양한 사회활동에 대해 기술해 주세요.

3. 지원 직무에 대한 전문성을 키우기 위해 받은 교육과 경험 및 경력사항에 대해 기술해 주세요.

4. 인사업무 또는 팀 과제 수행 중 발생한 갈등을 원만하게 해결해 본 경험이 있습니까? 당시 상황에 대한 설명과 갈등의 대상이 되었던 상대방을 설득한 과정 및 방법을 기술해 주세요.

5. 과거에 있었던 일 중 가장 어려웠던(힘들었었던) 상황을 고르고, 어떤 방법으로 그 상황을 해결했는지를 기술해 주세요.

자기소개서 작성 방법

① 자기소개서 문항이 묻고 있는 평가 역량 추측하기

예시

- 팀 활동을 하면서 갈등 상황 시 상대방의 니즈나 의도를 명확히 파악하고 해결하여 목표 달성에 기여했던 경험에 대해서 작성해 주시기 바랍니다.
- 다른 사람이 생각해내지 못했던 문제점을 찾고 이를 해결한 경험에 대해 작성해 주시기 바랍니다.

② 해당 역량을 보여줄 수 있는 소재 찾기(시간×역량 매트릭스)

예시

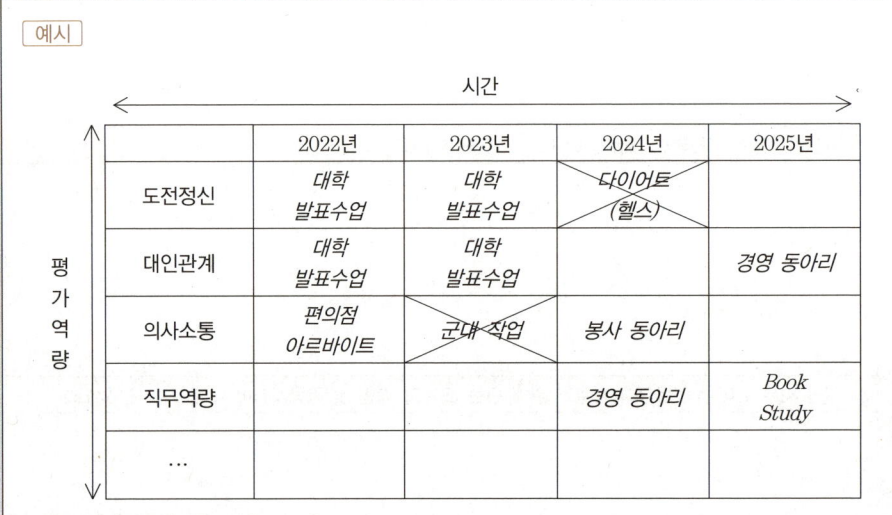

평가역량		2022년	2023년	2024년	2025년
	도전정신	대학 발표수업	대학 발표수업	~~다이어트 (헬스)~~	
	대인관계	대학 발표수업	대학 발표수업		경영 동아리
	의사소통	편의점 아르바이트	~~군대 작업~~	봉사 동아리	
	직무역량			경영 동아리	Book Study
	...				

③ 자기소개서 작성 Skill 익히기
- 두괄식으로 작성하기
- 구체적 사례를 사용하기
- '나'를 중심으로 작성하기
- 직무역량 강조하기
- 경험 사례의 차별성 강조하기

01 인성검사 유형

인성검사는 지원자의 성격특성을 객관적으로 파악하고 그것이 각 기업에서 필요로 하는 인재상과 가치에 부합하는가를 평가하기 위한 검사입니다. 인성검사는 KPDI(한국인재개발진흥원), K-SAD(한국사회적성개발원), KIRBS(한국행동과학연구소), SHR(에스에이치알) 등의 전문기관을 통해 각 기업의 특성에 맞는 검사를 선택하여 실시합니다. 대표적인 인성검사의 유형에는 크게 다음과 같은 세 가지가 있으며, 채용 대행업체에 따라 달라집니다.

1. KPDI 검사

조직적응성과 직무적합성을 알아보기 위한 검사로 인성검사, 인성역량검사, 인적성검사, 직종별 인적성검사 등의 다양한 검사 도구를 구현합니다. KPDI는 성격을 파악하고 정신건강 상태 등을 측정하고, 직무검사는 해당 직무를 수행하기 위해 기본적으로 갖추어야 할 인지적 능력을 측정합니다. 역량검사는 특정 직무 역할을 효과적으로 수행하는 데 직접적으로 관련 있는 개인의 행동, 지식, 스킬, 가치관 등을 측정합니다.

2. KAD(Korea Aptitude Development) 검사

K-SAD(한국사회적성개발원)에서 실시하는 적성검사 프로그램입니다. 개인의 성향, 지적 능력, 기호, 관심, 흥미도를 종합적으로 분석하여 적성에 맞는 업무가 무엇인가 파악하고, 직무수행에 있어서 요구되는 기초능력과 실무능력을 분석합니다.

3. SHR 직무적성검사

직무수행에 필요한 종합적인 사고 능력을 다양한 적성검사(Paper and Pencil Test)로 평가합니다. SHR의 모든 직무능력검사는 표준화 검사입니다. 표준화 검사는 표본집단의 점수를 기초로 규준이 만들어진 검사이므로 개인의 점수를 규준에 맞추어 해석·비교하는 것이 가능합니다. S(Standardized Tests), H(Hundreds of Version), R(Reliable Norm Data)을 특징으로 하며, 직군·직급별 특성과 선발 수준에 맞추어 검사를 적용할 수 있습니다.

인성검사는 특히 면접질문과 관련성이 높습니다. 면접관은 지원자의 인성검사 결과를 토대로 질문을 하기 때문입니다. 일관적이고 이상적인 답변을 하는 것이 가장 좋지만, 실제 시험은 매우 복잡하여 전문가라 해도 일정 성격을 유지하면서 답변을 하는 것이 힘듭니다. 또한, 인성검사에는 라이 스케일(Lie Scale) 설문이 전체 설문 속에 교묘하게 섞여 들어가 있으므로 겉치레적인 답을 하게 되면 회답태도의 허위성이 그대로 드러나게 됩니다. 예를 들어 '거짓말을 한 적이 한 번도 없다.'에 '예'로 답하고, '때로는 거짓말을 하기도 한다.'에 '예'라고 답하여 라이 스케일의 득점이 올라가게 되면 모든 회답의 신빙성이 사라지고 '자신을 돋보이게 하려는 사람'이라는 평가를 받을 수 있으므로 주의해야 합니다. 따라서 모의테스트를 통해 인성검사의 유형과 실제 시험 시 어떻게 문제를 풀어야 하는지 연습해 보고 체크한 부분 중 자신의 단점과 연결되는 부분은 면접에서 질문이 들어왔을 때 어떻게 대처해야 하는지 생각해 보는 것이 좋습니다.

03 **유의사항**

1. 기업의 인재상을 파악하라!

인성검사를 통해 개인의 성격 특성을 파악하고 그것이 기업의 인재상과 가치에 부합하는지를 평가하는 시험이기 때문에 해당 기업의 인재상을 먼저 파악하고 시험에 임하는 것이 좋습니다. 모의테스트에서 인재상에 맞는 가상의 인물을 설정하고 문제에 답해 보는 것도 많은 도움이 됩니다.

2. 일관성 있는 대답을 하라!

짧은 시간 안에 다양한 질문에 답을 해야 하는데, 그 안에는 중복되는 질문이 여러 번 나옵니다. 이때 앞서 자신이 체크했던 대답을 잘 기억해뒀다가 일관성 있는 답을 하는 것이 중요합니다.

3. 모든 문항에 대답하라!

많은 문제를 짧은 시간 안에 풀려다 보니 다 못 푸는 경우도 종종 생깁니다. 하지만 대답을 누락하거나 끝까지 다 못했을 경우 좋지 않은 결과를 가져올 수도 있으니 최대한 주어진 시간 안에 모든 문항에 답할 수 있도록 해야 합니다.

※ 모의테스트는 질문 및 답변 유형 연습을 위한 것으로 실제 시험과 다를 수 있습니다.
※ 인성검사는 정답이 따로 없는 유형의 검사이므로 결과지를 제공하지 않습니다.

번호	내용	예	아니요
001	나는 솔직한 편이다.	☐	☐
002	나는 리드하는 것을 좋아한다.	☐	☐
003	법을 어겨서 말썽이 된 적이 한 번도 없다.	☐	☐
004	거짓말을 한 번도 한 적이 없다.	☐	☐
005	나는 눈치가 빠르다.	☐	☐
006	나는 일을 주도하기보다는 뒤에서 지원하는 것을 선호한다.	☐	☐
007	앞일은 알 수 없기 때문에 계획은 필요하지 않다.	☐	☐
008	거짓말도 때로는 방편이라고 생각한다.	☐	☐
009	사람이 많은 술자리를 좋아한다.	☐	☐
010	걱정이 지나치게 많다.	☐	☐
011	일을 시작하기 전 재고하는 경향이 있다.	☐	☐
012	불의를 참지 못한다.	☐	☐
013	처음 만나는 사람과도 이야기를 잘 한다.	☐	☐
014	때로는 변화가 두렵다.	☐	☐
015	나는 모든 사람에게 친절하다.	☐	☐
016	힘든 일이 있을 때 술은 위로가 되지 않는다.	☐	☐
017	결정을 빨리 내리지 못해 손해를 본 경험이 있다.	☐	☐
018	기회를 잡을 준비가 되어 있다.	☐	☐
019	때로는 내가 정말 쓸모없는 사람이라고 느낀다.	☐	☐
020	누군가 나를 챙겨주는 것이 좋다.	☐	☐
021	자주 가슴이 답답하다.	☐	☐
022	나는 내가 자랑스럽다.	☐	☐
023	경험이 중요하다고 생각한다.	☐	☐
024	전자기기를 분해하고 다시 조립하는 것을 좋아한다.	☐	☐

PART 3

025	감시받고 있다는 느낌이 든다.	☐	☐
026	난처한 상황에 놓이면 그 순간을 피하고 싶다.	☐	☐
027	세상엔 믿을 사람이 없다.	☐	☐
028	잘못을 빨리 인정하는 편이다.	☐	☐
029	지도를 보고 길을 잘 찾아간다.	☐	☐
030	귓속말을 하는 사람을 보면 날 비난하고 있는 것 같다.	☐	☐
031	막무가내라는 말을 들을 때가 있다.	☐	☐
032	장래의 일을 생각하면 불안하다.	☐	☐
033	결과보다 과정이 중요하다고 생각한다.	☐	☐
034	운동은 그다지 할 필요가 없다고 생각한다.	☐	☐
035	새로운 일을 시작할 때 좀처럼 한 발을 떼지 못한다.	☐	☐
036	기분 상하는 일이 있더라도 참는 편이다.	☐	☐
037	업무능력은 성과로 평가받아야 한다고 생각한다.	☐	☐
038	머리가 맑지 못하고 무거운 느낌이 든다.	☐	☐
039	가끔 이상한 소리가 들린다.	☐	☐
040	타인이 내게 자주 고민상담을 하는 편이다.	☐	☐

※ 모의테스트는 질문 및 답변 유형 연습을 위한 것으로 실제 시험과 다를 수 있습니다.

※ 인성검사는 정답이 따로 없는 유형의 검사이므로 결과지를 제공하지 않습니다.

※ 이 성격검사의 각 문항에는 서로 다른 행동을 나타내는 네 개의 문장이 제시되어 있습니다. 이 문장들을 비교하여, 자신의 평소 행동과 가장 가까운 문장을 'ㄱ' 열에 표기하고, 가장 먼 문장을 'ㅁ' 열에 표기하십시오.

01   나는 _____

	ㄱ	ㅁ
A. 실용적인 해결책을 찾는다.	☐	☐
B. 다른 사람을 돕는 것을 좋아한다.	☐	☐
C. 세부 사항을 잘 챙긴다.	☐	☐
D. 상대의 주장에서 허점을 잘 찾는다.	☐	☐

02   나는 _____

	ㄱ	ㅁ
A. 매사에 적극적으로 임한다.	☐	☐
B. 즉흥적인 편이다.	☐	☐
C. 관찰력이 있다.	☐	☐
D. 임기응변에 강하다.	☐	☐

03   나는 _____

	ㄱ	ㅁ
A. 무서운 영화를 잘 본다.	☐	☐
B. 조용한 곳이 좋다.	☐	☐
C. 가끔 울고 싶다.	☐	☐
D. 집중력이 좋다.	☐	☐

04   나는 _____

	ㄱ	ㅁ
A. 기계를 조립하는 것을 좋아한다.	☐	☐
B. 집단에서 리드하는 역할을 맡는다.	☐	☐
C. 호기심이 많다.	☐	☐
D. 음악을 듣는 것을 좋아한다.	☐	☐

PART 3

05 나는 _____

	ㄱ	ㅁ
A. 타인을 늘 배려한다.	☐	☐
B. 감수성이 예민하다.	☐	☐
C. 즐겨하는 운동이 있다.	☐	☐
D. 일을 시작하기 전에 계획을 세운다.	☐	☐

06 나는 _____

	ㄱ	ㅁ
A. 타인에게 설명하는 것을 좋아한다.	☐	☐
B. 여행을 좋아한다.	☐	☐
C. 정적인 것이 좋다.	☐	☐
D. 남을 돕는 것에 보람을 느낀다.	☐	☐

07 나는 _____

	ㄱ	ㅁ
A. 기계를 능숙하게 다룬다.	☐	☐
B. 밤에 잠이 잘 오지 않는다.	☐	☐
C. 한 번 간 길을 잘 기억한다.	☐	☐
D. 불의를 보면 참을 수 없다.	☐	☐

08 나는 _____

	ㄱ	ㅁ
A. 종일 말을 하지 않을 때가 있다.	☐	☐
B. 사람이 많은 곳을 좋아한다.	☐	☐
C. 술을 좋아한다.	☐	☐
D. 휴양지에서 편하게 쉬고 싶다.	☐	☐

09 나는 _____

	ㄱ	ㅁ
A. 뉴스보다는 드라마를 좋아한다.	☐	☐
B. 길을 잘 찾는다.	☐	☐
C. 주말엔 집에서 쉬는 것이 좋다.	☐	☐
D. 아침에 일어나는 것이 힘들다.	☐	☐

10 나는 _____

	ㄱ	ㅁ
A. 이성적이다.	☐	☐
B. 할 일을 종종 미룬다.	☐	☐
C. 어른을 대하는 게 힘들다.	☐	☐
D. 불을 보면 매혹을 느낀다.	☐	☐

11 나는 _____

	ㄱ	ㅁ
A. 상상력이 풍부하다.	☐	☐
B. 예의 바르다는 소리를 자주 듣는다.	☐	☐
C. 사람들 앞에 서면 긴장한다.	☐	☐
D. 친구를 자주 만난다.	☐	☐

12 나는 _____

	ㄱ	ㅁ
A. 나만의 스트레스 해소 방법이 있다.	☐	☐
B. 친구가 많다.	☐	☐
C. 책을 자주 읽는다.	☐	☐
D. 활동적이다.	☐	☐

면접전형 가이드

01 면접유형 파악

1. 면접전형의 변화

기존 면접전형에서는 일상적이고 단편적인 대화나 지원자의 첫인상 및 면접관의 주관적인 판단 등에 의해서 입사 결정 여부를 판단하는 경우가 많았습니다. 이러한 면접전형은 면접 내용의 일관성이 결여되거나 직무 관련 타당성이 부족하였고, 면접에 대한 신뢰도에 영향을 주었습니다.

기존 면접(전통적 면접)		능력중심 채용 면접(구조화 면접)

• 일상적이고 단편적인 대화
• 인상, 외모 등 외부 요소의 영향
• 주관적인 판단에 의존한 총점 부여
 	
⇩
 	
• 면접 내용의 일관성 결여
• 직무관련 타당성 부족
• 주관적인 채점으로 신뢰도 저하
	VS	• 일관성
		   – 직무관련 역량에 초점을 둔 구체적 질문 목록
		   – 지원자별 동일 질문 적용
		• 구조화
		   – 면접 진행 및 평가 절차를 일정한 체계에 의해 구성
		• 표준화
		   – 평가 타당도 제고를 위한 평가 Matrix 구성
		   – 척도에 따라 항목별 채점, 개인 간 비교
		• 신뢰성
		   – 면접진행 매뉴얼에 따라 면접위원 교육 및 실습

2. 능력중심 채용의 면접 유형

① 경험 면접
  • 목적 : 선발하고자 하는 직무 능력이 필요한 과거 경험을 질문합니다.
  • 평가요소 : 직업기초능력과 인성 및 태도적 요소를 평가합니다.

② 상황 면접
  • 목적 : 특정 상황을 제시하고 지원자의 행동을 관찰함으로써 실제 상황의 행동을 예상합니다.
  • 평가요소 : 직업기초능력과 인성 및 태도적 요소를 평가합니다.

③ 발표 면접
  • 목적 : 특정 주제와 관련된 지원자의 발표와 질의응답을 통해 지원자 역량을 평가합니다.
  • 평가요소 : 직무수행능력과 인지적 역량(문제해결능력)을 평가합니다.

④ 토론 면접
  • 목적 : 토의과제에 대한 의견수렴 과정에서 지원자의 역량과 상호작용능력을 평가합니다.
  • 평가요소 : 직무수행능력과 팀워크를 평가합니다.

1. 경험 면접

① 경험 면접의 특징
- 주로 직업기초능력에 관련된 지원자의 과거 경험을 심층 질문하여 검증하는 면접입니다.
- 직무능력과 관련된 과거 경험을 평가하기 위해 심층 질문을 하며, 이 질문은 지원자의 답변에 대하여 '꼬리에 꼬리를 무는 형식'으로 진행됩니다.

> - 능력요소, 정의, 심사 기준
>   - 평가하고자 하는 능력요소, 정의, 심사기준을 확인하여 면접위원이 해당 능력요소 관련 질문을 제시합니다.
> - Opening Question
>   - 능력요소에 관련된 과거 경험을 유도하기 위한 시작 질문을 합니다.
> - Follow-up Question
>   - 지원자의 경험 수준을 구체적으로 검증하기 위한 질문입니다.
>   - 경험 수준 검증을 위한 상황(Situation), 임무(Task), 역할 및 노력(Action), 결과(Result) 등으로 질문을 구분합니다.

경험 면접의 형태

[면접관 1] [면접관 2] [면접관 3]   [면접관 1] [면접관 2] [면접관 3]

[지원자]   [지원자 1] [지원자 2] [지원자 3]

〈일대다 면접〉   〈다대다 면접〉

② 경험 면접의 구조

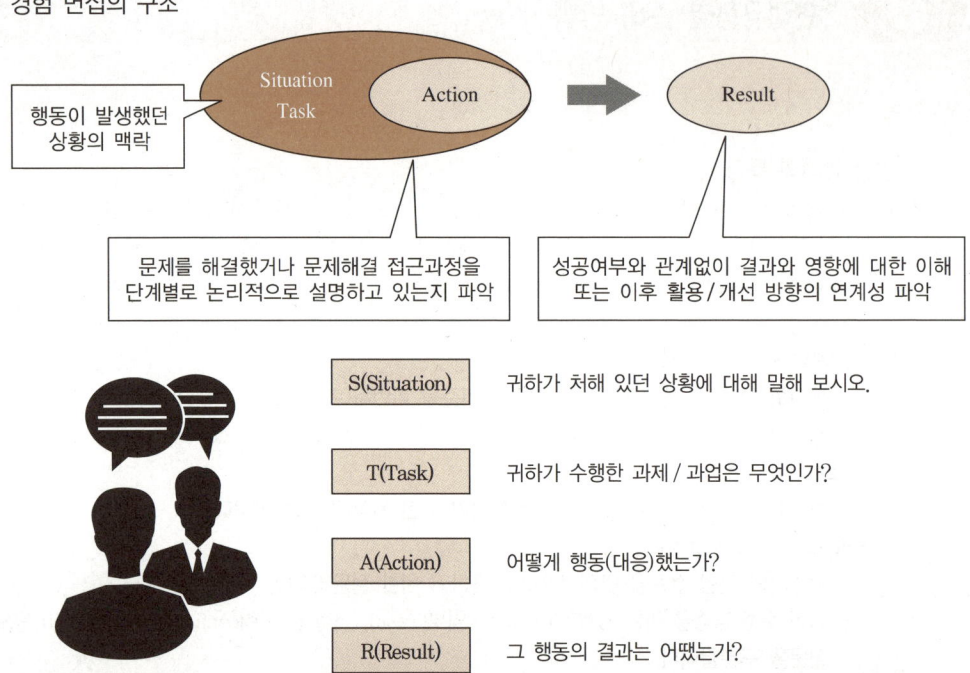

행동이 발생했던
상황의 맥락

문제를 해결했거나 문제해결 접근과정을
단계별로 논리적으로 설명하고 있는지 파악

성공여부와 관계없이 결과와 영향에 대한 이해
또는 이후 활용 / 개선 방향의 연계성 파악

S(Situation)   귀하가 처해 있던 상황에 대해 말해 보시오.

T(Task)   귀하가 수행한 과제 / 과업은 무엇인가?

A(Action)   어떻게 행동(대응)했는가?

R(Result)   그 행동의 결과는 어땠는가?

(   )에 관한 과거 경험에 대하여 말해 보시오.

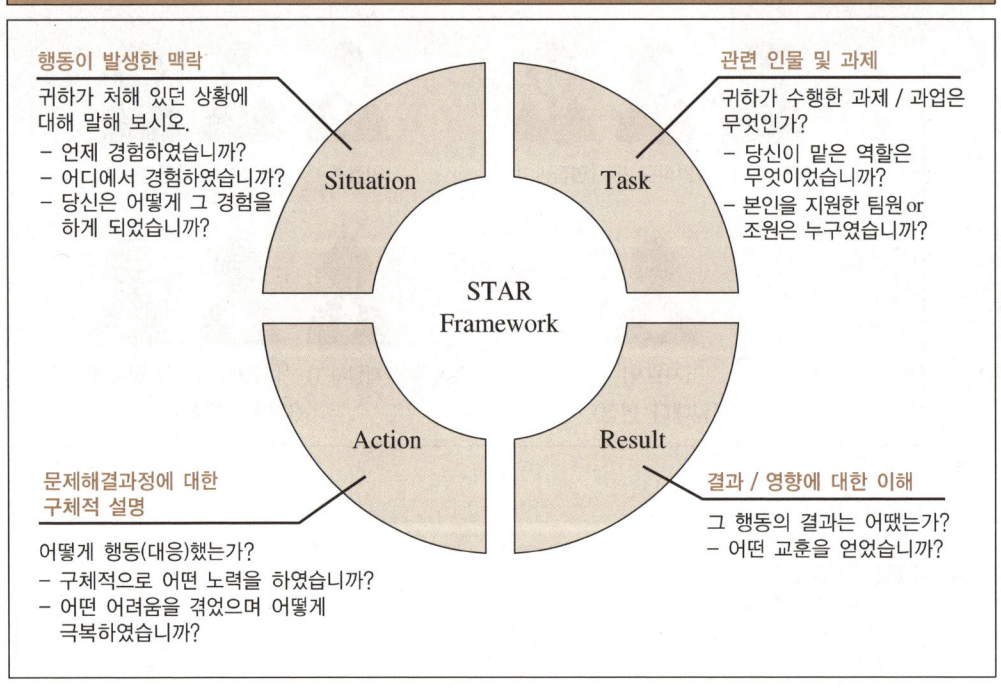

행동이 발생한 맥락
귀하가 처해 있던 상황에
대해 말해 보시오.
– 언제 경험하였습니까?
– 어디에서 경험하였습니까?
– 당신은 어떻게 그 경험을
  하게 되었습니까?

관련 인물 및 과제
귀하가 수행한 과제 / 과업은
무엇인가?
– 당신이 맡은 역할은
  무엇이었습니까?
– 본인을 지원한 팀원 or
  조원은 누구였습니까?

Situation   Task

STAR
Framework

Action   Result

문제해결과정에 대한
구체적 설명
어떻게 행동(대응)했는가?
– 구체적으로 어떤 노력을 하였습니까?
– 어떤 어려움을 겪었으며 어떻게
  극복하였습니까?

결과 / 영향에 대한 이해
그 행동의 결과는 어땠는가?
– 어떤 교훈을 얻었습니까?

③ 경험 면접 질문 예시(직업윤리)

시작 질문	
1	남들이 신경 쓰지 않는 부분까지 고려하여 절차대로 업무(연구)를 수행하여 성과를 낸 경험을 구체적으로 말해 보시오.
2	조직의 원칙과 절차를 철저히 준수하며 업무(연구)를 수행한 것 중 성과를 향상시킨 경험에 대해 구체적으로 말해 보시오.
3	세부적인 절차와 규칙에 주의를 기울여 실수 없이 업무(연구)를 마무리한 경험을 구체적으로 말해 보시오.
4	조직의 규칙이나 원칙을 고려하여 성실하게 일했던 경험을 구체적으로 말해 보시오.
5	타인의 실수를 바로잡고 원칙과 절차대로 수행하여 성공적으로 업무를 마무리하였던 경험에 대해 말해 보시오.

후속 질문		
상황 (Situation)	상황	구체적으로 언제, 어디에서 경험한 일인가?
		어떤 상황이었는가?
	조직	어떤 조직에 속해 있었는가?
		그 조직의 특성은 무엇이었는가?
		몇 명으로 구성된 조직이었는가?
	기간	해당 조직에서 얼마나 일했는가?
		해당 업무는 몇 개월 동안 지속되었는가?
	조직규칙	조직의 원칙이나 규칙은 무엇이었는가?
임무 (Task)	과제	과제의 목표는 무엇이었는가?
		과제에 적용되는 조직의 원칙은 무엇이었는가?
		그 규칙을 지켜야 하는 이유는 무엇이었는가?
	역할	당신이 조직에서 맡은 역할은 무엇이었는가?
		과제에서 맡은 역할은 무엇이었는가?
	문제의식	규칙을 지키지 않을 경우 생기는 문제점 / 불편함은 무엇인가?
		해당 규칙이 왜 중요하다고 생각하였는가?
역할 및 노력 (Action)	행동	업무 과정의 어떤 장면에서 규칙을 철저히 준수하였는가?
		어떻게 규정을 적용시켜 업무를 수행하였는가?
		규정은 준수하는 데 어려움은 없었는가?
	노력	그 규칙을 지키기 위해 스스로 어떤 노력을 기울였는가?
		본인의 생각이나 태도에 어떤 변화가 있었는가?
		다른 사람들은 어떤 노력을 기울였는가?
	동료관계	동료들은 규칙을 철저히 준수하고 있었는가?
		팀원들은 해당 규칙에 대해 어떻게 반응하였는가?
		규칙에 대한 태도를 개선하기 위해 어떤 노력을 하였는가?
		팀원들의 태도는 당신에게 어떤 자극을 주었는가?
	업무추진	주어진 업무를 추진하는 데 규칙이 방해되진 않았는가?
		업무수행 과정에서 규정을 어떻게 적용하였는가?
		업무 시 규정을 준수해야 한다고 생각한 이유는 무엇인가?

결과 (Result)	평가	규칙을 어느 정도나 준수하였는가?
		그렇게 준수할 수 있었던 이유는 무엇이었는가?
		업무의 성과는 어느 정도였는가?
		성과에 만족하였는가?
		비슷한 상황이 온다면 어떻게 할 것인가?
	피드백	주변 사람들로부터 어떤 평가를 받았는가?
		그러한 평가에 만족하는가?
		다른 사람에게 본인의 행동이 영향을 주었다고 생각하는가?
	교훈	업무수행 과정에서 중요한 점은 무엇이라고 생각하는가?
		이 경험을 통해 느낀 바는 무엇인가?

2. 상황 면접

① 상황 면접의 특징

직무 관련 상황을 가정하여 제시하고 이에 대한 대응능력을 직무관련성 측면에서 평가하는 면접입니다.

- 상황 면접 과제의 구성은 크게 2가지로 구분
  - 상황 제시(Description) / 문제 제시(Question or Problem)
- 현장의 실제 업무 상황을 반영하여 과제를 제시하므로 직무분석이나 직무전문가 워크숍 등을 거쳐 현장성을 높임
- 문제는 상황에 대한 기본적인 이해능력(이론적 지식)과 함께 실질적 대응이나 변수 고려능력(실천적 능력) 등을 고르게 질문해야 함

상황 면접의 형태

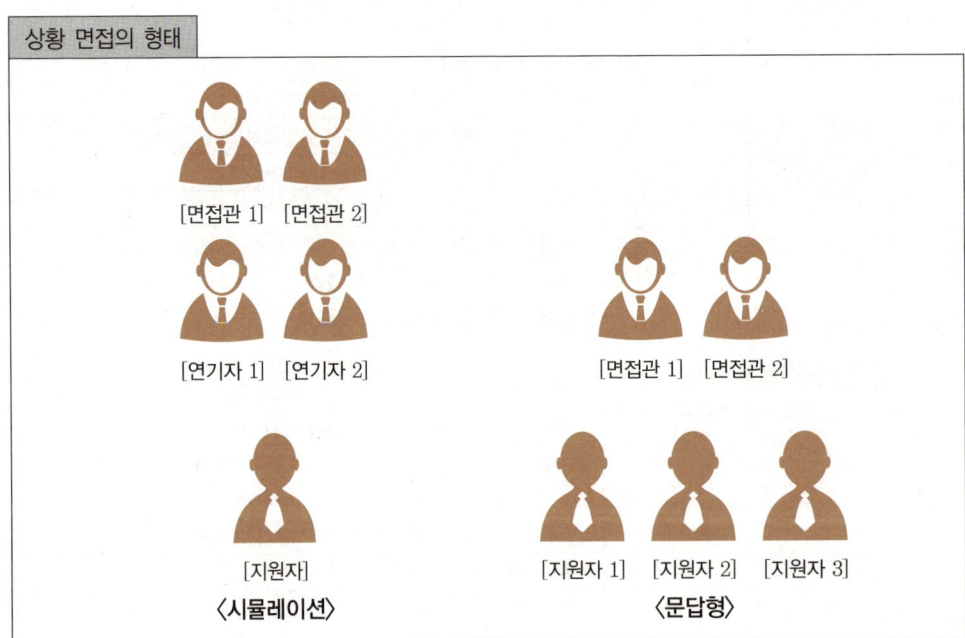

② 상황 면접 예시

상황 제시	인천공항 여객터미널 내에는 다양한 용도의 시설(사무실, 통신실, 식당, 전산실, 창고 면세점 등)이 설치되어 있습니다.	실제 업무 상황에 기반함
	금년에 소방배관의 누수가 잦아 메인 배관을 교체하는 공사를 추진하고 있으며, 당신은 이번 공사의 담당자입니다.	배경 정보
	주간에는 공항 운영이 이루어져 주로 야간에만 배관 교체 공사를 수행하던 중, 시공하는 기능공의 실수로 배관 연결 부위를 잘못 건드려 고압배관의 소화수가 누출되는 사고가 발생하였으며, 이로 인해 인근 시설물에 누수에 의한 피해가 발생하였습니다.	구체적인 문제 상황
문제 제시	일반적인 소방배관의 배관연결(이음)방식과 배관의 이탈(누수)이 발생하는 원인에 대해 설명해 보시오.	문제 상황 해결을 위한 기본 지식 문항
	담당자로서 본 사고를 현장에서 긴급히 처리하는 프로세스를 제시하고, 보수완료 후 사후적 조치가 필요한 부분 및 재발방지 방안에 대해 설명해 보시오.	문제 상황 해결을 위한 추가 대응 문항

3. 발표 면접

① 발표 면접의 특징

- 직무관련 주제에 대한 지원자의 생각을 정리하여 의견을 제시하고, 발표 및 질의응답을 통해 지원자의 직무능력을 평가하는 면접입니다.
- 발표 주제는 직무와 관련된 자료로 제공되며, 일정 시간 후 지원자가 보유한 지식 및 방안에 대한 발표 및 후속 질문을 통해 직무적합성을 평가합니다.

> - 주요 평가요소
>   - 설득적 말하기 / 발표능력 / 문제해결능력 / 직무관련 전문성
> - 이미 언론을 통해 공론화된 시사 이슈보다는 해당 직무분야에 관련된 주제가 발표면접의 과제로 선정되는 경우가 최근 들어 늘어나고 있음
> - 짧은 시간 동안 주어진 과제를 빠른 속도로 분석하여 발표문을 작성하고 제한된 시간 안에 면접관에게 효과적인 발표를 진행하는 것이 핵심

발표 면접의 형태

[면접관 1]　[면접관 2]

[면접관 1]　[면접관 2]

[지원자]

〈개별 과제 발표〉

[지원자 1]　[지원자 2]　[지원자 3]

〈팀 과제 발표〉

※ 면접관에게 시각적 효과를 사용하여 메시지를 전달하는 쌍방향 커뮤니케이션 방식
※ 심층면접을 보완하기 위한 방안으로 최근 많은 기업에서 적극 도입하는 추세

② 발표 면접 예시

1. 지시문

> 당신은 현재 A사에서 직원들의 성과평가를 담당하고 있는 팀원이다. 인사팀은 지난주부터 사내 조직문화관련 인터뷰를 하던 도중 성과평가제도에 관련된 개선 니즈가 제일 많다는 것을 알게 되었다. 이에 팀장님은 인터뷰 결과를 종합하려 성과평가제도 개선 아이디어를 A4용지에 정리하여 신속 보고할 것을 지시하셨다. 당신에게 남은 시간은 1시간이다. 자료를 준비하는 대로 당신은 팀원들이 모인 회의실에서 5분 간 발표할 것이며, 이후 질의응답을 진행할 것이다.

2. 배경자료

> <성과평가제도 개선에 대한 인터뷰>
>
> 최근 A사는 회사 사세의 급성장으로 인해 작년보다 매출이 두 배 성장하였고, 직원 수 또한 두 배로 증가하였다. 회사의 성장은 임금, 복지에 대한 상승 등 긍정적인 영향을 주었으나 업무의 불균형 및 성과보상의 불평등 문제가 발생하였다. 또한 수시로 입사하는 신입직원과 경력직원, 퇴사하는 직원들까지 인원들의 잦은 변동으로 인해 평가해야 할 대상이 변경되어 현재의 성과평가제도로는 공정한 평가가 어려운 상황이다.
>
> [생산부서 김상호]
> 우리 팀은 지난 1년 동안 생산량이 급증했기 때문에 수십 명의 신규인력이 급하게 채용되었습니다. 이 때문에 저희 팀장님은 신규 입사자들의 이름조차 기억 못할 때가 많이 있습니다. 성과평가를 제대로 하고 있는지 의문이 듭니다.
>
> [마케팅 부서 김흥민]
> 개인의 성과평가의 취지는 충분히 이해합니다. 그러나 현재 평가는 실적기반이나 정성적인 평가가 많이 포함되어 있어 객관성과 공정성에는 의문이 드는 것이 사실입니다. 이러한 상황에서 평가제도를 재수립하지 않고, 인센티브에 계속 반영한다면, 평가제도에 대한 반감이 커질 것이 분명합니다.
>
> [교육부서 홍경민]
> 현재 교육부서는 인사팀과 밀접하게 일하고 있습니다. 그럼에도 인사팀에서 실시하는 성과평가제도에 대한 이해가 부족한 것 같습니다.
>
> [기획부서 김경호 차장]
> 저는 저의 평가자 중 하나가 연구부서의 팀장님인데, 일 년에 몇 번 같이 일하지 않는데 어떻게 저를 평가할 수 있을까요? 특히 연구팀은 저희가 예산을 배정하는데, 저에게는 좋지만….

4. 토론 면접

① 토론 면접의 특징

- 다수의 지원자가 조를 편성해 과제에 대한 토론(토의)을 통해 결론을 도출해가는 면접입니다.
- 의사소통능력, 팀워크, 종합인성 등의 평가에 용이합니다.

> - 주요 평가요소
>   - 설득적 말하기, 경청능력, 팀워크, 종합인성
> - 의견 대립이 명확한 주제 또는 채용분야의 직무 관련 주요 현안을 주제로 과제 구성
> - 제한된 시간 내 토론을 진행해야 하므로 적극적으로 자신 있게 토론에 임하고 본인의 의견을 개진할
>   수 있어야 함

토론 면접의 형태

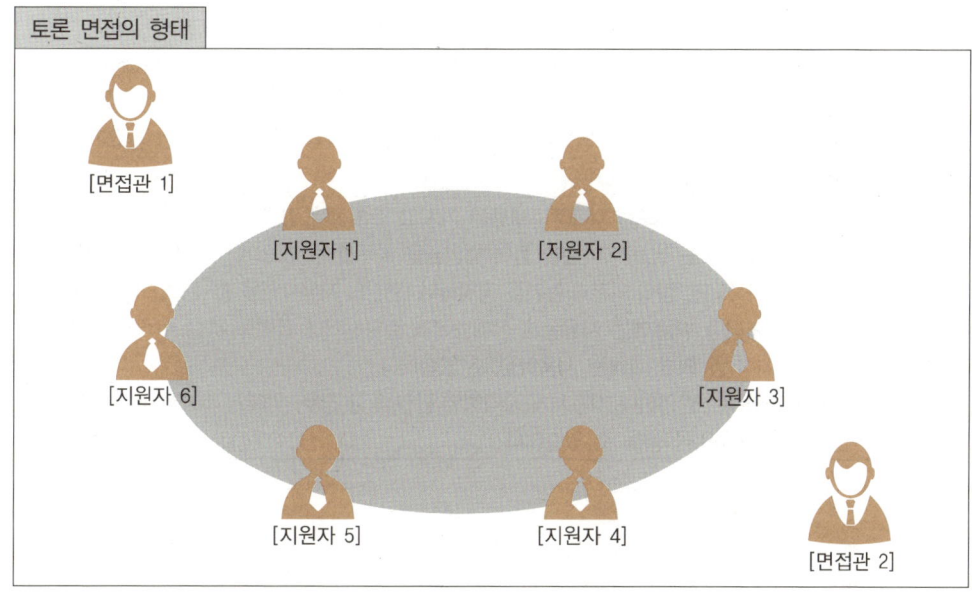

② 토론 면접 예시

<table>
<tr><td colspan="1" align="center">고객 불만 고충처리</td></tr>
</table>

1. 들어가며

최근 우리 상품에 대한 고객 불만의 증가로 고객고충처리 TF가 만들어졌고 당신은 여기에 지원해 배치받았다. 당신의 업무는 불만을 가진 고객을 만나서 애로사항을 듣고 처리해 주는 일이다. 주된 업무로는 고객의 니즈를 파악해 방향성을 제시해 주고 그 해결책을 마련하는 일이다. 하지만 경우에 따라서 고객의 주관적인 의견으로 인해 제대로 된 방향으로 의사결정을 하지 못할 때가 있다. 이럴 경우 설득이나 논쟁을 해서라도 의견을 관철시키는 것이 좋을지 아니면 고객의 의견대로 진행하는 것이 좋을지 결정해야 할 때가 있다. 만약 당신이라면 이러한 상황에서 어떤 결정을 내릴 것인지 여부를 자유롭게 토론해 보시오.

2. 1분 자유 발언 시 준비사항

• 당신은 의견을 자유롭게 개진할 수 있으며 이에 따른 불이익은 없습니다.
• 토론의 방향성을 이해하고, 내용의 장점과 단점이 무엇인지 문제를 명확히 말해야 합니다.
• 합리적인 근거에 기초하여 개선방안을 명확히 제시해야 합니다.
• 제시한 방안을 실행 시 예상되는 긍정적·부정적 영향요인도 동시에 고려할 필요가 있습니다.

3. 토론 시 유의사항

• 토론 주제문과 제공해드린 메모지, 볼펜만 가지고 토론장에 입장할 수 있습니다.
• 사회자의 지정 또는 발표자가 손을 들어 발언권을 획득할 수 있으며, 사회자의 통제에 따릅니다.
• 토론회가 시작되면, 팀의 의견과 논거를 정리하여 1분간의 자유발언을 할 수 있습니다. 순서는 사회자가 지정합니다. 이후에는 자유롭게 상대방에게 질문하거나 답변을 하실 수 있습니다.
• 핸드폰, 서적 등 외부 매체는 사용하실 수 없습니다.
• 논제에 벗어나는 발언이나 지나치게 공격적인 발언을 할 경우, 위에서 제시한 유의사항을 지키지 않을 경우 불이익을 받을 수 있습니다.

1. 면접 Role Play 편성

- 교육생끼리 조를 편성하여 면접관과 지원자 역할을 교대로 진행합니다.
- 지원자 입장과 면접관 입장을 모두 경험해 보면서 면접에 대한 적응력을 높일 수 있습니다.

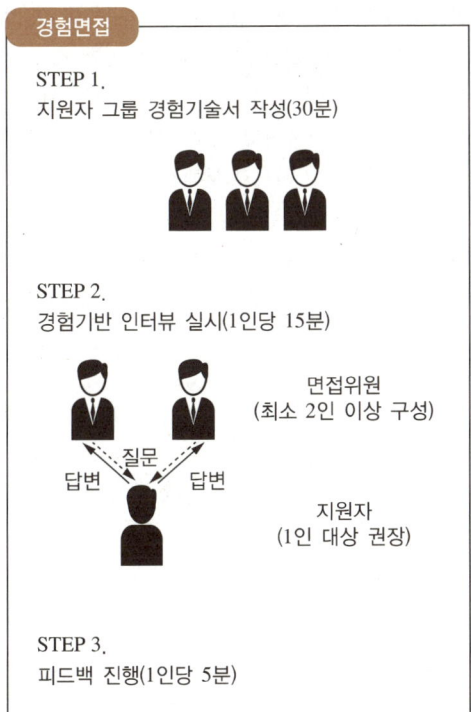

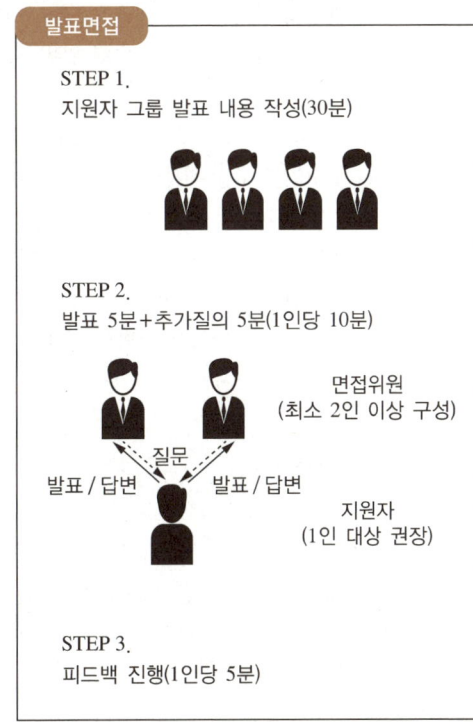

Tip

면접 준비하기

1. 면접 유형 확인 필수
   - 기업마다 면접 유형이 상이하기 때문에 해당 기업의 면접 유형을 확인하는 것이 좋음
   - 일반적으로 실무진 면접, 임원면접 2차례에 거쳐 면접을 실시하는 기업이 많고 실무진 면접과 임원 면접에서 평가요소가 다르기 때문에 유형에 맞는 준비방법이 필요
2. 후속 질문에 대한 사전 점검
   - 블라인드 채용 면접에서는 주요 질문과 함께 후속 질문을 통해 지원자의 직무능력을 판단
     → STAR 기법을 통한 후속 질문에 미리 대비하는 것이 필요

인천공항시설관리의 면접전형은 인성 및 직무역량면접으로 진행된다. 면접전형은 다대다(多對多) 방식으로 진행되며, 응시생 1명당 7분 정도의 답변 시간이 주어지는 것으로 보인다. 질문은 공통 질문과 개별 질문으로 나뉘며, 질문을 통해 기업이 추진하고 있는 사업과 공항에 대한 관심, 지원 직무 자체에 대한 이해 정도를 측정하는 한편, 응시생의 경험을 묻는 질문도 한다. 기술직의 경우 진무 관련 전공 지식도 묻는다. 꼬리에 꼬리를 무는 질문이나 압박 질문은 별로 하지 않는다고 하므로 두괄식으로 간결하고 정확하게, 자신 있게 답변하는 연습이 필요하다. 실제 응시생들의 전언에 따르면 외운 듯한 답변은 달가워하지 않으며, 진솔하고 솔직한 답변을 선호한다고 한다. 따라서 기업에서 시행하고 있는 사업, 보도자료, 최신 이슈 등 직무와 관련된 내용을 파악하여 하나를 주제를 정하고 답변하는 연습이 중요하며, 아울러 인천공항시설관리의 핵심 가치를 반영한 답변을 준비할 필요가 있다.

01　인성면접

- 조직 내에서 배려를 통해 큰 성과를 거둔 경험이 있다면 간단히 소개해 보시오. [2025년]
- 지금까지 쌓은 경력과 경험을 토대로 간략하게 자기소개를 해 보시오. [2025년]
- 조직 내에서 문제가 발생했을 경우에 시간을 두고 한발 물러나 지켜보는 편인가, 신속히 나서서 해결하려는 편인가?
- 본인이 지원한 직무에서 가장 중요한 역량은 무엇이라고 생각하는가?
- 실수를 한 적이 있을 텐데, 실수를 극복하면서 깨달은 바가 있다면 무엇인가?
- 본인의 단점을 극복해 긍정적인 결과를 얻은 경험이 있다면 소개해 보시오.
- 상급자와 의견 충돌로 갈등을 빚게 되었을 경우에 어떻게 해결할 수 있겠는가?
- 상급자의 부당한 업무 지시로 동료들 사이에서 문제가 발생하면 어떻게 해결하겠는가?
- 상급자가 평가점수를 계속해서 낮게 준다면 어떻게 대처하겠는가?
- 친구, 동료들과 협동해 기대치 이상의 결과를 얻은 경험이 있다면 소개해 보시오.
- 입사하게 된다면 무슨 일을 어떻게 하고 싶으며, 그 이유는 무엇인가?
- 도저히 회피할 수 없는 상대와 갈등을 빚는다면 어떻게 대처하겠는가?
- 창의적으로 문제를 해결한 경험이 있다면 소개해 보시오.
- 스트레스를 해소하는 자신만의 방법이 있다면 소개해 보시오.
- 입사한 이후에 겪을 수 있는 어려운 점은 무엇이며, 어떻게 해결할 수 있겠는가?
- 이번 면접전형 준비를 위해 가장 노력한 점은 무엇인가?
- 주위에 있는 응시생들은 모두 귀하의 경쟁자라고 볼 수 있다. 면접관들이 왜 다른 사람이 아닌 귀하를 선발해야 하는지 설명해 보시오.
- 어려움을 딛고 과제를 완수하려고 노력한 경험이 있다면 소개해 보시오.

- 다른 사람들이 꺼려하는 일을 처리하기 위해 노력한 경험이 있다면 소개해 보시오.
- 주변의 친구들이나 지인들은 귀하를 어떻게 평가하는가?
- 본인이 리더형 또는 팔로워형 중에 어떤 유형이라고 생각하는지 실제 경험을 들어 설명해 보시오.
- 리더십을 발휘해 조직을 이끈 경험이 있다면 소개해 보시오.
- 소위 '진상 고객'이 악성 민원으로 갑질을 부린다면 어떻게 해결할 수 있겠는가?
- 입사하게 된다면 나이 차가 많이 나는 동료들을 만날 수 있다. 이들과 어떻게 친해질 수 있겠는가?
- 본인이 살면서 가장 뿌듯했던 경험이 있다면 간략하게 설명해 보시오.
- 지원한 분야와 다른 업무에 배정된다면 어떻게 하겠는가?
- 자신의 장점, 강점을 중계 형식으로 말해 보시오.
- 입사하려는 기업을 선택할 때 가장 중요한 기준은 무엇이라고 생각하는가?
- 인천공항시설관리를 알게 된 경위와 지원 동기를 설명해 보시오.
- 인천공항시설관리의 인재상을 말해 보시오.
- 본인이 우리 기업의 인재상에 가장 부합하는 점은 무엇이라고 생각하는가?
- 인천공항시설관리는 본인에게 어떤 이미지인가?
- 인천공항시설관리에 필요한 리더십이 있다면 무엇인가?
- 인천공항시설관리의 존재 이유는 무엇이라고 생각하는가?
- 인천공항시설관리에 관심을 가지게 된 계기를 말해 보시오.
- 20 ~ 30대에게 인천공항시설관리의 사업을 홍보한다면 어떻게 할 것인지 제시해 보시오.
- 공기업은 창의력이 부족하다는 인식이 있는데, 우리 기업에서 개선할 방법을 설명할 수 있는가?
- 공기업이 갖추어야 할 요소 3가지가 있다면 무엇이라고 생각하는가?
- 공기업은 사익추구와 공공복리를 잘 조화시켜야 하는데, 그 기준점은 무엇이라고 생각하는가?
- 공기업과 사기업의 가장 큰 차이는 무엇이라고 생각하는가?
- 본인이 공기업에서 근무하는 데 필수적인 태도는 무엇이라고 생각하는가?
- 인천공항시설관리를 지인에게 소개한다면 어떻게 소개하겠는가?
- 마지막으로 하고 싶은 말이 있다면 해 보시오.

02 직무역량면접

- 설비점검 안전수칙이 무엇인지 아는 대로 설명해 보시오. [2025년]
- 보호계전기가 무엇인지 아는 대로 설명해 보시오. [2025년]
- 수하물사업소가 무슨 일을 하는지 아는가? MSC에 아는 대로 설명해 보시오.
- 변압기의 구조와 원리에 대해서 아는 대로 설명해 보시오.
- 전력의 공식에 대해서 아는 대로 설명해 보시오.
- 유효전력, 무효전력, 피상전력 등에 대해서 아는 대로 설명해 보시오.
- 절연저항을 측정할 때 주의할 점은 무엇인지 아는 대로 설명해 보시오.
- 인천공항을 이용할 때 불편한 점이 있다면 무엇인가? 입사하게 된다면 그 불편 사항을 어떻게 해결할 수 있겠는가?
- 공항 시설을 관리할 때 최우선의 원칙은 무엇이라고 생각하는가?

- 본인이 지원한 직무에서 실제로 담당하는 업무를 알고 있다면 설명해 보시오.
- 본인이 지원한 직무를 잘 수행할 수 있다고 생각하는 이유는 무엇인가?
- 인천공항시설관리에서 추진하고 있는 사업 중 가장 관심이 있는 사업은 무엇인가?
- 인천공항시설관리에서 시행하는 사업의 긍정적인 면과 부정적인 면을 평가해 보시오.
- 인천공항시설관리에 기여할 수 있는 본인의 직무역량은 무엇이라고 생각하는가?
- 본인의 역량을 바탕으로 지금 당장 인천공항시설관리에서 할 수 있는 일은 무엇인가?
- 본인에게 정책을 결정하는 권한이 주어진다면 어떤 정책을 입안하고 싶은가?
- 안전사고를 원천적으로 차단할 수 있는 방법이 있다면 아는 대로 설명해 보시오.

답안채점 · 성적분석 서비스

모바일 OMR

 →  →  → → →  →  → → → →

| 도서 내 모의고사 우측 상단에 위치한 QR코드 찍기 | 로그인 하기 | '시작하기' 클릭 | '응시하기' 클릭 | 나의 답안을 모바일 OMR 카드에 입력 | '성적분석 & 채점결과' 클릭 | 현재 내 실력 확인하기 |

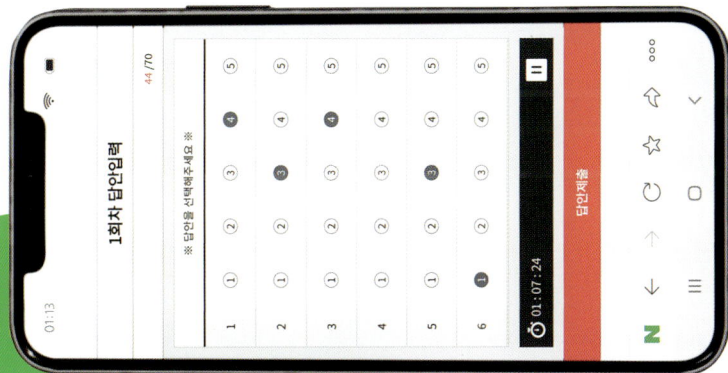

도서에 수록된 모의고사에 대한
객관적인 결과(정답률, 순위)를
종합적으로 분석하여 제공합니다.

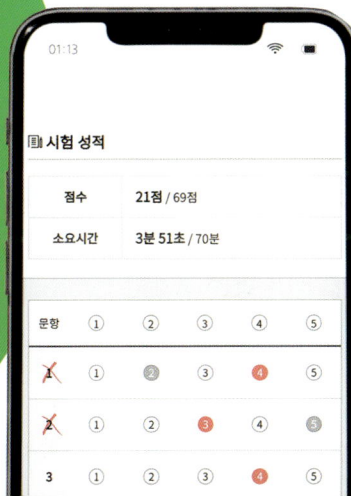

※OMR 답안채점 / 성적분석 서비스는 등록 후 30일간 사용 가능합니다.

기업별 맞춤 학습 "기본서" 시리즈

공기업 취업의 기초부터 심화까지! 합격의 문을 여는 **Hidden Key!**

기업별 시험 직전 마무리 "모의고사" 시리즈

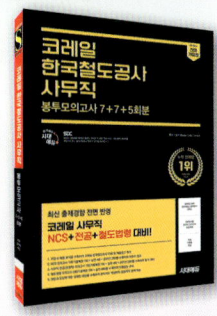

실제 시험과 동일하게 마무리! 합격을 향한 **Last Spurt!**

NEXT STEP
시대에듀가 합격을 준비하는
당신에게 제안합니다.
성공의 기회
시대에듀를 잡으십시오.
시대에듀
기회란 포착되어 활용되기 전에는 기회인지조차 알 수 없는 것이다.
– 마크 트웨인 –